Heilige Stätten der Heiden und Ketzer

Ein Führer zu ausgewählten Kultplätzen in Deutschland und Frankreich

Winfried Katholing

Katholing, Winfried;
Heilige Stätten der Heiden und Ketzer -
Ein Führer zu ausgewählten Kultplätzen
in Deutschland und Frankreich,
1. Aufl. Aschaffenburg 1999

Herstellung: Libri Books on Demand

Bildnachweis:
Fotos auf den Seiten 39, 42, 76, 153, 158
und 163: Sven Peter Benz, Frankfurt/M.;
restliche Fotos vom Verfasser

✉ Korrekturhinweise, Anregungen, Fragen,
etc. schicken Sie bitte an W. Katholing,
Planckstr. 8, 63741 Aschaffenburg oder per
eMail an KatholingW@aol.com. Besuchen
Sie auch die Internetseite des Verfassers:
http://members.aol.com/KatholingW/

Foto auf dem Titelblatt:
Die „Glaner Braut“ in der Ahlhorner Heide

Inhaltsverzeichnis

„Ihr sollt alle Kultstätten zerstören,
an denen die Völker,
deren Besitz ihr übernehmt,
ihren Göttern gedient haben:
auf den hohen Bergen,
auf den Hügeln
und unter jedem üppigen Baum.
Ihr sollt ihre Altäre niederreißen
und ihre Steinmale zerschlagen.
Ihre Kultpfähle sollt ihr im Feuer verbrennen
und die Bilder ihrer Götter umhauen.
Ihre Namen sollt ihr an jeder Stätte tilgen.“

Deuteronomium, 12,2f

Vorwort

Seit einigen Jahren beschäftige ich mich in meiner Freizeit mit vor- und frühgeschichtlichen Stätten, wobei mich besonders die Kultplätze unserer heidnischen und ketzerischen Ahnen interessieren. In Deutschland und Frankreich suchte ich nach jenen Stätten, an denen unsere Ahnen beteten und Kulte zu Ehren ihrer Götter feierten. Bei meiner Suche in der Literatur und im Gelände stieß ich aber auch auf Orte, an denen der alte bzw. abweichende Glaube vom kirchlichen Christentum brutal verfolgt und vernichtet wurde.

Mit diesem Buch möchte ich die Ergebnisse meiner Forschungen der interessierten Öffentlichkeit vorlegen. Der Bogen spannt sich von den Kannibalenhöhlen und den Monumenten der Megalithkultur über die keltischen und germanischen Heiligtümer bis zu den heiligen Stätten der Katharer. Dieses Buch kann nur eine kleine, subjektive Auswahl der heiligen Stätten der Heiden und Ketzer vorstellen und möchte den Leser anregen, sich – in der Literatur und im Gelände – selbst auf die Suche zu machen.

Bedanken möchte ich mich bei drei Personen, die die Entstehung dieses Buches tatkräftig unterstützt haben. Sven Peter Benz hat mich auf vielen Exkursionen begleitet, Michael Krämer hat das Manuskript korrigiert und mein Bruder Ulrich Katholing half bei der Suche nach Literatur und der Lösung EDV-technischer Probleme.

Aschaffenburg, November 1999
Winfried Katholing

Einleitung: Eine kurze Reise durch die Geschichte

Wer den 439 Meter hohen Heiligenberg am nördlichen Stadtrand von Heidelberg besucht, kann in einer Stunde eine Reise durch die wichtigsten Phasen unserer Geschichte unternehmen. Die Beschreibung des Heiligenberges soll dabei zugleich als Einleitung meines Buches über die heiligen Stätten der Heiden und Ketzer dienen.

Die ältesten archäologischen Funde auf dem Heiligenberg stammen aus der Jungsteinzeit und auch in der Bronze- und Eisenzeit war der Berg kontinuierlich bewohnt. Im 5. und 4. Jahrhundert vor Christus, in der Frühlatènezeit, war der Heiligenberg religiöses und politisches Zentrum des gesamten Umlandes. In jener Zeit siedelten noch die Kelten – oder die Gallier, wie Caesar sie nannte – in Süddeutschland. Die Kelten befestigten den Heiligenberg mit zwei riesigen Wallanlagen [siehe das Kapitel „Die Ringwallanlagen: Keltische Fluchtburgen oder germanische Kultstätten?"], deren Reste man heute noch auf dem „Keltenweg" besichtigen kann. Der äußere Wall war etwa drei Kilometer lang und schloß im Nordwesten den Bittersbrunnen ein; im Westen besaß der Wall zwei Tore. Der innere Wall war etwa zwei Kilometer lang und schloß im Süden das sagenumwobene „Heidenloch" [s.u.] ein. Die oberste Kuppe des Heiligenberges, auf der sich heute die Ruine des Michaelsklosters befindet, wurde im Süden zusätzlich durch einen Sperrwall gesichert.[1] Im 3. Jahrhundert vor Christus verlor der Heiligenberg seine Mittelpunktsfunktion an Lopodunum, das heutige Ladenburg.

Daß es sich bei den süddeutschen Wallanlagen um keltische und nicht um germanische Bauwerke handeln sollte, machte einem Autor wie Wilhelm Teudt [siehe das Kapitel „Wilhelm Teudt und die Externsteine"] Schwierigkeiten. Teudt schrieb 1929: *„Da der Nachweis eines Unterschiedes zwischen einer germanischen und keltischen Burganlage bisher noch nicht möglich gewesen ist, weil die gemachten Bodenfunde zwar über Benutzung, aber nur sehr selten über Ursprung von Wallanlagen Auskunft geben können, so lassen wir die Keltenfrage, die für gewisse Teile Deutschlands in Betracht kommt, h i e r außer Erörterung. Wir gedenken aber unserer völkischen, in jedem anderen Land ohne Anweisung geübten Pflicht, bis zum überzeugenden Gegenbeweise alles Vorkommen in Germanien auch als germanisch zu bezeichnen."*[2] Daß die heutigen Grenzen zwischen dem germanischen und romanischen bzw. deutschen und französischen Kulturraum erst sehr viel später festgelegt wurden, wird hier übersehen. Die Kelten siedelten noch unter den Römern im heutigen Süddeutschland und wurden erst von den Germanen, die im 4. Jahrhundert nach Christus den Limes überrannten, nach Westen getrieben.

---

[1] Vgl. Schmidt, Vor- und frühgeschichtliche Burgen, 24 und Heinemann, 12f und 462

[2] Zitat Teudt, Heiligtümer, 88

In der Zeit der römischen Besetzung wurde innerhalb der alten Wallanlage ein Merkurtempel errichtet. Die Grundmauern des nordsüdlich gerichteten Apsisbaus mit einer Grundfläche von etwa sieben mal zehn Metern konnten bei archäologischen Grabungen erschlossen werden. In den Wirren der Völkerwanderungszeit scheint der Tempel geplündert und zerstört worden zu sein. In der Zeit der Merowinger wurde innerhalb der noch bestehenden Grundmauern des Tempels ein Friedhof angelegt. Im karolingischen 9. Jahrhundert wurde an Stelle der alten heidnischen Kultstätte eine christliche Kirche mit Kloster errichtet. Und wie in anderen Fällen auch wurde die Verehrung des römischen Gottes Merkur durch die Verehrung des Erzengels Michael ersetzt.[3] Michael Schmidt schrieb in seinem Buch „Die alten Steine“: *„Die Religionen kommen und gehen, aber die Kultstätten bleiben.“*[4] Auf dem Berg, der königlicher Besitz war, baute der Lorscher Abt Thiotroch ein „monasterium“. Im Jahre 822 gelangte der Berg mit seinen Gebäuden endgültig in den Besitz der eng mit dem Königshaus verbundenen Abtei Lorsch. Im 10. Jahrhundert, in der Zeit der Ungarn-Bedrohung, brannten die Gebäude mehrmals ab und wurden wiederaufgebaut. Um das Jahr 1025 wurde auf dem Heiligenberg ein reguläres Kloster errichtet. Die bisherigen Bauten wurden restlos abgerissen und Kirche und Klostergebäude wurden neu gebaut. Die Ruinen des im 11. Jahrhundert erbauten Michaelsklosters können noch heute besichtigt werden. Auffällig ist, daß die neuen Kirchen- und Klostergebäude sich exakt an die Fluchten des alten Merkurheiligtums hielten; das Langschiff der Kirche wurde über dem Merkurtempel errichtet. Die Grundmauern des alten Tempels sind heute im Langschiff der Kirchenruine markiert.[5]

Im Jahre 1090 wurde vom Benediktinerorden auf dem Südgipfel des Heiligenbergs ein neues Kloster, das Stephanskloster errichtet. In der Mitte des 13. Jahrhunderts wurde das Kloster von Prämonstratensern aus Allerheiligen im Schwarzwald übernommen. Seit dieser Zeit trägt der Berg, der vormals „Aberinsberg“ hieß, den Namen „Heiligenberg“. Das Stephanskloster wurde im Laufe des 16. Jahrhunderts aufgelöst und die Gebäude begannen zu verfallen. In den Jahren 1885/86 wurde aus den Steinen der Klosterrunie ein Aussichtstürmchen, von dem man einen herrlichen Blick auf den Königsstuhl und das Heidelberger Schloß hat, errichtet.[6] Die efeubewachsene Ruine des mächtigen Renaissance-Schlosses wurde im 18. und 19. Jahrhundert zum Symbol der deutschen Romantik schlechthin.

Seit der Zeit der Romantik besann man sich wieder auf die alten Stätten unserer Geschichte. Meist waren es Lehrer und Pfarrer, die sich in ihrer Freizeit als Heimatforscher betätigten. Obwohl die „Laienforscher“ oftmals von der „akademischen“ Wissenschaft belächelt wur-

---

[3] Vgl. Graichen, 156f und Marzolff, 5f

[4] Zitat Schmidt, Steine, 86

[5] Vgl. Marzolff, 2–9

[6] Vgl. Heinemann, 466

den, konnte ich in ihren Veröffentlichungen einige wichtige Hinweise finden. Gerade die Heimatforscher kennen ja ihre Umgebung, in der sie meist viele Jahrzehnte gelebt haben, weitaus besser als ein Universitätsprofessor, der nur zu einer mehrtägigen Exkursion anreist. In einigen der folgenden Kapitel werde ich die Positionen der „Laienforscher" und der Universitätsprofessoren gegenüberstellen, um dem Leser einen Einblick in die oft erbittert geführten Diskussionen zu gewähren.

Pavillon über dem 54 Meter tiefen „Heidenloch"

In den ersten Jahren des Dritten Reiches wurden gemäß der nationalsozialistischen „Blut und Boden"-Mythologie die alten germanischen Kultstätten mit geradezu religiösem Eifer verehrt. Daß einige dieser Stellen wahrscheinlich niemals von den Germanen als Opferstätten genutzt wurden, wurde ignoriert. Auch im sagenumwobenen „Heidenloch" nahe des Aussichtstürmchens auf dem Heiligenberg glaubte man, eine alte germanische Kult- und Sternenbeobachtungsstätte gefunden zu haben. Im Jahre 1936 entschloß sich schließlich die Heidelberger Stadtverwaltung das „Heidenloch", das fast ganz ausgefüllt war, freizulegen. Die Ergebnisse waren ernüchternd: In dem etwa 3 x 4 Meter breiten Schacht fand man bis in eine Tiefe von 26 Metern behauene Steine, Architekturteile und metallene Gebrauchsgegenstände aus der Klosterzeit. Unterhalb von 26 Metern war der Schacht mit Geröll gefüllt. Schließlich stieß man in einer Tiefe von 52 Metern auf die Oberkante eines um das Jahr 1100 gemauerten Brunnenmantels, der weitere 2,10 Meter hinabführte. Als im Jahre 1937 der Brunnenmantel entfernt und die Bodenplatte gehoben wurde, stieß man auf eine zweite Sohle aus römischen Ziegeln.[7] Moers-Messmer datierte in seiner Heidelberger Stadtgeschichte den Brunnen in die Zeit der keltischen Ringwallanlagen: „*Die unterste römische*

[7] Vgl. Moers-Messmer, 87–92

Sohle könnte die Römer als die Erbauer des Brunnens vermuten lassen. Doch muß man sich fragen ob für die Versorgung der doch gewiß geringen Anzahl römischer Beobachtungsposten eine derart langwierige und kostspielige Wasserversorgungsanlage notwendig war. Wir wissen, daß auf der oberen Bergeshälfte mehrere Quellen vorhanden waren, so die Bittersbrunnenquelle [...] Einen Sinn hätte eine derart gewaltige Anlage nur gehabt, wenn eine große Menschenmenge mit ihrem Wasser versorgt werden konnte. Und größere Menschenmengen haben sich nach all unserer Kenntnis nur in derjenigen Zeit auf dem Berg aufgehalten, als noch die alten keltischen Ringwälle von militärischer Bedeutung waren. Denn für die ganze Einwohnerschaft eines Gaues samt ihren Herden konnten die genannten spärlichen Quellen, auch die Bittersbrunnenquelle im Ernstfall nicht ausreichen.“[8] – Das „Heidenloch“, das seit 1937 provisorisch mit dicken Bohlen abgedeckt war, wurde im Jahr 1987 neu gefaßt, mit einem Gitter gesichert und mit einem Pavillon überdacht.

Die Thingstätte auf dem Heidelberger Heiligenberg

Im Jahre 1934, als man im „Heidenloch“ noch eine germanische Kultstätte sah, ließ Joseph Goebbels vom Reichsarbeitsdienst und den Heidelberger Studenten eine riesige Thingstätte bauen, die noch heute besichtigt werden kann. Das Amphitheater, das vom Karlsruher Architekten Hermann Alker entworfen wurde, besitzt 8.000 Sitz- und 5.000 Stehplätze. Die

[8] Zitat Moers-Messmer, 91

feierliche Eröffnung fand am 22. Juni 1935 im Rahmen einer Sommersonnenwendfeier statt. Die Anwesenheit des Propagandaministers, der Fahnenwald, die Uniformen und die Musik lockten über 20.000 Zuschauer an. Insgesamt plante Goebbels vierhundert solcher Anlagen zu errichten. In den riesigen, auf altem, heiligem Boden stehenden Amphitheatern sollte sich im sogenannten „Thingspiel“ eine spezifisch nationalsozialistische Ausdrucksform des Theaters entwickeln. Die Zuschauer sollten durch das gemeinsame Erleben der gigantischen und mystischen Aufführungen zur Volksgemeinschaft zusammengeschlossen werden.[9]

Insbesonders förderte aber Heinrich Himmler die Untersuchung der alten Stätten, wobei er sich anfangs auf umstrittene „Laienforscher“ wie Wilhelm Teudt [siehe das Kapitel „Wilhelm Teudt und die Externsteine“], Otto Rahn [siehe das Kapitel „Otto Rahn und die Katharer“] und Herman Wirth [siehe das Kapitel „Dolmen, Cromlechs und Menhire“] stützte. Wirths Veröffentlichungen „Der Aufgang der Menschheit“ und „Die Heilige Urschrift der Menschheit“ wurden von der „akademischen“ Wissenschaft belächelt. Im Jahre 1933 spielte Wirth – wie Michael H. Kater es nannte – seinen letzten Trumpf aus. Wirth veröffentlichte eine kommentierte Übersetzung der angeblich bis in vorgeschichtliche Zeit zurückreichenden Familienchronik der friesischen Familie Over de Linden, der sogenannten Ura Linda-Chronik. Von der Fachwelt wurde die Schrift seit langem für eine Fälschung aus dem 19. Jahrhundert gehalten.[10] In der Ura Linda-Chronik finden sich Passagen wie die folgende: *„Ist jemand fünfundzwanzig Jahr und hat er noch keinen Ehegatten, so soll man ihm sein Haus verwehren. Die Knaben sollen ihn meiden. Nimmt er dann noch keinen Ehegatten, so soll man ihn totsagen, auf daß er aus dem Lande fortziehe und hier kein Ärgernis geben mag.“*[11] Im Kommentar schrieb Wirth: *„Hiermit trete ich für die Quellenechtheit einer sogenannten Fälschung ein und beantrage vor der gegenwärtigen Öffentlichkeit die Erneuerung des Verfahrens in Sachen ‚Ura Linda'-Handschrift.“* Auch wenn Wirth bei der „akademischen“ Fachwelt nun sämtliches Ansehen verlor, erreichte er, daß der „Reichsführer-SS“ auf ihn aufmerksam wurde und ihm schließlich die Leitung der am 1. Juli 1935 gegründeten „Studiengesellschaft für Geistesurgeschichte ‚Deutsches Ahnenerbe'“ übertrug.[12]

Schon bald trennte sich der „Reichsführer“ aber von den „Laienforschern“ und setzte auf etablierte Universitätsprofessoren wie z.B. Herbert Jankuhn, der das frühmittelalterliche Handelszentrum Haitabu nahe der dänischen Grenze freilegte und Hans Schleif, der die Grabungen am Kriemhildenstuhl durchführte [siehe das Kapitel „Hans Schleif und der Kriemhildenstuhl“].[13] Teudt, dem Himmler im Jahre 1933 noch die Verwaltung der Extern-

---

[9] Vgl. Zentner, 280, von Moers-Messmer, 82–84 und Heinemann, 461
[10] Kater, 15f
[11] Wirth, Ura Linda, 33
[12] Vgl. Kater, 11–16
[13] Vgl. Kater, 81

steine im Teutoburger Wald anvertraute, wurde nach wenigen Jahren mit unmißverständlichen Drohungen zum Rücktritt gezwungen. Otto Rahn, dem es nach Meinung seiner Vorgesetzten an der nötigen „Härte" fehlte, bat – nachdem er Dienst in den Lagern Buchenwald und Dachau hatte leisten müssen – am 28. Februar 1939 um seine Entlassung aus der SS und wurde in den Bergen des Wilden Kaisers in Tirol erfroren aufgefunden. Ob Rahn freiwillig aus dem Leben schied oder ob er sich auf einer Bergwanderung verirrte und erfror, konnte nie geklärt werden. Immerhin wurde Rahn von Himmler posthum wieder in die SS aufgenommen und in der Liste der verstorbenen SS-Führer geführt. – Im Zuge der Vorbereitungen des Krieges schwand das Interesse des „Reichsführers" an den alten Stätten, und nachdem die Mord- und Terrormaschinerie in den besetzten Ostgebieten angelaufen war, verstrickten sich schließlich auch Teile des Ahnenerbes in Kriegsverbrechen.[14]

Auch Goebbels verlor schon bald das Interesse an den alten Stätten und setzte auf die „modernen Medien" wie Volksempfänger und Wochenschau als Mittel der propagandistischen Beeinflussung. Im Jahre 1937 wurden die „Thingspiele" eingestellt und die Anlage auf dem Heiligenberg durfte auf Anweisung des Propagandaministers nur noch als „Feierstätte Heiligenberg" bezeichnet werden.

Heute ist der Heiligenberg ein beliebtes und an Sonn- und Feiertagen leider ziemlich überlaufenes Ausflugsziel. – Gesagt sei noch, daß die alten heiligen Stätten in den letzten Jahren auch von esoterischer Seite entdeckt wurden. So konnte ich, als ich vom Aussichtstürmchen das Heidelberger Schloß fotografierte, einer Frau zuhören, die ihrem Ehemann ein Referat über Geomantie hielt. Und in David Luczyns Buch „Magisch reisen Deutschland" heißt es über den Heiligenberg: „*Obwohl der Thingplatz optisch sehr beeindruckend ist, liegt der eigentliche Kraftplatz 100 Meter oberhalb in der Ruine des Michaelsklosters aus dem Jahre 870.*"[15]

Wegbeschreibung: Den Heiligenberg erricht man von der A 5 Darmstadt–Karlsruhe, die man an der Abfahrt „Heidelberg/Dossenheim" verläßt. Über Dossenheim fährt man nach Heidelberg-Handschuhsheim und folgt den Wegweisern zum „Heiligenberg". – Eine landschaftlich schöne Alternative ist die Anreise von Osten auf der B 37, der „Burgenstraße", die direkt am Neckar entlangführt.

---

[14] Vgl. Kater, 227–245

[15] Zitat Luczyn, 182

In dunkelster Vorzeit

„Die Menge der mir solchergestalt in den ersten Tagen herbeigeschleppten Gebeine war erstaunlich und mußte meinen immer noch schüchternen Glauben an die Allgemeinheit kannibalischer Sitte in diesem Land zu völliger Überzeugung verhelfen. Da lagen Haufen von Knochen aller Art, Unterkiefer, Schädelfragmente, die meist der Zähne beraubt waren, um sie als Halsschnüre zu verwerten. [...] *Die meisten Schädel waren nämlich zertrümmert, um das Hirn bequemer herausnehmen zu können.* [...] *Der Zustand, in welchem ich viele Stücke empfing, ließ erkennen, daß sie in Wasser gekocht und mit Messern abgeschabt worden waren; einige schienen direkt von den Mahlzeiten der Eingeborenen zu kommen, denn sie waren noch feucht und trugen den Geruch von frisch Gekochtem an sich; viele sahen aus, als wären sie unter altem Kehricht und Küchenabfällen aufgelesen worden.*“[16] – So schrieb der deutsch-livländische Afrikaforscher Georg Schweinfurth, der in den Jahren 1868 bis 1871 Zentralafrika bereiste. Kannibalengeschichten von „primitiven“ Eingeborenenstämmen in fernen Erdteilen haben die „zivilisierten“ Menschen schon immer schockiert. Fraglich ist allerdings, ob die Motive Schweinfurths sehr viel höher standen: Der Afrikaforscher tauschte für seine Sammlung hunderte von abgenagten Menschenschädeln gegen Kupferschmuck ein. – Später vermachte Schweinfurth die Schädel dem Anatomischen Museum zu Berlin.[17] Daß aber Kannibalismus (bzw. Anthropophagie) nicht nur ein Brauch in fernen Erdteilen war, sondern auch bei unseren eigenen Ahnen gängige Praxis war, haben archäologische Funde bewiesen.

Die Jungfernhöhle bei Tiefenellern

Otto Kunkel, der Leiter der Ausgrabungen in der Jungfernhöhle in der Fränkischen Schweiz, schilderte, wie es zur Entdeckung der ungewöhnlichen Funde kam: *„Auf einem geologischen Wochenendgang kamen im Dezember 1951 Dr. Oskar Kuhn und* [...] *Hermann Hundt aus Bamberg wieder einmal nach Tiefenellern. Sie sprachen beim Invaliden Georg Engert gen. ‚Zimmer Görch' vor, der seine Gegend bis in den letzten Winkel kennt und schon manche gute Versteinerung beigebracht hat. Er war unterwegs; es hieß, er suche in der ‚Jungfernhöhle' auf dem Schloßberg einen Goldschatz. Tatsächlich überraschten ihn die Herren Hundt und Kuhn in dem kleinen Felsloch. Fast 8cbm Aushub vorm Eingang dokumentierten die zähe und ‚tiefgründige', vom Zimmer Görch mit zwei Leuten seiner Verwandtschaft bereits geleistete Forschungsarbeit. Die Schuttmassen aus Steinbrocken und dunkler Erde erwiesen sich als dicht mit vorgeschichtlichen Scherben, Steinartefakten, Tier-*

[16] Zitat Schweinfurth, 210
[17] Schweinfurther, 231

und Menschenknochen durchsetzt. Dem energischen Zureden Herrn Hundts gelang es, die Schatzgräber zur Einstellung ihres verderblichen Treibens zu bewegen. In der Folge war Georg Engert am ‚legalen' Ausräumen der Höhle fleißig beteiligt.“[18] Die bereits freigelegten Fundmassen wurden in der Bamberger Privatwohnung des Praktischen Arztes Bruno Müller vorsortiert und signiert, „*was die Hausfrau nicht nur duldete, sondern als verständnisvolle Helferin sogar eifrig förderte.*“[19]

Die Jungfernhöhle bei Tiefenellern

Die Jungfernhöhle liegt auf dem etwa 520 Meter hohen Schloßberg über dem Dorf Tiefenellern, etwa 15 Kilometer östlich von Bamberg. Die Höhle befindet sich in einem etwa 30 x 10 Meter messenden Felsrücken auf einem Plateau über der Schlucht des Bettelmannsbrünnlein. Die Höhle mißt in Nord-Süd-Richtung etwa 15 und in West-Ost-Richtung etwa 11 Meter. Vom Eingang kann man auf zwei Baumstämmen etwa 2½ Meter zum Boden der Höhle hinabrutschen.

Bei der Hauptgrabung, die vom 26. Juni bis 15. August 1952 stattfand, und den folgenden kürzeren Nachuntersuchungen in den Jahren 1953 und 1954, wurden insgesamt 100 Kubik-

[18] Zitat Kunkel, 1
[19] Zitat Kunkel, 1

meter Höhlen- und Vorgeschichtsschutt aus der Jungfernhöhle entfernt. Neben bandkeramischen Gefäßscherben wurden bei den Grabungen Tier- und Menschenknochen geborgen: *„Durch Hirnschädelknochen sind sicher erwiesen: 1 maturer* [= reifer], *1 juveniler* [= jugendlicher] *Mann; 1 mature, 1 adulte* [= erwachsene], *2 juvenile Frauen; 14 Kinder; zusammen also 20 Personen. Einige Schädelknochen lassen nicht erkennen, ob sie zu den vorgenannten oder noch anderen Individuen gehören. Da wir Unterkiefer oder Mandibelreste von sicher 38 Personen haben, fällt das Vorkommen von nur 20 Hirnkapseln auf. Der anatomische Verband der Hirn- und Gesichtsschädel ist bei Erwachsenen und Kindern gleichmäßig zerstört. Die Unterkiefer Erwachsener sind dagegen trotz ihrer Stabilität häufiger zerbrochen als die von Kindern.* [...] *Den markhaltigen Röhrenknochen fehlen häufig die Gelenkenden, oder sie sind in der Schaftmitte schräg gebrochen.* [...] *Durchweg sind die Knochen Erwachsener stärker beschädigt als die Jugendlicher; besonders gilt das für die Hirnschädel und markhaltigen Langknochen. Zwar weisen auch Kinderknochen Beschädigungen auf; doch könnten diese bei größerer Fragilität durch Zufälligkeit der Lagerung in Höhlenfüllseln mitbedingt sein. Dagegen erwecken die Knochen Erwachsener und Juveniler regelmäßig den Eindruck absichtlicher Öffnung. Nur mit Tierfraß können die starken Beschädigungen der großen und stabilen Erwachsenenknochen nicht erklärt werden.* [...] *Angesichts des schwerlich zufallsbedingten trümmerhaften Zustandes der menschlichen Knochen von Tiefenellern ist besonders bemerkenswert, daß einige unverkennbar humane Bruchstücke intensive Brandspuren mit Schwarzfärbung aufweisen. Deutlich angekohlt sind z.B. 1 Unterkiefer, 6 Schädelfragmente und 1 Radiusköpfchen. Man fragt nach der Ursache dieser auffallenden Befunde und kann sich des Gedankens nicht erwehren, daß sie von Menschenhand herrühren.“*[20]

Schon früh war den Archäolgen klar, daß es sich bei den in der Jungfernhöhle gefundenen Skeletteilen nicht einfach um Bestattete gehandelt hat: *„Die Langknochen Erwachsener, besonders Oberarm- und Oberschenkelknochen, sind meist zerbrochen; mit geringerem Lebensalter wird das seltener. Bei der Zartheit und Zerbrechlichkeit von Kleinkinder- und gar Säuglingsknochen hätte man eher das Umgekehrte erwartet. Daß gerade die stabilen Erwachsenenknochen zerbrochen, mit heilen Kleinkinderknochen und obendrei mit tierischen Resten untermischt in der Höhle lagen, bestärkt unsere Überzeugung, daß sie schon in diesem Zustand eingebracht worden sind. Nachdem die Hirnschädel von Kleinkindern, Kindern, Jugendlichen und Erwachsenen geöffnet und meist stark zertrümmert, auch die Langknochen Erwachsener aufgeschlagen, die von Kleinkindern aber heil sind, ist der Verdacht nicht mehr abzuweisen, daß es den Tätern um Hirn und Mark zu tun war.“*[21]

Auffällig war weiter, daß in den gefundenen Kiefern fast alle einwurzeligen Zähne fehlten: *„Die Zahnfächer namentlich der Unterkiefer blieben dabei meistens unverletzt. Sie zeigen*

---

[20] Zitat Kunkel, 65f

[21] Zitat Kunkel, 72

keinerlei Schließungstendenz; also müssen diese sonderbaren Extraktionen unmittelbar vor oder nach dem Tode erfolgt sein. [...] *Das Höhlenfüllsel hat insgesamt 21 lose einwurzelige Zähne gliefert. Die mindestens 500 nach Individuenzahl und Lebensalter noch fehlenden Zähne dürfte die amtliche Grabung schwerlich alle übersehen haben. Auch hier steht man also vor einem merkwürdigen Geheimnis.*“[22]

Daß in der Jungfernhöhle die Reste kannibalischer Mahlzeiten versenkt wurden, ließ sich nicht mehr leugnen. Auf Grund der gefundenen Gefäßreste identifizierte Kunkel die aus dem Donauraum in den Jura zugewanderten Bandkeramiker als die Opfernden. Bei der Bandkeramik handelte es sich um die älteste Kultur der Jungsteinzeit Südost- und Mitteleuropas, benannt nach ihrer mit bandartigen Mustern verzierten Keramik (Anfänge im 4. Jahrtausend, Ende 1800 v. Chr.). Die Bandkeramiker siedelten unter anderem in der nur wenige Kilometer entfernten jungsteinzeitlichen Siedlung Hohenellern. Auf Grund ihres Zivilisations- und Wirtschaftsniveaus (Agrarwirtschaft im Stadium des Pflanzen- und Hackbauerntums und Haltung von Schweinen) ließen sie sich am ehesten mit den Eingeborenenstämmen der Südsee-Insel vergleichen. Insgesamt habe es sich nicht um eine „primitive“ Zivilisationsstufe gehandelt, sondern um eine mit schon recht kompliziertem materiellem und geistigem Vermögen.[23] Kunkel schrieb: *„Immerhin dürfen die Begleitfunde und Eigentümlichkeiten wie das Fehlen der Zähne wohl als Hinweis genommen werden, daß sich hier nicht bloß grobschlächtig-banale Handlungen unter ‚Kannibalen' nach landläufigem, aber meist falschem Begriff abgespielt haben. Schon daß man die Überreste mitsamt dem schönen dabei benutzten Geschirr, auch Gerät usw. dem Felsschlund überantwortete, läßt ein Ritual mit Opfercharakter vermuten.*“[24] Und über die religiösen Vorstellungen der Bandkeramiker schrieb Kunkel: *„Nach allem gewinnt man den Eindruck, daß im frühbäuerlichen Milieu, mit welchem wir es hier zu tun haben, beim Menschenopfer mit anthropophagem Einschlag nicht so sehr die Gabe an die Gottheit wie das magisch-zauberische Arkanum* [= Geheimmittel] *wesentlich war, durch welches man Fruchtbarkeit und Lebenskräfte, auch eigene, bezweckte. Charakteristisch scheint dabei zu sein, daß sich solche Opfer als Gemeinschaftshandlungen abspielten: So wurde der einzelne durch die mystische Partizipation am magischen Kraftquell als Glied seiner sozialen Gruppe der erstrebten Wirkung teilhaftig, und zugleich wurde das ‚politische' Gefüge der Sippe, der Dorfschaft oder schon des Stammes* [...] *gefestigt.*“[25]

Kunkel schloß nicht aus, daß die Neolithiker an einem ursprünglich religiös begründeten Kult, auch „Geschmack“ gefunden haben mögen und deshalb vor allem Kinder und Jugend-

---

[22] Zitat Kunkel, 73
[23] Vgl. Kunkel, 74 und 129
[24] Zitat Kunkel, 125
[25] Zitat Kunkel, 130

liche opferten.[26] – Daß Kinder als besondere Delikatesse geschätzt waren, bestätigte auch der bereits erwähnte Afrikaforscher Schweinfurth: *„Die erbeuteten Kinder verfallen, nach den Angaben zu urteilen, die mir gemacht wurden, als besonders delikate Bissen der Küche des Königs. Es ging während unseres Aufenthalts bei Munsa das Gerücht, daß für ihn fast täglich kleine Kinder eigens geschlachtet würden.“*[27]

Wie bereits mehrfach erwähnt, diente die Jungfernhöhle nur der Deponierung der Reste der kannibalischen Handlungen, die Riten selber scheinen sich – wie Phosphatuntersuchungen zeigten – auf dem etwa 50 Meter südlich gelegenen Plateau über dem Bettelmannsbrünnlein abgespielt zu haben. *„Archäologische Befunde ‚durften' hier ausbleiben, wenn die säuberliche Abräumung der Überbleibsel und ihre Verbringung in die Höhle zum Ritual gerechnet wurde.“*[28] – So Kunkel. Wenn sich die Bandkeramiker mit einem Opfer pro Jahr benügten, wäre ein knapp 40-jähriger kannibalischer Kultbetrieb an der Jungernhöhle anzunehmen. Ob dieser dann eingestellt wurde oder aber an einen anderen Ort verlegt wurde, entzieht sich unserer Erkenntnis.

Auffällig war, daß die in der Jungfernhöhle gefundenen Menschenknochen nicht die für Bandkeramiker charakteristischen mediterranen Merkmale aufwiesen. Kunkel schloß daher, daß die aus dem Donauraum zugewanderten Neolithiker auf dem Jura auf Reste der cromagniden mittelsteinzeitlichen Urbevölkerung stießen und einige von ihnen zu bestimmten Gelegenheiten opferten und verzehrten.[29] Auch Schweinfurth bestätigte, daß als Opfer insbesondere Menschen von – aus Sicht der Opfernden – „niederer“ Rasse dienten: *„Da sie* [die Monbutto] *im Rücken ihres Gebietes von einer Anzahl völlig schwarzer, auf niederer Kulturstufe stehender und daher von ihnen verachteter Völker umgeben sind, so eröffnet sich ihnen daselbst die willkommene Gelegenheit, auf Kriegs- und Raubzügen sich mit hinreichend großen Vorräten von dem über alles geschätzten Menschenfleisch zu versorgen.“*[30]

Abschließend sei noch auf die Reste zweier alter Befestigungsanlagen auf dem Schloßberg hingewiesen, die allerdings in keinem Zusammenhang zu den Funden der Jungfernhöhle stehen: Bei der kleineren Anlage handelte es sich wahrscheinlich um eine mittelalterliche Wachstation mit Unterkunftslokal an der alten Poststraße, die von Bamberg über Tiefenellern auf das Juraplateau führte. Auf dem Plateau unterhalb dieser Anlage finden sich die Reste einer alten keltischen Ringwallanlage [siehe das Kapitel „Die Ringwallanlagen: Keltische Fluchtburgen oder germanische Kultstätten“].[31]

---

[26] Kunkel, 128
[27] Zitat Schweinfurth, 230
[28] Zitat Kunkel, 131
[29] Kunkel, 74 und 131
[30] Zitat Schweinfurth, 229
[31] Vgl. Kunkel, 21–25

Wegbeschreibung: Die Jungfernhöhle erreicht man von der A 73 Erlangen–Kreuz Bamberg, die man an der Abfahrt „Bamberg-Ost“ verläßt. Über Litzendorf und Lohndorf fährt man nach Tiefenellern. Von Tiefenellern fährt man auf einer steilen, serpentinenreichen Strecke weiter Richtung Laibarös und biegt auf der Höhe rechts Richtung Herzogenreuth ab. Kurz hinter der Abzweigung, die links nach Linsbühl führt, biegt rechts ein Waldweg zur Jungfernhöhle ab. Auf dem Waldweg fährt man bis zur Wiese und läuft dann halblinks zu einer kleinen Felsformation, in der sich der Höhleneingang befindet. – Wenn man von der Jungfernhöhle etwa 100 Meter nach Westen geht, erreicht man die Reste der kleinen mittelalterlichen Befestigung. Auf dem Plateau unterhalb dieser Befestigung finden sich die Reste der alten keltischen Wallanlage

Ritueller und profaner Kannibalismus

Der Begriff „Kannibalismus“ wurde erstmals im Jahre 1492 von Kolumbus erwähnt. Er geht auf eine verballhornte Form („Kaniben“) von „Kariben“ zurück, von denen andere Stämme behaupteten, sie äßen Menschenfleisch. Wichtige Hinweise zum Phämomen des Kannibalismus und seiner verschiedensten Formen lieferten die Forscher, die im 18. und 19. Jahrhundert ferne Erdteile bereisten. Der deutsche Ethnologe und Soziologe Richard Thurnwald (1869–1954) gab im Jahre 1926 einen Überblick über die verschiedenen Ausprägungsformen des Kannibalismus, von denen einige Beispiele im folgenden genannt seien:[32] Die australischen Ureinwohner verzehrten z.B. das Fett ihrer verstorbenen Angehörigen, das von ihnen als Sitz besonderer Kräfte angesehen wurde. Mit dem „Mahl“ sollte die Persönlichkeit des Verstorbenen von den Angehörigen leiblich-sinnlich aufgenommen werden. – Die südostaustralischen Stämme unterschieden zwischen dem Verzehr erschlagener Feinde und dem der Angehörigen des eigenen Stammes: Im ersteren Fall spielte die Blutrache hinein, während der Kannibalismus an den eigenen Stammesmitgliedern zeremonieller Natur war. – Während bestimmte australische Stämme nur das Fett der verstorbenen Angehörigen aßen, wurde von den Tangara berichtet, daß sie den gesamten Leichnam mit sich schleppten; wenn sie die Trauer packte, aßen sie ein Stück Fleisch des Toten. – Fiel unter den Turrbal bei einem ihrer zeremoniellen Kämpfe, der sich an die Jünglingsweihe anschloß, einer von ihnen, wurde er vom Medizinmann zerschnitten und von den übrigen aufgefressen. Als Grund wurde angegeben, daß sie ihn kannten und liebten und nicht wollten, daß sein Fleisch verwese.

Thurnwald berichtete auch von seinen eigenen Forschungen auf der Südseeinsel Nissan: *„Dabei handelte es sich um ein Netzwerk wechselseitiger Verpflichtungen unter den verschiedenen Dörfern der Insel zur Ermöglichung von Kannibalenmahlzeiten in jedem Monat. Als Opfer wählte man entweder schutzlose Witwen aus oder erwarb Frauen von der benachbarten Insel Buka oder von anderwärts. Das Opfer wurde erst eine Zeitlang gut er-*

[32] Vgl. Thurnwald, 207–211

nährt. Der Mörder und sein Dorf nahmen jedoch nicht an dem Mahl teil, sondern sie gaben den Leichnam an andere ab, die wieder ihrerseits eine Frau bei nächster Gelegenheit töteten und sie den ersteren überlieferten. Eine gewisse Verteilung der einzelnen Stücke wurde dabei eingehalten. Der Häuptling nahm für sich ein Lendenstück in Anspruch. [...] *Fleischnot ist auf dieser Insel sicher nicht der Anlaß, weil es da gerade viele zahme und wilde Schweine gibt.* [...] *Die Küste ist fischreich, und andere Nahrung ist in Überfluß vorhanden. Als Grund wurde angegeben, daß das Verzehren von Menschenfleisch stark und intelligent mache, besonders aber das von Weibern die sexuelle Potenz hebe. Auch wird es als Abwechslung, als Luxusgenuß gegenüber dem Schweinefleisch betrachtet.*“[33]

In Neu-Guinea wurden vor allem Stammesfremde, also Verschlagene und Verirrte, verzehrt. Die Getöteten wurden wie Schweine zuerst am Feuer angeröstet, zerlegt und in Töpfen gekocht. Von einigen Leuten wurde berichtet, daß sie kein Menschenfleisch äßen, von anderen wurde erzählt, daß sie das Fleisch roh zu verzehren pflegten. Die Ukiaravi-Leute betrachteten den kleineren und schwächeren Stamm der Morohai als Lieferanten von Menschenfleisch und dezimierten ihn beträchtlich. – Die Jingkangs auf Borneo töteten die Schwester eines Knaben, wenn dieser schwer krank war und alle anderen Mittel, seine Gesundheit wieder herzustellen, versagten. Der kranke Junge mußte ein Stück des gebratenen Fleisches seiner Schwester essen, um den Bösen Geist, der die Krankheit hervorgerufen habe, zu beschwichtigen. – In Ruanda mußten die Bahutu, weil sie einst die Rinder des Königs geraubt und gegessen hatten, ihrem Herren jährlich eine Jungfrau und einen Jüngling zur Verfügung stellen. Die Jungfrau wurde ins Haarem gebracht, der Jüngling erschlagen und sein Blut vom König getrunken. Am Ufer des Viktoria-Sees soll es eine geheime Gesellschaft gegeben haben, die Leichen ausgrub und verzehrte. Sie sollen geglaubt haben, dadurch unheimliche Zauberkräfte und die Fähigkeit, sich in wilde Tiere verwandeln zu können, zu erhalten.

Und über die Azteken schrieb Thurnwald: „*Das Opfer wurde auf einen Stein gelegt, der Priester schlitzte mit einem Steinmesser die Brust auf und riß das Herz heraus, mit dessen Blut er die Lippen des Gottesbildnisses bestrich.* [...] *Der Kopf des Opfers wurde abgehauen und der Körper dann zerschnitten. Die Stücke kochte man in großen Töpfen mit Salz und Pfeffer und verzehrte sie nachher mit Maisbrot und Kakao. Der Schädel wurde auf einen Pfahl vor dem Tempel gesteckt. Die Verteilung des Fleisches ging nach einem strengen Ritus vor sich: das Herz bekamen die Priester, die Lenden die Adeligen und den Rest das gemeine Volk. Die Opfer bildeten Sklaven, Kriegsgefangene und Fremde. Nur bei einer Zeremonie wurde ein freigeborener junger Mann geopfert, vor der nämlich der Mann ein Jahr lang erst in der Gestalt der Gottheit aufgetreten war.*“[34]

---

[33] Zitat Thurnwald, 209
[34] Zitat Thurnwald, 211

So verschieden die Ausprägungen des Kannibalismus bei den Eingeborenen auch waren, so gibt es doch einige grundlegende Gemeinsamkeiten, die auch auf die archäologischen Funde in unserer Gegend zutreffen. So ist es etwa bezeichnend, daß sich der Kannibalismus nicht bei den ärmsten Stämmen sondern bei den höherentwickelten fand; die „Primitiven" waren nicht die Täter, sondern die Opfer. Das Verzehren der eigenen Gattung scheint somit eine menschliche Verhaltensweise zu sein, die in fast jeder Kultur auftrat, sobald sie eine bestimmte Entwicklungsstufe erreicht hatte. Es gibt zwar archäologische Hinweise, daß schon die Neandertaler Schädel öffneten, um das Gehirn verzehren zu können, gesichert ist der Kannibalismus aber erst in der Jungsteinzeit. Nicht nur die Funde in der Jungfernhöhle haben gezeigt, daß unsere Vorfahren damit begannen, die eigenen Artgenossen bei besonderen Anlässen zu verzehren, als sie seßhaft wurden und gelernt hatten, Ackerbau zu betreiben.

Im Tierreich tritt das Fressen der eigenen Art zuweilen bei Überbevölkerung und/oder Nahrungsmangel auf. Menschlicher Kannibalismus dagegen entsprang nur in den seltensten Fällen diesen Gründen. Antike Schriftsteller berichteten zwar vom Verzehren der eigenen Artgenossen als letztem Ausweg in Notlagen [siehe auch das Kapitel „Die Viereckschanzen: Rechteckhöfe oder Kultstätten?"], archäologische Untersuchungen in Kulthöhlen und die Berichte der Forscher des 18. und 19. Jahrhunderts haben aber gezeigt, daß der Kannibalismus im allgemeinen aus religiösen Gründen begangen wurde. Das Menschenopfer und das anschließende „Mahl" wurden zu Ehren der Ahnen und/oder Götter dargebracht. Auch die Beobachtungen Thurnwalds auf der Insel Nissan zeigen, daß der dortige Kannibalismus nicht aus Nahrungsmangel betrieben wurde.

Genußsucht scheint bei vielen Kulthandlungen eine mitbestimmende Rolle gespielt zu haben, da insbesondere Kinder oder Jungfrauen verzehrt wurden. Bei der Lektüre Schweinfurths kann man denken, daß die Monbutto Menschenfleisch allein aus Genußgründen verzehrten, aber der Afrikaforscher war niemals Zeuge der grausigen Mahlzeiten und der sie begleitenden Handlungen. Thurnwald schrieb: *„Es dürfte nicht unwahrscheinlich sein, daß dort, wo der K. in rein materialistischer Form auftritt, diese Sitte erst nachträglich den geistigen Zusammenhang verloren hat, ihrer zauberischen Wirkung entkleidet wurde."*[35]

Mit Ausnahme des sogenannten Endokannibalismus, bei dem verstorbene Angehörige des eigenen Stammes verzehrt werden, um sich deren Macht anzueignen, waren die Opfer der Kannibalen im allgemeinen Witwen, Hilflose, Fremde oder aber Angehörige „primitiver" Stämme. Nur in den seltensten Fällen wurden gesunde und starke Mitglieder des eigenen Stammes verzehrt. Auch die Funde der Jungfernhöhle, in der die Reste der verspeisten Mitglieder der „niederen" Urbevölkerung versenkt wurden, zeigen, daß ein gewisser Rassismus bei vielen Kannibalen eine Rolle spielte.

---

[35] Zitat Thurnwald, 207

Die Breitensteiner Bäuerin bei Königstein

Bei Königstein am Südrand des Veldensteiner Forstes, der südöstlich an die Fränkische Schweiz anschließt, liegt die „Breitensteiner Bäuerin". Zwei 15 bis 20 Meter tiefe Schächte führen zur oberen Etage der Höhle, die nach Helmut Cramer, einem der Leiter der Untersuchungen des Jahres 1933 benannt wurde, hinab. Die Cramer-Halle dehnt sich in Nord-Süd-Richtung etwa 200 und in West-Ost-Richtung etwa 230 Meter aus. Im Osten der oberen Etage führt ein weiterer Schacht in die kleinere, untere Etage. Die insgesamt 44 Meter tiefe Höhle ist nur von Profis mit entsprechender Ausrüstung begehbar. Der „normale" Besucher muß sich mit dem Blick in die mit Maschendraht gesicherten Eingangsschächte begnügen. Aber auch dieser Blick in die Tiefen der Erde ist gespenstig.

Eingangschächte der Breitensteiner Bäuerin

Gisela Graichen zitierte in ihrem archäologischen Reiseführer „Das Kultplatzbuch" eine alte Sage: *„Es wohnte einst ein böses Weib zu Breitenstein, wo heute noch die Ruinen des Schloßgutes und ehemaligen Klosters von anderen Zeiten erzählen. Nach ihrem Tode konnte ob der Sünden ihre arme Seele keine Ruhe finden, und sie ging um in den alten Gemächern. Aber mit christlichem Brauch überwältigte man den verderblichen Geist, bannte ihn in einen schwarzen Raben, den man unter Begleitung von viel Volk hintrug zum nachtschwarzen*

Abgrund, ihm dort seinen Platz anweisend. Also im Munde des Volkes kurzweg der Name Breitensteinbäuerin enstand. Fronleichnam jedoch ist der Tag, da kommt die ‚schwoarz Kroah' (Rabe, Krähe), und wehe, wer in ihren Machtkreis gelangt. Jäger, Forstleute, alle, die sich am Tage in Neugierde vermaßen, mußten zurückweichen vor Entsetzen."[36]

Als F. Birkner im Jahre 1918 auf dem Grund der Einstiegsschächte nach vorgeschichtlichen Funden suchte, fand er nicht nur Tonscherben und metallische Schmuckstücke, sondern auch einen Schweine-, einen Pferde- und 16 Menschenschädel, sowie weitere menschliche Knochen. Einige der Schädelstücke waren angebrannt. Wahrscheinlich wurden auch an diesem Ort die Reste ritueller Kannibalenmähler versenkt.[37] Graichen schrieb: „*Hinweis darauf, daß die Menschen außerhalb der Schachthöhle zerlegt, einige Teile gleich in den Spalt geworfen, andere geröstet und verzehrt wurden, bevor man sie mit den benutzten Gefäßen und der Holzkohle hinabwarf.*"[38]

Wegbeschreibung: Die Breitensteiner Bäuerin erreicht man von der A 9 Nürnberg–Berlin, die man an der Abfahrt „Plech" verläßt. Über Plech und Höfen fährt man nach Neuhaus an der Pegnitz und dann weiter Richtung Königstein. Etwa drei Kilometer vor Königstein biegt rechts ein Schotterweg zum Bärnhof ab. Hier parkt man den Wagen und steigt auf dem Wanderweg (Markierung blauer Punkt auf weißem Grund) in wenigen Minuten zur Höhle auf. – Einige hundert Meter weiter liegt links des Wanderwegs die Schelmbachsteinhöhle oder Sonnenuhr, eine halb eingestürzte Höhlenruine.

Die Silberlochhöhle im Galgental

Die Silberlochhöhle im Galgental, etwa 25 Kilometer südwestlich von Regensburg, zieht sich auf einer Länge von etwa 60 Metern über mehrere Ebenen in den Berg hinein. Gleich hinter dem kaum einen Meter hohen Eingang der Höhle findet sich ein schwieriger Abstieg, der nur von Geübten mit entsprechender Ausrüstung begangen werden sollte. Gisela Graichen schrieb: „*Das Silberloch gehört zu den urgeschichtlichen Opferplätzen, in denen Menschen-, Tier- und Sachopfer dargebracht wurden, eine Schachthöhle, bei der waagerecht in den Berg führende Räume mit in die Tiefe stürzenden Spalten verbunden sind, den vermuteten Eingängen zur Unterwelt.*"[39] Als wir im Sommer 1999 nochmals ins Silberloch hinabkletterten, stellten wir fest, daß jemand im untersten Raum der Höhle ein etwa ein Meter tiefes Loch ausgehoben hatte. Vielleicht war der „Hobbyarchäologe" von Graichens Buch inspiriert worden und hatte die Warnung „*Dies ist kein Handbuch für Raubgräber!*"[40] igno-

---

[36] Zitiert nach Graichen, 185f
[37] Vgl. Graichen, 185f, Herrmann, 45f und Kunkel, 120
[38] Zitat Graichen, 186
[39] Zitat Graichen, 189–191
[40] Zitat Graichen, 134

riert. – Auf der gegenüberliegenden Talseite finden sich weitere, aber kleinere Höhlen, die den Menschen in der Vorzeit als Wohnstätten gedient haben mögen.

Wegbeschreibung: Die Silberlochhöhle erreicht man z.B. von der A 9 Kreuz Nürnberg–Ingolstadt, die man an der Abfahrt „Altmühltal“ verläßt. Über Beilngries fährt man nach Dietfurt und dann weiter Richtung Kelheim. Bei Essing biegt man nach Keilsdorf ab und fährt am „Felshäusl“ ins Galgental. Nach etwa 500 Metern steht versteckt auf der rechten Straßenseite ein „Marterl“ und nach weiteren 100 Metern findet man eine kleine Parkbucht. Man parkt den Wagen, läuft etwas zurück und steigt auf der rechten Talseite den Pfad zum Höhleneingang auf. (Wegweiser oder Hinweisschilder gibt es nicht.)

Die Höhlen im Kyffhäuser-Gebirge

„Der alte Barbarossa,
der Kaiser Friederich,
im unterird'schen Schlosse
hält er verborgen sich.

Er ist niemals gestorben,
er lebt darin noch jetzt;
er hat im Schloß verborgen
zum Schlaf sich hingesetzt.

Er hat hinabgenommen
des Reiches Herrlichkeit
und wird einst wiederkommen
mit ihr zu seiner Zeit.

Der Stuhl ist elfenbeinern,
darauf der Kaiser sitzt;
der Tisch ist marmelsteinern,
worauf sein Haupt sich stützt.

Sein Bart ist nicht von Flachse,
er ist von Feuersglut,
ist durch den Tisch gewachsen,
worauf sein Kinn ausruht.

Er nickt als wie im Traume,
sein Aug' halb offen zwinkt,

und je nach langem Raume
er einem Knaben winkt.

Er spricht im Schlaf zum Knaben:
‚Geh hin vors Schloß, o Zwerg,
und sieh, ob noch die Raben,
herfliegen um den Berg.

Und wenn die alten Raben
noch fliegen immerdar,
so muß ich auch noch schlafen
bezaubert hundert Jahr.'"[41]

Barbarossa-Denkmal auf dem Kyffhäuser

So dichtete Friedrich Rückert (1788–1866) über die Barbarossahöhle bei Rottleben im Kyffhäuser-Gebirge, in der nach einer alten Sage Kaiser Rotbart schlafe, bis er dereinst wiederkehre und den Menschen bessere Zeiten bringe. Das etwa 20 Kilometer lange Kyffhäuser-Gebirge liegt weithin sichtbar im östlichen Harzvorland und trug schon in vorchristlicher

[41] Rückert zitiert nach Kühn, 54f

Zeit Kult- und Opferplätze. Gerade die Höhlen wurden als Eingänge zum Reich der Toten oder unterirdischer Gottheiten gedeutet. Nach der Christianisierung wurden die alten Mythen umgeschrieben: Kaiser Rotbart, in dem die Erinnerungen an die Kaiser Friedrich I. Barbarossa (1121–1190) und Friedrich II. (1194–1250) verschmolzen, übernahm die Rolle der alten Götter als Herrscher des Totenreichs.[42]

Die meisten Touristen, die den Kyffhäuser aufsuchen, begnügen sich mit der Teilnahme an einer Führung durch die Barbarossahöhle und dem Besuch des von 1890 bis 1896 errichteten Kyffhäuser-Denkmals. Nur wenige suchen auch die Höhlen bei Bad Frankenhausen auf, in denen Günter Behm-Blancke in den 50er-Jahren schauerliche Funde aus grauer Vorzeit machte.[43]

Schon in seiner Studentenzeit während des Dritten Reiches träumte Behm-Blancke davon, im sagenumwobenen Kyffhäuser-Gebirge ein altes Heiligtum auszugraben. Als Archäologe der Deutschen Demokratischen Republik ging Behm-Blanckes Traum schließlich in Erfüllung. In seinem spannend geschriebenen Buch „Höhlen – Heiligtümer – Kannibalen" beschrieb Behm-Blancke die im Jahre 1950 bei Bad Frankenhausen begonnen Grabungen. Während der Untersuchungen der Höhle 1 (Stopfnadelhöhle) *„hielt ich plötzlich einen Knochen in der Hand, den ich erst nach genauerem Betrachten als Menschenknochen identifizieren konnte. Es blieb nicht bei diesem einen. Immer häufiger kamen beim Spachteln menschliche Skeletteile aus dem Boden. Viele von ihnen waren wie Tierknochen aufgeschlagen, denen man das Knochenmark entnommen hat. Außerdem zeigten einige dieser zerschlagenen Menschenknochen Feuerspuren und manchmals da und dort feine Schnittspuren von einem scharfen Messer. Uns packte fieberhafte Erregung, als in einer Kulturschicht, zusammen mit Scherben und Tierknochen, das Skelett eines menschlichen Fußes lag, dessen einzelne Knochen noch völlig ordnungsgemäß gruppiert waren. Das unheimliche Gefühl, das uns nach den ersten Menschenknochenfunden in dieser Höhle beschlichen hatte, das Gefühl, in ein uraltes Kannibalennest geraten zu sein, wurde immer mehr zur Gewißheit. Es war kein Zweifel: In dieser Höhle hatten einst – nach den Scherben und Gefäßen zu urteilen, vor etwa 2900 Jahren – Menschen gehaust, die Menschenfleisch verzehrt hatten."*[44]

Die ersten Ergebnisse, die Behm-Blancke am Ende der Grabungen in Höhle 1 zusammenfaßte, wiesen große Übereinstimmungen mit Kunkels Funden in der Jungfernhöhle auf: *„1. Die Kannibalen waren nur zeitweise in Höhle 1, um dort ihre grausigen Mahlzeiten einzunehmen. Die Strohfeuer deuteten auf einen Besuch während der Erntezeit. 2. Ihre eigentliche Wohnstätte, ihr Dorf aus Holzhäusern, lag im Tal* [...] *4. Menschenfleisch war mit Tierfleisch zusammen genossen worden; häufig traf man Tier- und Menschenknochen dicht ne-*

---

[42] Vgl. Kühn, 277–279 und Baedekers, 344–346

[43] Vgl. auch Graichen, 358f

[44] Zitat Behm-Blancke, 75f / Zu den Kyffhäuser-Höhlen vgl. auch Flindt / Leiber, 115–122

beneinander in den Kulturschichten an. Die Menschenknochen hatte man wegen des Knochenmarks nach derselben Methode geöffnet wie die Tierknochen, deren große Anzahl keineswegs auf Nahrungsmangel hinwies. [...] 5. Es waren [...] vorwiegend Jugendliche und Kinder verzehrt worden!"[45]

Bei den Grabungen in Höhle 4 stießen die Archäologen auf den sogenannten Kannibalenherd: „*Unmittelbar unter dem kalkhaltigen Überzug kam nämlich ein rotgebrannter Estrich zum Vorschein, dem die Feuerwirkung stellenweise ein schlackenartiges Aussehen gegeben hatte. In diesem roten Lehm waren hin und wieder durchglühte schneeweiße Knochensplitter eingelagert. Merkwürdig war die weiße Farbe der Oberfläche. Auf den Herdstellen der vorgeschichtlichen Siedlungen hatte ich so etwas noch niemals beobachtet. Als wir die Feuerstelle freilegten, sahen wir um sie herum eine primitive Steinsetzung. [...] Hinter dem Herd fanden wir dichte Lagen von Menschenknochen, unter anderem zwei Unterkiefer. Zwischen den meist zerschlagenen Menschenknochen lagen auch einige Tierknochen, mitten darin eine kleine verzierte Scherbe aus der Urnenfelderzeit. [...] Dann nahm ich Knochen für Knochen unter die Lupe, vor allem die Gelenkköpfe der zertrümmerten Arm- und Beinknochen. Da waren sie wieder, die feinen Schnitte, einzeln oder in parallelen Reihen, wie mit einer Rasierklinge gemacht! Dort wo kräftige Sehnen die Arm- und Beinknochen am übrigen Skelett festhalten, tauchten diese feinen Marken besonders häufig auf. Ich wollte ganz sicher sein. Wenige Tage später legte ich Dr. Voigt, dem damaligen Leiter des Gerichtsmedizinischen Instituts in Jena eine Auswahl unserer neuen Menschenknochen mit Schnittmarken vor. Ich hatte richtig vermutet: Auch sie zeigten sichere Spuren einer geschickt vorgenommenen Leichenzerstückelung! [...] Und nun lagen diese Unmengen von Knochen mit Schnittspuren, offenbar Skelette einiger Individuen, an einer Herdstelle.*"[46]

Bei den Grabungen, die insgesamt sieben Jahre dauerten, untersuchte Behm-Blancke 20 Höhlen und Spalten. Von der Jungsteinzeit bis zur Ankunft der Germanen wurden die Höhlen – mit zwischenzeitlichen Unterbrechungen – immer wieder für kultische Handlungen genutzt. Vor 6.000 Jahren etwa deponierten die Bandkeramiker hier Steingerätschaften und etwa 800 v. Chr. versenkten unsere Vorfahren in tiefen Spalten Getreidekörner und Bronzeschmuck, den sie zuvor gewaltsam zerstört hatten. Behm-Blancke fand aber auch Knochen von über hundert Menschen die rituell verzehrt wurden. Ein Teil der Knochen wurde direkt an den Feuerstellen liegen gelassen, andere wurden zusammen mit Geschirr und Beigaben in tiefen Erdspalten versenkt. Wie in der Jungfernhöhle wurden die Opfer nicht aus Nahrungsmangel oder reiner Genußsucht verspeist, da sich zwischen den Menschenknochen auch große Mengen Tierknochen und Getreidereste fanden. Der Kannibalismus wurde vielmehr aus religiösen Gründen begangen: Zu Ehren der Ahnen und der Götter, zum Dank für die Ernte, etc. Daß unsere Vorfahren an diesen Kulten aber auch Geschmack fanden, sieht

---

[45] Zitat Behm-Blancke, 95f
[46] Zitat Behm-Blancke, 119f

man daran, daß wie auch in der Jungfernhöhle die Opfer meist Kinder und Jugendliche waren.

Abschließend sei noch das Behm-Blancksche Entwicklungsmodell des kultischen Kannibalismus erwähnt: „*Wir unterscheiden also den einfachen funeralen Kannibalismus, bei dem der Verstorbene selbst aufgegessen wurde (Patrophagie); den gehobenen funeralen Kannibalismus, bei dem man, dem dringenden Bedürfnis des Verstorbenen entsprechend, ein Menschenopfer in Kommunion zwischen Lebenden und Toten verzehrte; den Ahnenkult-Kannibalismus, den man jährlich zum Gedenken an alle Toten und besonders an geachtete einzelne Individuen zelebrierte; den Stammesahnen-Kannibalismus zu Ehren eines Gottes, der sich aus dem sagenhaften Stammesahnen entwickelt haben konnte.*“[47] Die letzte bzw. höchste Stufe des Kannibalismus sah Behm-Blancke in der christlichen Kommunion, bei der der göttliche Leib symbolisch verzehrt werde. – Beim profanen Kannibalismus handele es sich um eine Entartungserscheinung, die sich aus allen Stufen des kultischen Kannibalismus entwickeln könne.[48]

Wegbeschreibung: Die Kannibalenhöhlen erreicht man z.B. von der A 7 Kassel–Göttingen, die man an der Abfahrt „Hann.-Münden/Hedemünden“ verläßt. Auf der B 80 fährt man über Witzenhausen, Heiligenstadt, Leinefelde und Nordhausen nach Berga und dann auf der B 85 nach Bad Frankenhausen. In Bad Frankenhausen biegt man rechts Richtung Sonderhausen ab. Etwa 900 Meter nach dem Ortsausgangsschild kreuzt ein Feldweg die Straße. Hier biegt man rechts ab, fährt an einer einzelnen Kastanie vorbei und erreicht nach weiteren ca. 800 Metern eine scharfe Rechtskurve. Hier parkt man den Wagen. Man geht etwa hundert Meter weiter auf dem Feldweg und steigt dann rechts auf einem der schmalen Pfade auf (Vorsicht!). Die Höhlen liegen in der oberen Hälfte des Steilhangs. Hinweisschilder sucht man vergeblich. (Taschenlampe nicht vergessen!) – Zur Barbarossahöhle (Führungen) fährt man zurück zur Straße und dann rechts nach Rottleben. In Rottleben biegt man rechts Richtung Steinthaleben ab und folgt den Wegweisern. – Der Weg zum Kyffhäuser-Denkmal und zur Ruine der Reichsburg Kyffhausen ist ab der Barbarossahöhle ausgeschildert. – Interessant ist auch ein Besuch der Königspfalz Tilleda, die zu einem Freilichtmuseum hergerichtet worden ist. Zur Pfalz fährt man vom Denkmal auf der B 85 nach Kelbra und biegt dort rechts nach Tilleda ab. Die Anlage liegt am Ortseingang rechts und ist ausgeschildert.

Schlußbemerkungen

Von den dutzenden von Kannibalen-Höhlen in Deutschland konnten hier nur einige wenige vorgestellt werden. Wer sich näher mit diesen Kultstätten befassen möchte, sei auf das jüngst erschienene Buch „Kulthöhlen und Menschenopfer im Harz, Ith und Kyffhäuser“ verwiesen. Das Begleitbuch zur gleichnamigen Wanderausstellung des Landkreises Osterro-

[47] Zitat Behm-Blancke, 207
[48] Behm-Blancke, 249

de/Harz befaßt sich ausführlich mit den kultisch genutzten Höhlen im Zentrum Deutschlands. – Erwähnt sei noch, daß die Deutungen Kunkels und Behm-Blanckes von der heutigen Wissenschaft relativiert werden. Im Ausstellungsbuch heißt es: „*Während KUNKEL noch vermutete, daß es sich bei den Menschenknochen um die Reste von Kannibalenmahlzeiten handelte, wurde später auch an Menschenopfer und in jüngster Zeit sogar an mehrphasige Bestattungen gedacht. Bei letzteren hätte die Höhle dann den Charakter eines Beinhauses gehabt.*“[49] Und: „*Vom Ausgräber, G. BEHM-BLANCKE waren die zahlreichen Spuren von Manipulationen an den Knochen als eindeutige Hinweise auf ‚Kannibalismus' gedeutet und ein plastisches Bild entsprechender Geschehnisse gezeichnet worden; angesichts aus der Völkerkunde bekannter vielfältiger Praktiken der Totenbehandlung scheint diesbezüglich eine gewisse Vorsicht geraten.*“[50]

[49] Zitat Flindt / Leiber, 17
[50] Zitat Flindt / Leiber, 121f

Dolmen, Cromlechs und Menhire

„Von ihren Gräbern lesen wir heute
die Geschicke und die Art der vergangenen Völker oft deutlicher ab,
als von den Ruinen ihrer Städte.
Widerstandsfähiger als Reiche und Kulturen,
überdauerten die Nekropolen den Wandel der Zeiten."

So schrieb Sibylle von Cles-Reden in ihrem 1960 erschienen Werk „Die Spur der Zyklopen – Werden und Weg einer ersten Weltreligion".[51] Ausgehend vom Nahen Osten über Mittel- und Westeuropa bis zu den Orkney-Inseln am Polarkreis hatte sich im Neolithikum, der Jungsteinzeit, ein Totenkult und ein Jenseitsglaube herausgebildet, der auf der Vorstellung des Menschen als körperlich-geistiger Einheit beruhte. Die sichere Bewahrung der sterblichen Überreste wurde – nach von Cles-Reden – zum zentralen Problem dieser neuen, aber aus alten Wurzeln gewachsenen Religion. Die dauerhaftesten und gewaltigsten Grabbauten aller Zeiten, die sogenannten Megalithe, verdanken wir dieser ersten, im Schatten des Todes entstandenen Weltreligion.

Der Glaube an eine wie auch immer geartete Fortexistenz nach dem Tode muß schon in der späten Altsteinzeit (bis 10.000 v. Chr.) bestanden haben, da mit Schmuck versehene und mit gemahlenem Ocker oder ähnlichen roten Farbsubstanzen bestreute Leichname gefunden wurden. Im Schatten des Glaubens an eine große, lebensspendende Muttergöttin wurde die Erde selbst als weibliche Gottheit gedeutet, womit die in den Höhlen bestatteten Toten gleichsam in den göttlichen Schoß zurückkehrten. In der Jungsteinzeit begannen dann unsere Ahnen, für die Verstorbenen eigene Höhlen in Gestalt riesiger Steinkonstruktionen unter künstlichen Erdhügeln zu errichten. „*Auf der Suche nach dem Unvergänglichen hatte sich dem Menschen der Stein als eines der großen Sinnbilder der Dauer angeboten. Sehr früh schon wurde er ihm zum Ausdruck des Ewigen, des Göttlichen, zum Träger überirdischer Kräfte.*"[52] Die aus riesigen Felsbrocken und -platten errichteten Grabmäler der neuen Religion, die Dolmen, wurden in späterer Zeit vielfach Giganten oder Zyklopen zugeschrieben. Und noch heute werden Megalithen im Volksmund als „Hünengräber" bezeichnet. Eng mit den Grabkammern verbunden, in ihrer eigentlichen Bedeutung aber noch ungeklärt, sind die von unsereren Ahnen aufgerichteten länglichen Steine, die Menhire.

Die Ideen, die hinter den mit übermenschlichen Anstrengungen errichteten Grab- und Kultanlagen der Megalithkultur standen, leben, obwohl sie von der Kirche lange mit äußer-

---

[51] Zitat von Cles-Reden, 10
[52] Zitat von Cles-Reden, 11

ster Strenge bekämpft wurden, in Sagen und Legenden bis heute fort. [53] – Es haben sich allerdings auch höchst seltsame Volksbräuche entwickelt. Überall wo es Megalithen gibt, werden die gleichen Geschichten erzählt: Frauen mit unerfülltem Kinderwunsch würden nachts mit blankem Gesäß auf den Dolmen herumrutschen und jungverheiratete Paaren sich an den Menhiren reiben. Verschwiegen sei auch nicht der Steintanz der Jünglinge von Poubeau. Bei der Beschreibung des Faschingstreibens um den Menhir wechselte P. Sébillot in seinem im Jahre 1907 erschienen Buch über die Folklore in Frankreich vom Französischen ins Lateinische: „[...] *avec des gestes burlesques et obscènes, penem suam manu proferentes.*“[54]

Die Megalithe

Die Megalithe, die in Mitteleuropa in der Zeit zwischen 3500 und 1500 v. Chr. errichtet wurden, lassen sich in vier Grundtypen unterteilen: Menhire, Dolmen, Cromlechs und Alignements.

Menhire sind aus einem Stück bestehende, von unseren Ahnen aufgerichtete Steinmale mit mehr oder weniger bearbeiteter Oberfläche. Der größte noch stehende Menhir ist der elf Meter hohe Menhir von Kerloas in der Bretagne. In der Bretagne findet sich aber auch der umgestürzte und dabei in vier Teile zerbrochene „Feenstein“, der ursprünlich eine Höhe von 20 Metern erreicht hat. Mit 6,60 Metern Höhe ist der Gollenstein im Saarland der größte Menhir in Deutschland. Bei den Menhiren lassen sich zwei Grundformen unterscheiden: Der spindelförmige („Hinkelstein“) und der blattförmige.

Zur Bedeutung der Menhire wurden die verschiedensten Theorien aufgestellt: Carl Schuchhardt [siehe auch das Kapitel „Karl der Große und Herzog Widukind“] deutete die Steine als „Seelenthrone“. Schuchhard beschrieb verschiedene megalithische Anlagen in der Bretagne, in der Menhire direkt neben Grabkammern stehen: *„Diese Fälle zeigen klar, um was es sich handelt. Der Menhir gehört schon ebenso zum Grabe, wie später in Griechenland die Stele. Wo die Tür des Grabes zu erkennen ist, richtet sie sich gegen den Menhir. Sollten wir ihm* [...] *nicht dieselbe Bedeutung zutrauen, die die spätere Grabstele hat* [...] *als Ruhesitz der im Luftraum sich bewegenden Seele?*“[55] Die These Schuchhardts wurde immer wieder kritisiert, da sich die Jenseitsvorstellungen des antiken Griechenlands nicht einfach auf die Jungsteinzeit übertragen lassen. Außerdem befinden sich nur die allerwenigsten Menhire in direkter Nachbarschaft eines Steingrabes.

---

[53] Von Cles-Reden, 9 - 13
[54] Zitiert nach Kirchner, 653
[55] Schuchhardt, Alteuropa, 80

Wilhelm Teudt [siehe das Kapitel „Wilhelm Teudt und die Externsteine"] deutete die Menhire als Markierungen heiliger Ortungslinien, die die Landschaft durchziehen.[56] – Nach Horst Kirchner stellten unsere Ahnen die Steine auf, um „*der Totenseele einen ‚Ersatzleib' bereitzustellen, in den sie nach dem Zerfall des Leichnams überwechseln konnte.*"[57] – Josef Röder stellte umfangreiche Untersuchungen über verschiedene Naturvölker, die noch zu Anfang unseres Jahrhunderts Steinmale errichteten, an. Im Jahre 1949 schrieb Röder: „*Im Vordergrund der Betrachtung und der Einteilung müssen deshalb die wirklich bedeutenden Ideen stehen, denen die Menhirsitte ihre Entstehung und Entfaltung verdankt. Es sind dabei drei große Ideenkreise zu unterscheiden* [...] *Einer dieser Ideenkreise, in dessen Zusammenhang die Menhire auftreten, wird durch die eigenartigen Verdienstfeste, mit denen die Taten des Menschentötens eine enge Verbindung aufweisen, umrissen. Als zweite große Gruppe stellen sich Totenfeste und -opfer dar.* [...] *Schließlich treten uns noch Menhire und Pfähle als Göttersymbole im weitesten Sinne entgegen.* [...] *Die Funktion der Denkmäler bleibt aber in großen Zügen gesehen, in allen drei Kreisen dieselbe. Zahlreiche Beispiele zeigen, daß der Menhir aus dem Opferpfahl hervorging. Er ist ein monumentalisierter Opferpfahl.*"[58]

Otto Gödel brachte die größeren der südwestdeutschen Steine mit dem Miltenberger Teutonenstein [siehe das Kapitel „Die Ringwallanlagen: Keltische Fluchtburgen oder germanische Heiligtümer?"] in Verbindung. Den Gollenstein, den Spellenstein und den „Langen Stein" von Stahlberg [s.u.] deutete er als kultisch verehrte Grenzsteine aus römischer Zeit. „*Schon in frührömischer Zeit* [...] *entwickelte sich ein eigener Grenzkult, bei dem ein besonderer Grenzgott und zwar ‚Terminus', mit dem Grenzstein verehrt wurde. Wie sehr man dem Grenzstein Verehrung entgegenbrachte, geht daraus hervor, daß man den Grenzsteinen bei den alljährlich am 23. Februar stattfindenden ‚Terminalien', das heißt ‚Fest der Grenzgötter', göttliche Verehrung erwies, indem man die Steine salbte und mit Kränzen und Binden schmückte.*"[59] – So Gödel.

Verschiedentlich wurden die Menhire auch als Stätten eines Phallus- bzw. Fruchtbarkeitskultes gedeutet. Zu diesen Thesen schrieb Kirchner im Jahre 1955: „*Vor allem die Gestalt dieser Monolithen hat immer wieder zu solchen Kombinationen verführt, welche jedoch übersehen, daß es neben mehr oder minder zylindrischen, konischen, ‚spindel'- oder ‚walzenbeil'-förmigen in allen europäischen Megalithprovinzen nicht weniger zahlreich andersgeformte etwa in Platten- oder Pyramidengestalt gibt, auf die sich die genannte Deutung schwerlich anwenden läßt. Hätten die Träger des atlantischen Megalithikums in*

---

[56] Teudt, Heiligtümer, 268
[57] Zitat Kirchner, 702
[58] Zitat Röder, Pfahl und Menhir, 42f
[59] Zitat Gödel, 15

den Menhiren wirklich Phalli darstellen wollen, so wären sie gewiß auch bestrebt und imstande gewesen, dies durch eine entsprechende Zurichtung deutlich zu machen [...]“[60]

Bei den Cromlechs handelt es sich um Menhire, die in Form eines Kreises angeordnet sind in dessen Mitte sich ein weiterer Menhir befindet. Eine solche Anlage stellt z.B. der riesige Cromlech No. 2 de Peyrarines im französischen Zentralmassiv dar. Es gibt auch Anlagen, die aus einer Aneinandereihung mehrerer Cromlechs bestehen; eine solche findet sich z.B. in Boitin in Mecklenburg-Vorpommern. Es wurde herausgefunden, daß die einzelnen Steine der Cromlechs nach bestimmten Sonnen-, Mond- und Planetenkonstellationen ausgerichtet wurden. Es könnte sich also um Anlagen gehandelt haben, die der Bestimmung bestimmter wichtiger Tage im Jahreskreis dienten, z.B. der Tag-und-Nacht-Gleichen oder der Sonnenwenden. Die Cromlechs wären dann riesige Kalender gewesen, mit denen unsere Ahnen die wichtigen Kulttage, aber auch die Tage der Aussaat und Ernte feststellten.

Wenn Menhire in gerader Reihe aneinandergereiht sind, spricht man von Steinalleen oder Alignements. Die größte Anlage dieser Art findet sich bei Carnac in der Bretagne. Auch über die Bedeutung der Alignements wurden die verschiedensten Theorien aufgestellt: Diese reichen von astronomischen Kalendern (vgl. Cromlech) über Einfassungen von Kultstraßen, auf denen Prozessionen stattfanden bis zu Friedhöfen, wobei die einzelnen Menhire die Gräber markiert hätten.

Bei den Dolmen handelt es sich um aus Steinen errichtete Grabkammern, die ursprünglich von einem Erdhügel und z.T. noch von einem Steinkreis umgeben waren. Die These, die wuchtigen steineren Totenhäuser seien „Bann-Gehäuse“, durch welche sich die Lebenden vor einer dämonischen Wiederkehr der Toten zu schützen versuchten, wies Kirchner zurück: *„Nach einer besser begründeten Annahme wären die Megalithgräber vielmehr bevorzugte Kultorte gewesen, an denen die lebende Generation mit ihren darin beigesetzten und hier über den Tod hinaus fortwirkend gedachten Ahnen in segensbringende Verbindung treten konnte. Denn ‚wie die Sippe im Leben eine Einheit bildet, so setzt sich diese Einheit auch zwischen Lebenden und Toten fort‘, weshalb das Ahnengrab mit der in ihm aufgespeicherten Fülle an Macht und Erfahrung zugleich der gegebene Mittelpunkt für allerlei Rechtshandlungen, insbesondere natürlich für solche sippenrechtlichen Charakters ist.“*[61] Die Dolmen hatten nach Kirchner eine Doppelfunktion: Sie waren das feste Haus der Ahnen und zugleich der unversiegbare Kraftquell aus dem das Leben der Sippe und des einzelnen gestärkt und erneuert wurde.[62]

[60] Zitat Kirchner, 673
[61] Zitat Kirchner, 644
[62] Kirchner 652

An der Bauweise der verschiedenen Dolmen läßt sich klar die Weiterentwicklung der jungsteinzeitlichen Bautechnik erkennen. Die ersten Dolmen bestanden aus zwei kleineren Tragsteinen, die von einem riesigen Findling bedeckt waren. Ohne die Erdhügel, die durch Erosion längst verschwunden sind, sehen die Ur-Dolmen wie riesige Altäre oder Tische aus. Spätere Dolmen bestanden aus mehreren Tragsteinen und mehreren Decksteinen, wobei eine Einheit von zwei Trag- und einem Deckstein als Joch bezeichnet wird. Sind besonders viele Joche aneinandergereiht, spricht man von Galeriegräbern. Sind die Grabkammern von riesigen länglichen Findlingseinfassungen umgeben, spricht man von Hünenbetten. In späterer Zeit wurden die Wände der Kammern aus ohne Bindemitteln aufgeschichteten Steinen, sogenannten Trockenmauern, errichtet und mit einem großen, flachen Findling abgedeckt. Z.T. wurden auch mehrere Meter lange Gänge errichtet, durch die die Grabkammer zu erreichen war; man spricht dann von Ganggräbern.

Die Thesen Hermann Wirths

Erwähnt seien noch die Thesen Herman Wirths, dem Himmler im Jahre 1935 die Leitung der neu gegründeten „Studiengesellschaft für Geistesurgeschichte ‚Deutsches Ahnenerbe'" übertrug [siehe auch „Einleitung: Eine kurze Reise durch die Geschichte"]. Wirth hatte bereits in den 20er-Jahren zu beweisen versucht, daß die „Deutschen" die Träger der Megalithkultur, die sich einst über ganz Nord- und Westeuropa erstreckte, waren. Nach umfangreichen Untersuchungen von Steinzeichnungen und -ritzungen, die er in einigen Megalithen fand, kam Wirth zu dem Ergebnis, *„daß die Religion der nordatlantischen Tuath, jener ‚Leute' oder ‚Deutschen' der fernen Vorzeit eine monotheistische war, ein Glaube an den Welten- und Himmelgott.*"[63]

Wirth wurde 1885 in Utrecht geboren, studierte Philologie, Germanistik, Geschichte und Musikwissenschaft und promovierte über den „Untergang des niederländischen Volksliedes". Nach seiner Übersiedlung nach Deutschland arbeitete Wirth zeitweise als Lektor in Berlin und trat zu Beginn des Weltkrieges als Freiwilliger ins Kaiserliche Heer ein. Nach dem Krieg lebte Wirth als Privatgelehrter zusammen mit seiner Frau Margarete in Marburg/Lahn in einem Haus, das er nach der von Karl dem Großen im Jahre 772 zerstörten sächsischen Wallburg „Erisburg" [siehe das Kapitel „Walther Matthes, Kloster Corvey und die Externsteine"] taufte.[64]

In seiner 1930 verfaßten Schrift „Was ist deutsch? – Ein urgeistesgeschichtlicher Rückblick zur Selbstbesinnung und Selbstbestimmung" faßte Wirth die Ergebnisse seiner Forschung zusammen. Die Bezeichnung „deutsch" sei weit älter als der erdkundliche Begriff

---

[63] Zitat, Wirth, Was ist deutsch?, 12
[64] Zur Biographie Wirths vgl. Kater, 11–16 und 41–43

„Deutschland" und reiche zeitlich und räumlich noch weit über das deutsche Kaiserreich des Mittelalters hinaus. Noch in der karolingischen Zeit habe „deutsch" die Gesamtheit der germanischen Sprachen, sowohl der Angelsachsen wie der Langobarden, der Goten wie der Franken – in Abgrenzung zum Latein und den romanischen Idiomen – bezeichnet. Die Worte „deutsch" und „Deutscher" seien uns vom Nord- und Ostseeraum bis nach Norditalien überliefert: Im Altirischen „tuath", im Altfriesischen „thiude", im Altsäschischen „thiod(a)", im Altniederfränkischen „thiat" und im Umbrischen „tota". Die Bedeutung sei stets „Volk" oder „Land" gewesen.[65] Diese Deutschen seien nun nach Wirth auch die Träger der Megalithkultur gewesen: *„Aus jener Zeit einer ‚deutschen' oder ‚völkischen' Gemeinschaft Nordeuropas, die um die Nordsee als engere Heimat ansäsig war, ragt ein erhabenes Denkmal ihrer Geisteskultur noch in unsere Gegenwart hinein. Es sind jene großen Steingräber, die sogenannten Megalithgräber, die Dolmen, Hünebetten usw. wie sie sich in Schottland und Irland, in Skandinavien, Norddeutschland, Niederland, in Nordwestfrankreich (Bretagne, Morbihan usw.) wie an der atlantischen Küste der Pyrenäenhalbinsel in gleicher Weise finden."*[66] Die in den Gräbern erhaltenen kultischen Steinzeichnungen und Ritzungen, darunter die gleichen Schiffsdarstellungen, wiesen auf einen überseeischen Zusammenhang eines großen, gemeinsamen, geistigen Kulturraumes hin.

Kater, der Verfasser des wissenschaftlichen Standardwerkes „Das Ahnenerbe der SS", schrieb: *„Daß Wirth in den Augen der Fachwelt doch viel Lächerliches anhaftete, war Himmler im Grunde peinlich, und je eher er den Geistesurgeschichtsforscher, dessen brüchiges Renomee beizeiten auch auf das ‚Ahnenerbe' abfärben mußte, durch einen allerseits akzeptierten Mann ersetzen konnte, desto besser."*[67] Dies geschah im Februar 1937: Wirth wurde als Leiter des Ahnenerbes durch den Münchner Hochschulprofessor und strengen Nationalsozialisten Walther Wüst ersetzt. Nach dem Krieg lebte Wirth weiter in Marburg, nannte sich „Prof. Dr. H. Wirth Roeper Bosch" und klagte noch 1958 in seinen Briefen, die er *„Mit deutschem Gruß"* unterschrieb: *„Es ist die Verzweiflung über den vertanen deutschen Aufbruch, vertan durch Dilettanten, Psychopathen und Kriminelle."* [68]

<u>In Südfrankreich</u>

Wenn man von Dolmen und Menhiren spricht, denken die meisten an die Bretagne – *„zum Leidwesen der aveyronischen Heimatforscher, die nicht müde werden zu beteuern, daß ihre dünnbesiedelte Region weit mehr Menhire, Großsteingräber (Dolmen) und prähistorische*

---

[65] Wirth, Was ist deutsch?, 7–9
[66] Zitat Wirth, Was ist deutsch?, 10
[67] Zitat Kater, 41
[68] Z.B. Brief an Mund vom 24.11.58, abgedruckt in Mund, 113

Steinkreise (Cromlechs) besitzt als die archäolgisch und touristisch besser erschlossene Bretagne.“ – So Uwe Anhäuser in der FAZ.[69]

Als Ausgangspunkt für die Touren im Aveyron kann man z.B. Ispagnac oder Florac im Tal der Tarn wählen. In Florac wird der Blick fast automatisch auf die den Ort überragende Abbruchkante der Causse Méjean gezogen.[70] Am Parkplatz auf der Höhe hält man und läuft etwa 100 Meter die Straße zurück. Der erste Dolmen liegt links der Straße direkt an der Abbruchkante. Auf allen Vieren kann man in den Dolmen hineinkriechen: Die Seitenwände bestehen aus Gesteinsbrocken, die ohne Mörtel zu einer etwa einen Meter hohen Trockenmauern aufgeschichtet wurden; als Abdeckung der Grabkammer diente ein riesiger, flacher Findling. Es gibt kaum einen schöneren Ort, um begraben zu werden, als die Abbruchkante der Causse Méjean, von der man einen herrlichen Blick auf Florac und die Berge auf der anderen Talseite hat. – Obwohl die Schautafel am Parkplatz von 80 Dolmen berichtet, konnten wir trotz intensiver Suche nur noch einen weiteren ausfindig machen, den Dolmen bei der Höhle Aven Armand.

Wegbeschreibung: Die Causse Méjan, auf der sich 80 Dolmen befinden sollen, erreicht man von Florac auf der D 16, einem schmalen, steilen ansteigenden Sträßchen, das in der Michelin-Karte als „Parcours difficile ou dangereux“ gekennzeichnet ist. – Der Dolmen bei Aven Armand liegt direkt am rechten Rand der Straße, die von der D 986 zur Höhle führt.

Die Suche nach den Baudenkmälern der Megalithkultur gestaltet sich – mit Ausnahme der Bretagne, in der die Dolmen und Menhire touristisch vermarktet werden – allgemein als schwierig. Im Zentralmassiv und den Cevennen muß man oft lange und manchmal auch erfolglos suchen: In den Reiseführern finden sich nur wenige Hinweise, in den Michelin-Karten sind nur einige Bauwerke als „Monument mégalithique“ eingezeichnet und Hinweisschilder sind nur gelegentlich aufgestellt. Lange suchten wir auch den von Anhäuser erwähnten „Kreis vom Ende der Welt“[71], der sich bei St.-Pierre-de-la-Fage befinden soll. Es scheint aber, daß die Einheimischen die Touristen nicht lieben und deshalb sämtliche Hinweisschilder demontiert haben. Ein Bauer, in dessen Hof wir versehentlich hineingefahren waren, blickte uns derart grimmig an, daß wir uns nicht trauten, nach dem Weg zu fragen.

Die mit 150 Menhiren, 30 Tumuli (Steinhügel) und drei Dolmen größte Ansammlung von Megalithen in Südfrankreich findet sich auf der Hochebene von La Cham des Bondons[72]; die Steine stammen aus der Zeit zwischen 2500 und 1800 v. Chr. Der Besuch von La Cham des Bondons ist wirklich ein Erlebnis: Egal in welche Richtung man auf der weiten Hoch-

[69] Zitat Anhäuser, Götter
[70] Vgl. Althoff, 110
[71] Anhäuser, Götter
[72] Vgl. Althoff, 109

ebene geht, nach spätestens hundert Metern trifft man auf den nächsten Menhir. Obwohl man sich kaum eine kargere Landschaft als diese lehmige, mit Steinen übersäte Hochebe vorstellen kann, versucht ein unentwegter Bauer doch, auf einigen kleinen Feldern zwischen den Menhiren Hafer anzubauen, aber außer Steinen wird er wohl kaum etwas ernten können. Von den flachen Steinen, mit denen der ganze Boden bedeckt ist, scheint übrigens eine fast magische Kraft auszugehen: Überall zwischen den großen Menhiren befinden sich kleine Steintürmchen und Steinkreise, die von den Besuchern in jüngster Zeit errichtet wurden. Auch wir konnten uns dieser Kraft nicht entziehen und stockten einen ringförmigen Steinwall, den andere vor uns errichtet hatten, noch um einige Steinreihen auf.

Wer die Bauwerke der Megalithkultur in Südfrankreich besucht, wird sich fragen, warum die Dolmen und Menhire im allgemeinen auf kargen Hochebenen oder felsigen Berggipfeln stehen. Wählten die Menschen der Megalithkultur bewußt die Höhen, um dort die Menhire aufzustellen? Wenn man in den Menhiren eine Art Grabsteine sieht, muß es sich bei La Cham des Bondons um einen riesigen auf der Hochebene liegenden Friedhof gehandelt haben, der bewußt von den in den Tälern liegenden Siedlungen getrennt war. Vielleicht finden sich die heute noch erhaltenen Bauwerke der Megalithkultur aber nur deshalb auf Bergeshöhen, da sie dort nicht durch landwirtschaftliche Nutzung sowie Straßen- und Städtebau vernichtet wurden.

Wegbeschreibung: Man fährt von Florac auf der N 106 nach Norden Richtung Mende. Auf dem 1.042 Meter hohen Col de Montmirat biegt man rechts auf die D 35 ab und folgt den Wegweisern bis zum Parkplatz. Eine Schautafel verspricht eine „außergewöhnliche Reise durch die Zeit", die man auf zwei Rundwegen (2 oder 6 Stunden) unternehmen kann.

Etwa 50 Kilometer Luftlinie weiter im Süden, in den Cevennen, befinden sich zwischen Montdardier und Blandas in der öden Causse du Larzac eine Reihe von Dolmen und Menhiren sowie der riesige Cromlech No. 2 de Peyrarines.[73] Als wir am Cromlech ankamen und vor einem Stacheldrahtzaun standen, fluchten wir darüber, daß man solch einen Ort für die Besucher sperrt und überlegten dann, ob wir unter dem Stacheldraht durchkriechen oder doch über ihn herüber klettern sollten. Schließlich entdeckten wir aber ein Tor und uns wurde klar, daß die Zäune nur der Abgrenzung der Weideflächen für die Schafe dienen. Der Cromlech selbst ist beeindruckend: In der kargen Schotterwüste umgrenzt ein weiter Ring von kleineren Menhiren eine riesige Fläche, in deren Mitte einsam ein einzelner großer Menhir steht. Der Besucher fragt sich, welchem Zweck die Anlage einst gedient haben mag und warum sie gerade in dieser trostlosen Landschaft errichtet worden ist? Eventuell handelte es sich um eine astronomische Anlage, in der die Schamanen die Sterne beobachtet und die Jahreskreisfeste bestimmten. – Aber wer will dies heute noch mit Sicherheit beantworten?

[73] Zu den Resten der Megalithkultur im Aveyron siehe auch Anhäuser, Götter

Wegbeschreibung: Von Montdardier fährt man auf der D 113 bis zur Abzweigung nach Le Landre. Hier befindet sich eine – leider aber auch die einzige – Hinweistafel und in der Nähe ein Dolmen. Wenn man dann auf der D 113 weiter Richtung Blandas fährt, sieht man auf der rechten Seite den riesigen Cromlech No. 2.

Interessant ist auch der durch Wind und Wetter stark verwitterte Menhir des Combes, den es in einigen hundert Jahren wohl nicht mehr geben wird – falls er nicht schon vorher von Menschenhand beseitigt wird.

Menhir de Combes

Wegbeschreibung: Man fährt zurück zur Schautafel und biegt dort links nach Le Landre ab. An Le Landre fährt man vorbei und erreicht so nach ca. 2 Kilometern den Menhir. – Für Liebhaber serpentinenreicher Paß- und Gebirgsstrecken empfiehlt sich schließlich noch die Rundstrecke des Cirque de Navacelles, der ab Blandas ausgeschildert ist: Auf einem schmalen, steil abfallenden Sträßchen fährt man ins Tal der Vis und überquert den Gebirgsfluß auf einer kleinen Brücke. Schilder warnen, daß die Strecke nur bei niedrigem Wasserstand befahrbar ist, da sonst die Brücke von der Vis überspült ist.

Eine aveyronsche Besonderheit stellen die in der Mitte des 3. vorchristlichen Jahrtausends geschaffenen „Statues-menhirs" dar. Ob es sich bei den archaischen Reliefs um Darstellungen von hochgeehrten Ahnen oder um Götterbildnisse handelt, ist unklar. Die mit 19 Exemplaren größte Sammlung von Menhir-Statuen besitzt das Museé Fenaille in Rodez; leider ist das Museum schon seit Jahren wegen Renovierungsarbeiten geschlossen.[74] – Besichtigen kann man aber die beiden Menhir-Statuen in Miolles, die in einer kleinen, unverschlossenen Remise gegenüber der Dorfkirche lagern. Weitere Menhirstatuen kann man im „Salle des Statues-menhir“ in St-Crépin besichtigen. Das im Jahr 1990 eingerichtete Dorfmuseum zeigt mehrere Originalfiguren und einen Abguß der bekannten „Dame de St-Sernin“.

Eine der beiden Menhir-Statuen von Miolles

Wegbeschreibung: Miolles liegt etwa 80 Kilometer Luftlinie westlich von Montdardier und Blandas und etwa 50 Kilometer südlich von Rodez. – Nach St-Crepin fährt man von Miolles nach la Trivale und biegt links auf die D 999 Richtung St-Sernin ab. Nach etwa drei Kilometern biegt man rechts auf die D 607 Richtung Lacaune und nach weiteren etwa acht Kilometern zweigt links eine kleine Straße nach St-Crépin ab.

Außer in den Museen kann man bei Lacaune und Moulin-Mage noch einige Statuen in der freien Natur besuchen. „La Pierre Plantée“ („Gepflanzter Stein“) ist mit einer Höhe von 4½ Metern die größte Menhir-Statue des Aveyron und steht außerdem noch an ihrem ursprünglichen Platz. Von der Göttin ist leider nicht mehr viel zu erkennen; auszumachen ist gerade-noch der Gürtel. – Von der männlichen Menhir-Statue in Cantoul ist noch der Dolch zu er-

[74] Vgl. Michelin, 294

kennen. – Am besten erhalten ist die männliche Statue Pallemalbiau, die im Jahre 1981 auf einem Feld gefunden wurde. Der Stein hat eine Höhe von 2,20, eine Breite von 0,84 und eine Tiefe von 0,30 Metern. Deutlich zu erkennen sind die Augen, die Arme und Beine und die Finger und Zehen. Zu sehen ist der Gürtel, der sich auch um die Rückseite der Figur zieht, und die Gürtelschnalle. Die Waffen weisen die Statue als männliche Darstellung aus: Der Bumerang und das sog. „Objekt", ein geschmückter Dolch. – Eine sehr gut erhaltene Göttinen-Statue findet sich bei Plos vor dem Gehöft „Moulin du Louat". Auch hier sieht man Gürtel, Gürtelschnalle und Gliedmaßen. Daß es sich um eine weibliche Darstellung handelt, erkennt man daran, daß sie statt Waffen Halsschmuck trägt.[75]

Wegbeschreibung: Von St-Crépin fährt man zurück zur D 607 und auf dieser weiter Richtung Lacaune. Kurz vor Lacaune biegt man auf die D 622 Richtung Moulin-Mage ab. Man sollte langsam fahren, um den kleinen Wegweiser „Menhir" nicht zu übersehen. Man parkt am Straßenrand und läuft etwa hundert Meter zu „La Pierre Plantée". – Zur Statue von Cantoul fährt man weiter nach Moulin-Mage. Von Moulin-Mage fährt man Richtung Gos und biegt nach etwa vier Kilometern rechts nach Cantoul ab. Die Menhir-Statue steht am oberen Ortsausgang direkt am Straßenrand. – Zur weiblichen Statue bei Plos fährt man von Moulin-Mage Richtung Plos und biegt links zum Gehöft „Moulin du Louat" ab. Die Statue steht unter einem kleinen Holzhäuschen vor dem Gehöft. – Zur Statue von Pallemalbiau fährt man weiter nach Plos und von dort über la Bessière nach Pallemalbiau. Die Statue steht unter einem Plexiglasdach vor dem ersten Haus auf der rechten Straßenseite.

Das für mich persönlich beeindruckendste Bauwerk der Megalithkultur ist der Dolmen von Sem im Sabarthez in den Pyrenäen, der hoch über dem Flüßchen Vicdessos liegt und schon von weitem sichtbar ist. Der Dolmen besteht aus nur drei Steinen: Auf zwei Tragsteinen ruht auf dem Berggipfel ein riesiger Findling. Beim Anblick des riesigen Decksteins muß man sich fragen, wie es unseren Ahnen in grauer Vorzeit möglich war, einen solchen Stein überhaupt zu bewegen, geschweige denn ihn auf einen Berg zu schaffen und auf die beiden Tragsteine zu hieven. Beim Dolmen von Sem handelt es sich um die Urform des Dolmen schlechthin, der nur aus drei Steinen bestand: Zwei kleineren Tragsteinen und einem riesigen Deckstein, die in Form eines Tisches bzw. Altares angeordnet waren. Da bei dieser Bauweise der Hohlraum unter dem Tisch sehr klein ist und zudem auch nicht geschlossen ist, kann ich mir vorstellen, daß die Dolmen in ältester Zeit keine Grabkammern waren, sondern weithin sichtbare Kultstätten. Erst später wurde der unter dem Tisch befindliche Raum als Grabkammer genutzt und mit zusätzlichen Steinen geschlossen. Auch der französische Prähistoriker und väterliche Freund Otto Rahns, Antonin Gadal [siehe das Kapitel „Otto Rahn und die Katharer"], sprach bei den Dolmen von Bauwerken aus drei Steinen: *„Der Dolmen, waagerecht auf zwei senkrechten Stützen gelegt, Bild der drei göttlichen Personen.*"[76]

---

[75] Zu den Menhir-Statuen im Aveyron vgl. Anhäuser, Götter und Röder, Pfahl und Menhir, 16–18
[76] Zitat Gadal, Erbe, 178

Der Dolmen von Sem in den Pyrenäen

Gerade die frühen Dolmen laden zum Spekulieren ein und dies soll auf einem Gebiet, in dem auch die „akademische“ Wissenschaft noch weitgehend im Dunkeln tappt, auch dem Laien erlaubt sein. Könnte es sich bei diesen Bauwerken nicht doch um eine Art monumentale Altartische handeln, statt um Grabstätten? Wieso sollten die Menschen derart monumentale Steindenkmäler errichten und sie dann unter einem Erdhügel versteckt haben? Standen die ersten Dolmen nicht frei? Oder wenn es sich doch um Grabstätten gehandelt hat, stellt sich die Frage, warum derart riesige Decksteine verwendet wurden? Sollten die riesigen Decksteine verhindern, daß die Toten wieder aus dem Grab herauskommen konnten? Der Leser ist eingeladen, seine eigenen Gedanken im Angesicht der Dolmen schweifen zu lassen.

Wegbeschreibung: Den Dolmen von Sem erreicht man von Tarascon-sur-Ariège; man fährt die kleine Landstraße nach Süden Richtung Vicdessos in die Berge hinauf. Vor Vicdessos biegt man links in das kleine, steil den Berg hinaufführende Sträßchen nach Olbier ein. Der weitere Weg zum Dolmen ist ausgeschildert. Etwa hundert Meter vom Dolmen entfernt befindet sich ein Parkplatz mit einem von den Einheimischen angelegten kleinen Gärtchen. Auch hier zeigt sich, daß die Stätten der Megalithkultur auch heute noch die Menschen dazu anregen, etwas eigenes an einem solchen, schon den Ahnen heiligen Ort, zu schaffen.

Auf der anderen Seite des Tals der Vicdessos steht ein weiterer Megalith, der Dolmen von Lapège. Erwähnt sei auch „*Soulombrié mit seinem achtundsiebzig Meter hohen Menhir*“[77],

[77] Zitat Gadal, Erbe, 72

bei dem es sich freilich nicht um einen von Menschenhand errichteten Stein, sondern um eine imposante Felsnadel, die Aiguille de Souloumbrie, handelt.

Wegbeschreibung: Vom Dolmen von Sem fährt man zurück zur Hauptstraße nach Tarascon-sur-Ariège und biegt in Niaux (Höhle, prähistorische Felsmalereien) links nach Lapège ab. Am Ortsende wandert man auf dem unteren Wanderweg etwa einen Kilometer und sieht den Dolmen etwa hundert Meter rechts unterhalb des Weges. Einen Weg zum Dolmen gibt es nicht und der Abstieg durch die Dornen ist nicht zu empfehlen. – Zum „Menhir“ von Souloumbrié fährt man von Tarascon-sur-Ariège Richtung Foix Rive Droite (nicht Foix!) und biegt bei Bompas rechts auf die „Route des Corniches“ ab. Die Felsnadel steht nach Cazenave weithin sichtbar rechts der Straße.

Im Saarland und in Rheinland-Pfalz

Man spricht von knapp fünfzig nachweisbaren Menhiren in der Pfalz. Meine Fahrt zum „Langen Stein“ von Freinsberg, den Gisela Graichen erwähnt[78], aber war umsonst: Im Rahmen des Baues einer Neubausiedlung wurde der Menhir entfernt. Ein Anwohner erzählte mir, daß der Stein später wieder auf dem Marktplatz der Siedlung aufgestellt werden soll. Die Straße, die nun über den ehemaligen Standort des Menhirs führt, heißt „Am langen Stein“.

Erfolgreich, wenn auch etwas mühsam, aber war meine Suche nach dem 2,20 Meter[79] hohen „Hinkelstein“ von Otterberg. Nach einer halbstündigen Wanderung durch den Wald erreicht man den von alten Grenzsteinen flankierten Menhir.[80]

Wegbeschreibung: Von Kaiserslautern fährt man auf der B 279, die später zur A 63 wird, Richtung Mainz. In Otterbach verläßt man die Bundesstraße und fährt nach Otterberg und von dort weiter Richtung Höringen. Nach etwa 3 km auf der Höhe biegt man links in eine schmale asphaltierte Straße ein und stellt das Auto an der Schranke ab. Zu Fuß folgt man der Straße bis man auf einen Gedenkstein für einen Förster trifft. Auf dem Wanderweg nach rechts erreicht man nach etwa 250 Metern einen alten Grenzstein und biegt nach links ab. Nach weiteren 100 Metern erreicht man den Menhir.

Auch neben dem 3,30 Meter hohen „Langen Stein“ bei Stahlberg, der im Jahre 1936 zusammenzementiert und wieder aufgerichtet wurde, steht ein alter Grenzstein. Der quaderförmige Stein markierte im Mittelalter die Grenze der Herrschaft Stolzenberg vom kurpfälzischen Amt Rockenhausen.[81] – Michael Schmidt schrieb in seinem jüngst erschienen Buch „Die alten Steine“ in sehr freier Anlehnung an die Thesen Otto Gödels: *„Nun, die Nachbar-*

---

[78] Graichen, 291

[79] Die Höhenangaben dieses und der folgenden Menhire sind entnommen aus Kirchner, 146ff

[80] Vgl. Graichen, 291

[81] Vgl. Kirchner, 756, Schmidt, Steine, 116–118 und Gödel, 164f

schaft des neueren Grenzsteins ist schon ein Fingerzeig in diese Richtung – viele mittelalterliche Gemarkungsgrenzen sind älter als man annimmt; manche lassen sich wirklich auf uralte Stammesgrenzen zurückführen. Diese waren den Altvorderen so heilig, daß sie ihnen selbst kultische Verehrung entgegenbrachten. Grenzen wurden in vorgeschichtlicher Zeit nie willkürlich gezogen. Sie folgten stets den Vorgaben der als heilig angesehenen Landschaften, also Flüssen, Tälern, Bergkämmen."[82]

Wegbeschreibung: Vom „Hinkelstein" von Otterberg fährt man über Hörningen nach Imsweiler. Von Imsweiler fährt man auf der B 48 Richtung Bad Kreuznach, biegt in Dielkirchen nach Stahlberg ab und parkt in der Straße „Zum Frischenmut". Hier zweigt ein mit einem weißen Kreuz markierter Wanderweg in Richtung des Stahlbergs ab. Nach etwa 15 Minuten Aufstieg hat man den alten Wald durchquert und steht vor einer Schonung. Man biegt links ab und erreicht nach weiteren 200 Metern den Menhir.

Der zwei Meter hohe „Lange Stein" von Mittelbrunn steht mitten in einem Feld und man wundert sich, daß er nicht wie so viele andere Megalithe der landwirtschaftlichen Nutzung zum Opfer gefallen ist.

Wegbeschreibung: Man verläßt die A 6 Kaiserslautern–Saarbrücken an der Abfahrt Landstuhl, fährt nach Mittelbrunn und biegt dort Richtung Langwieden ab. Nachdem man die Höhe erreicht hat, biegt rechts ein asphaltierter Wirtschaftsweg ab. Hier parkt man den Wagen und wandert auf dem Wirtschaftsweg etwa 20 Minuten, bis man den Menhir rechts in den Feldern sieht. (Wegweiser zum „Langen Stein" sucht man vergeblich.)

Der fünf Meter hohe Spellenstein von Rentrisch steht in einem Vorgarten. Vor den Einfamilienhäusern und einer Betonbrücke wirkt der spindelförmige Menhir äußerst deplaziert; man könnte denken, der Hausbesitzer habe den Stein als Souvenir von einer Reise in die Bretagne mitgebracht. Archäolgische Untersuchungen aber haben bestätigt, daß der Menhir schon immer an dieser Stelle stand.[83]

Wegbeschreibung: Den Spellenstein erreicht man von der A 6 Kaiserslautern–Saarbrücken, die man an der Abfahrt „St. Ingbert-West" verläßt. Man folgt den Wegweisern nach Rentrisch und biegt gleich nach dem Ortsschild rechts in die Straße „Zum Spellenstein" ein.

Der größte Menhir in Deutschland bzw. in Mitteleuropa ist der 6,60 Meter hohe Gollenstein bei Blieskastel. Als ich an einem eiskalten, aber herrlich sonnigen Februarmorgen über die Hochebene wanderte und den riesigen Menhir schon von weitem sah, kam mir der Gedanke, daß nicht erst die Germanen die Irminsul-Säule [siehe das Kapitel „Wilhelm Teudt und die Externsteine"] als symbolische Stütze des Himmels errichteten, sondern daß schon die Men-

[82] Zitat Schmidt, Steine, 116
[83] Vgl. Schmidt, Steine, 119–121 und Gödel, 144–146

schen der Megalithkultur den Gollenstein als Himmelsstütze aufstellten. Seinen Name scheint der Menhir von den Römern erhalten zu haben, die ihn nach der Spindel (lat. „golus“) benannten. Die Christen des Mittelalters versuchten der Macht des Menhirs Herr zu werden, indem sie eine Nische für eine Heiligenfigur in den Stein meißelten; auf die Rückseite ritzten sie ein Kreuz und den Schriftzug „IHS“. Im Zuge der Vorbereitung des Frankreichfeldzuges versuchte ein Kommando der Wehrmacht im Jahre 1939 den Gollenstein umzulegen, damit er der französischen Artillerie nicht als Orientierungspunkt dienen konnte. Ein Seil riß, der Menhir stürzte um und zerbrach in drei Teile. Ein böses Omen! – Im Jahre 1951 wurde der Menhir zusammenzementiert und wieder aufgerichtet.[84]

Der Gollenstein bei Blieskastel, der größte Menhir Mitteleuropas

Wegbeschreibung: Von Rentrisch fährt man zurück zur Autobahn und dann unter dieser hindurch. Über Heckendalheim, Ommersheim und Biesingen erreicht man Blieskastel und folgt den Wegweisern „Gollenstein“. Den letzten Kilometer zum Menhir muß man laufen.

Am 3,50 Meter hohen Menhir Frauenbillenkreuz (auch Frau Billen Creutz oder Sybillen Creutz) auf dem Ferschweiler Plateau in der Südeifel begnügten sich die Christen nicht damit, nur eine kleine Heiligennische einzumeißeln: Der angelsächsische Missionar Willibrord (658–739) soll um das Jahr 700 höchstpersönlich den oberen Teil des Steins in ein Kreuz umgeformt haben.[85] – Auch mit Konzilbeschlüssen und Kirchengesetzen versuchte man gegen die noch lange nach Ende der Megalithkultur fortdauernde Verehrung der alten

[84] Vgl. Schmidt, Steine, 122–124, Gödel, 55–57 und Graichen, 297
[85] Vgl. Graichen, 75f und 283–285 und Verbandsgemeindeverwaltung Irrel, 4

Steine vorzugehen: Im Jahre 567 wurde auf dem Konzil von Tours den „Steinanbetern" der Zutritt zu christlichen Kirchen untersagt, im Jahre 678 erging auf dem Konzil von Nantes der Befehl, die Menhire umzureißen und an ihrer Stelle christliche Kapellen zu errichten und im Jahre 789 verbot Karl der Große in seiner Admonitio generalis die Anbetung der Menhire.[86]

Bei ihrem Kampf gegen die alten heidnischen Stätten konnte sich die Kirche auf die Weisungen Moses stützen: *„Ihr sollt alle Kultstätten zerstören, an denen die Völker, deren Besitz ihr übernehmt, ihren Göttern gedient haben: auf den hohen Bergen, auf den Hügeln und unter jedem üppigen Baum. Ihr sollt ihre Altäre niederreißen und ihre Steinmale zerschlagen. Ihre Kultpfähle sollt ihr im Feuer verbrennen und die Bilder ihrer Götter umhauen. Ihre Namen sollt ihr an jeder Stätte tilgen."*[87] Andererseits finden sich im Alten Testament aber auch Stellen, die berichten, daß die Israeliten selber Steine zu Ehren ihres Gottes aufstellen: *„Die Israeliten taten, was Josua befohlen hatte, und nahmen zwölf Steine mitten aus dem Jordan, so viele, wie es Stämme der Israeliten gab, wie es der Herr dem Josua befohlen hatte. Sie nahmen sie mit hinüber zu ihrem Rastplatz und stellten sie dort auf."*[88] Und: *„Josua schrieb alle diese Worte in das Buch des Gesetzes Gottes, und er nahm einen großen Stein und stellte ihn in Sichem unter der Eiche auf, die im Heiligtum des Volkes steht. Dabei sagte er zu dem ganzen Volk: Seht her, dieser Stein wird ein Zeuge sein gegen uns; denn er hat alle Worte des Herrn gehört, die er zu uns gesprochen hat. Er soll ein Zeuge sein gegen euch, damit ihr euren Gott nicht verleugnet."*[89] Und in der Genesis heißt es: *„Da nahm Jakob einen Stein und richtete ihn als Steinmal auf. Jakob sagte zu seinen Brüdern: Tragt Steine zusammen! Da holten sie Steine und legten einen Steinhügel an."*[90]

Auf dem Ferschweiler Plateau befindet sich noch ein weiterer Menhir, der 2,20 Meter hohe Druidenstein. – Besuchen sollte man auch die sogenannte „Wikingerburg", die jedoch nicht von den Wikingern erbaut wurde. Bei den riesigen Steinwällen handelt sich um Reste einer alten Ringwallanlage der Treverer [siehe das Kapitel: „Die Ringwallanlagen: Keltische Fluchtburgen oder germanische Heiligtümer"], die auf einer noch älteren Anlage aus der Bronzezeit errichtet wurde. – Am Ortsrand von Weilerbach steht das Diana-Denkmal, ein römischer Votivstein, den ein gewisser Quintus Postumius Potens im 2. Jahrhundert n. Chr. zu Ehren der Jagdgöttin errichten ließ. Der obere Teil des Steins, auf dem sich einst das Votivbild befand, fehlt. Auch hier soll Willibrord gewütet haben.[91]

---

[86] Vgl. Der Gollenstein, 267
[87] Zitat Deuternonomium 12,2f nach der Einheitsübersetzung, vgl. auch Deuteronomium 7,5
[88] Zitat Josua 4,8f nach der Einheitsübersetzung
[89] Zitat Josua 24,26f nach der Einheitsübersetzung
[90] Zitat Genesis 31,45f nach der Einheitsübersetzung
[91] Vgl. Graichen, 283–285 und Verbandsgemeindeverwaltung Irrel, 5–8

Wegbeschreibung: Man verläßt die A 64 Trier–Luxembourg an der Abfahrt „Trier“ und fährt auf der B 51 Richtung Bitburg. Bei Olk biegt man links ab und fährt über Relingen und Minden entlang der Sûre (Grenze zu Luxemburg). Kurz vor Echternachsbrück biegt man rechts nach Ferschweiler ab. In Ferschweiler hält man sich Richtung Hulsthum, biegt links in die Hochstraße ein, fährt bis zum Ortsrand und weiter geradeaus auf dem asphaltierten Wirtschaftsweg bis zum Wanderparkplatz. (Direkt neben dem Parkplatz liegt ein gesprengter Bunker des Westwalls.) Zum Frauenbillenkreuz geht man Weg Nr. 9, wechselt dann auf den Weg Nr. 7 und erreicht in etwa zehn Minuten das Frauenbillenkreuz. – Zum Druidenstein geht man vom Frauenbillenkreuz links bis zur Kreuzung der Wanderwege Nr. 9 mit Nr. 8. Man geht rechts auf dem Weg Nr. 8 und erreicht nach wenigen Metern ein Hinweisschild „Druidenstein“. – Zur „Wikingerburg“ wandert man vom Frauenbillenkreuz auf dem Weg A in etwa 15 Minuten. – Zum Diana-Denkmal fährt man zurück zur Sûre und biegt rechts nach Echternachsbrück ab. Hier fährt man weiter Richtung Bollendorf. In Weilerbach biegt man rechts ins Neubaugebiet ab. Auf der rechten Seite der Dianastraße gibt es zwischen zwei Häusern einen engen Durchgang (Jägerzaun), der nach wenigen Metern zum Stein führt.

Interessant ist auch die 150 Meter über der Mosel stehende „Eselstrapp“ von Trittenheim, die mit den südfranzösischen Menhirstatuen [s.o.] in Verbindung gebracht worden ist. Mit etwas Phantasie kann man in dem 2,95 Meter hohen und 2,25 Meter breiten Stein die Gestalt einer wohlgenährten Frau erkennen: Die Konturen lassen sich als breiter Körper und kleiner Kopf, die Ausmeißelungen als Arme und das runde Loch am Fuß des Steines als Bauchnabel interpretieren.[92] – Der Tankwart, den ich nach dem Weg zur „Eselstrapp“ fragte, hatte eine andere Deutung parat. Diese Geschichte, die aus der Zeit stammt als der Menhir noch nicht wieder aufgerichtet worden war, findet sich auch im örtlichen Touristenführer: „*Eine Legende besagt, dass sich eine christliche Jungfrau auf der Flucht vor einem heidnischen Ritter mit ihrem Reittier, einem Esel, an dieser Stelle durch einen heftigen Sprung ins Tal gerettet hat. Zurückgeblieben ist der Hufabdruck des Esels.*“[93] Von einer ähnlichen Geschichte berichtete auch Horst Kirchner: „*Die Legende erzählt, die Gottesmutter sei mit dem Jesuskind im Arm auf einem Esel sitzend von der Felsplatte in das Moseltal hinabgesprungen und unversehrt auf dem Talgrunde angekommen. Die* [...] *Vertiefung sei beim Absprung des Esels zurückgeblieben.*“[94]

Wegbeschreibung: Man verläßt die A 1 Trier–Koblenz an der Abfahrt „Schweich“, überquert die Mosel und fährt entlang des Flusses über Schweich, Ensch und Klüsserath nach Trittenheim. Direkt nach dem Ortseingangsschild von Trittenheim biegt man scharf links ab. Auf dem asphaltierten Wirtschaftsweg fährt man – entgegen der bisherigen Fahrtrichtung – steil aufwärts in die Weinberge. Nachdem man an zwei Kapellen vorbeigefahren ist, weist ein kleiner Wegweiser links zum „Hinkelstein“.

---

[92] Vgl. Kirchner, 764
[93] Zitat Touristeninformation Trittenheim
[94] Zitat Kirchner, 764

In Nordhessen

Der größte Menhir Nordhessens ist der blattförmige 4 Meter hohe und 4 Meter breite Riesenstein von Wolfershausen, der heute leider ziemlich unromantisch von einer Hochspannungsleitung überspannt wird. Ob es sich bei dem Stein um ein Werk der Natur oder unserer Ahnen handelt, ist in der Wissenschaft umstritten. Da der Riesenstein aber an markanter Stelle in der sanften Hügellandschaft steht und es weit und breit keine anderen Felsen gibt, scheint es doch wahrscheinlich, daß er von Menschenhand errichtet wurde. Die in den Menhir eingebohrten Näpfchen zeigen einen im Mittelalter europaweit verbreiteten Brauch, aus den alten Steinen heilkräftigen Steinstaub zu gewinnen. Der Sage nach wurde der Stein vom Riesen Lothar nach seinem Rivalen Kunibert geworfen, der die von beiden geliebte Nagate entführt hatte. Der Stein sei allerdings zu kurz geflogen.[95]

Der Riesenstein von Wolfershausen

Wegbeschreibung: Den Riesenstein erreicht man z.B. von der A 7 Kassel–Kirchheimer-Dreieck, die man an der Abfahrt „Guxhagen“ verläßt. Am Ortsrand von Guxhagen biegt man rechts nach Wolfershausen ab. Kurz vor Wolfershausen – vor der Unterquerung der Bahnlinie – biegt rechts ein Feldweg ab. Man fährt auf dem Feldweg etwa einen Kilometer, bis man rechts auf der Höhe den Menhir erblickt.

[95] Vgl. Graichen, 218 und Schmidt, Steine, 110f

Der 1,94 Meter hohe Menhir von Maden soll der Sage nach vom Teufel nach der ersten Kirche, die Bonifatius im Jahre 723 aus dem Holz der gefällten Donareiche errichten ließ, geworfen worden sein [siehe auch das Kapitel „Winfrid-Bonifatius und die Kirche zu Langenstein"]. Der Felsblock soll jedoch am Ärmel des Teufels hängen geblieben und auf das Feld von Maden gefallen sein. Mit etwas Phantasie kann man den Abdruck der Teufelskralle noch auf dem Menhir erkennen. Die Einheimischen nennen den Menhir übrigens „Wotanstein". – Im Mittelalter diente der Menhir als Wahrzeichen einer Gerichtsstätte.[96]

Wegbeschreibung: Von Wolfershausen fährt man nach Deute zur B 254. Auf der Bundesstraße fährt man etwa drei Kilometer nach Süden (Richtung Wabern) und biegt dann nach Maden ab. In Maden fährt man Richtung Obervorschütz und hält am Ortsausgangsschild. Durch ein hölzernes Tor mit der Aufschrift „Wotanstein" gelangt man zum Menhir.

Die Steinkammer von Züschen ist mit einem riesigen Stahlkäfig vor übermütigen Touristen und Hobbyarchäologen gesichert. Das besterhaltene Galeriegrab Deutschlands wurde im Jahr 1894 entdeckt und freigelegt. Es besteht aus 25 sorgfältig behauenen Sandsteinquadern, die ein regelmäßiges Rechteck von 20 mal 2½ Metern bilden. Die Decksteine fehlen; sie scheinen schon in vorgeschichtlicher Zeit abhandengekommen zu sein. Auffällig ist das sogenannte Seelenloch, ein rundes Loch von etwa 50 Zentimeter Durchmesser in dem Quader an einer der Schmalseiten. [97] Michael Schmidt schrieb: *„Das Grab liegt jedenfalls in Sichtweite des Wartbergs, jener befestigten Höhensiedlung, die einer ganzen steinzeitlichen Kultur in Deutschland den Namen gab. Doch nicht nur die Tatsache, daß sich in der Steinkammer, neben Resten von mindestens 27 Bestattungen, auch typische Gefäße der Wartbergkultur fanden, legt eine entsprechende Zuordnung des Bauwerks nahe. Seltsamerweise kann man entlang der Achse der Kammer, durch das Seelenloch hindurch, mit irritierender Genauigkeit den Gipfel des Wartbergs anpeilen. Wollten auch die Wartbergleute eine magische Verbindung von ihrem Wohnort zu den Ahnen herstellen, eine Flugbahn für ihren Schamanen."*[98] Beachtung verdienen auch die merkwürdigen Ritzungen, mit denen die Quader über und über bedeckt sind. Schmidt schrieb: *„Lange stand ich vor den Zeichnungen in der Züschener Steinkammer, ließ sie auf mich wirken, jenes wilde Durch- und Übereinanderpurzeln der Symbole, ohne Rücksicht auf Ästhetik und Ausgewogenheit. Hier waren andere Kräfte am Werk als die intellektuellen Gestaltungswillens. Vielmehr scheint es, als habe eine unbekannte Kraft die Künstler gezwungen, sich wie besessen die Bilder von der Seele zu zeichnen."*[99]

---

[96] Vgl. Graichen, 220
[97] Vgl. Schmidt, Steine, 107–109
[98] Zitat Schmidt, Steine, 108
[99] Zitat Schmidt, Steine, 109

Wegbeschreibung: Von Maden fährt man über Obervorschütz und Werkel nach Haddamar. Von Haddamar fährt man weiter Richtung Züschen, biegt aber an der nächsten Verzweigung Richtung Lohne ab. Nach wenigen Metern führt links ein ausgeschilderter Feldweg zur Steinkammer.

In Niedersachsen

Von den unzähligen Dolmen in Niedersachsen können hier nur einige wenige genannt werden. Bei Lehnstedt, etwa 25 Kilometer nordnordwestlichlich von Bremen, steht ein Dolmen auf dem Dorfplatz zwischen vier Linden. Der 3 mal 2½ Meter messende Deckstein ruht auf vier Tragsteinen. Da sich durch Sandabgrabungen in der benachbarten Sandgrube der Boden gesenkt hatte und einer der Tragsteine umgefallen war, hat die Gemeinde Lehnstedt Anfang des Jahrhunderts mit viel Kosten und Mühen einen neuen Tragstein eingesetzt. Dieser ruht auf dem umgefallenen Träger und hält den Deckstein genau in der Höhe, die dieser vor dem Niedersinken hatte. – Ein weiterer Dolmen liegt in den Feldern südwestlich von Lehnstedt. Das Steingrab bestand ursprünglich aus vier Jochen und maß 6,5 mal 2,3 Meter. Beachtung verdienen die Näpfchen, die in die beiden verbliebenen Decksteine gebohrt wurden, um den bereits erwähnten, angeblich wunderwirkenden Steinstaub zu gewinnen.[100]

Dolmen bei Lehnstedt

Wegbeschreibung: Lehnstedt erreicht man von der A 27 Bremen–Bremerhaven, die man an der Abfahrt „Uthlede“ verläßt. Der Dolmen steht neben dem Lehnstedter Dorfgemeinschaftshaus. – Zum zweiten Dolmen fährt man von Lehnstedt Richtung Heine. Einige hundert Meter nach dem Ortsaus-

[100] Vgl. Sprockhoff, 8f

gangsschild sieht man den Dolmen rechts im Feld. – Weitere fünf Dolmen liegen im Waldgebiet Düngel zwischen den Orten Lehnstedt, Heine und Meyenburg (Wanderkarte besorgen).

Eine vollständig erhaltene, nordwestlich-südöstlich ausgerichtete Steinkammer findet sich zwischen den Häusern Nr. 21 und 23 der Osterholzer Straße in Osterholz-Scharmbeck. Einzig die beiden mittleren Steine der südwestlichen Langseite sind etwas nach innen gedrückt, wodurch sich auch die Decksteine leicht gesenkt haben. Die Grabkammer mißt 5,6 mal 2 Meter.[101]

Wegbeschreibung: Von Lehnstedt fährt man über Wulsbüttel und Garlstedt nach Osterholz-Scharmbeck.

Zu den beeindruckendsten Megalithen Deutschlands gehören ohne Zweifel die Hünenbetten in der Ahlhorner Heide. Michael Schmidt schrieb: „*Die Ahlhorner Heide westlich von Wildeshausen scheint noch heute in der Gewalt der Vorfahren zu sein. Nicht die Bauten der Neuzeit sind es, die die Landschaft gliedern. Gigantische Gräberfelder und Steinsetzungen der Vorzeit beherrschen Wald und Flur, und die heutigen Siedlungen sind kaum mehr als deren bloße Anhängsel. Eine solche Umkehrung der Kräfteverhältnisse findet man kein zweites Mal auf deutschem Boden. Es ist, als wehe der Geist von Carnac über der Ahlhorner Heide.*“[102]

Auf den ersten Blick scheint es sich bei der „Visbeker Braut“ um ein Alignement, um eine Steinallee bzw. einen Prozessionsweg zu handeln. Der Besucher steht vor 71 Findlingen, die ein Rechteck von 7 Metern Breite und 80 Metern Länge bilden; die Schlußsteine der gegenüberliegenden Schmalseite erreichen eine Höhe von 2½ Metern. Bei der Anlage handelt es sich jedoch nicht um einen Prozessionsweg, sondern um ein Hünenbett. Die beiden Steinreihen umschlossen einst eine 5½ mal 1½ Meter große Grabkammer, deren Reste noch heute vorhanden sind. Der Innenraum zwischen den Steinreihen war nicht frei, sondern hoch, wahrscheinlich dachförmig, mit Erde ausgefüllt. Die Grabanlage war geformt wie die Langhäuser, in denen vor mehr als 5.000 Jahren die ersten Ackerbauern und Viehzüchter Nordwestdeutschlands (Trichterbecherkultur) lebten. Im Gegensatz zu den hölzernen, strohgedeckten Wohngebäuden mußte das aus Stein und Erde errichtete Grabhaus aber wie für die Ewigkeit bestimmt erscheinen.

Der Sage nach handelt es sich bei der „Visbeker Braut“ um den versteinerten Brautzug eines Mädchens, das gegen ihren Willen in der Visbeker Kirche verheiratet werden sollte. Als sie ihren Gott anflehte, lieber in Stein verwandelt zu werden, als den ungeliebten Mann heiraten zu müssen, erstarrte nicht nur sie zu Stein, sondern auch der sie begleitende Brautzug. Und

---

[101] Vgl. Sprockhoff, 13
[102] Zitat Schmidt, Steine, 62

auch der für sie ausgesuchte Ehemann wurde samt seinen Begleitern in Steine verwandelt. Der „Visbeker Bräutigam" liegt vier Kilometer entfernt und ist noch größer als die „Braut": Das in Ost-West-Richtung orientierte Hünenbett mißt 8–9 Meter in der Breite und 104 Meter in der Länge. Ursprünglich war es von 170 Findlingen eingefaßt; heute sind noch 130 Steine vorhanden. – In der Nähe des „Visbeker Bräutigams" finden sich noch fünf weitere Dolmen, darunter der „Brautwagen": Die Grabkammer ist mit vier Tragsteinen an der Südost- und fünf an der Nordwestseite sowie vier riesigen Decksteinen vollständig erhalten. Sogar die Reste des Erdhügels, der ehemals die Steine bedeckte, sind noch zu erkennen. – Sehenswert ist auch der „Heidenopfertisch", der zu den größten Steingrabkammern im deutschen Raum zählt: Die Kammer hatte eine Größe von 2½ mal 10 Metern und wurde von drei Findlingen bedeckt. Von den zwei noch vorhandenen Decksteinen mißt einer 5 mal 3 Meter und wiegt mehrere hundert Zentner![103]

Im örtlichen Touristenführer heißt es: „*In der weiten Ahlhorner Heide liegten die großen Steindenkmäler, die als eindruckvollste Zeugen ältester germanischer Kultur uns erhalten geblieben sind. Drei dieser Steinsetzungen: Opferstein, Visbeker Bräutigam und Visbeker Braut sind von solch einzigartiger Erhabenheit und Größe, wie wir sie in ganz Deutschland nicht noch einmal vorfinden. Errichtet sind diese Denkmäler zur Steinzeit (bis 2000 v. Chr.) von unseren Vorfahren. Gerade in jüngster Zeit haben die Steinsetzungen im Mittelpunkt vorgeschichtlicher Forschung gestanden. Sind es nur Grabmäler gewesen oder waren es zugleich auch Kultstätten unserer Vorfahren? Sinnend steht der Wanderer an diesen heiligen Stätten, ergriffen von ehrfurchtsvollem Schauer. Diese Kultstätten schlagen die letzte sichtbare Brücke zu Leben und Sterben unserer Ahnen.*"[104]

Wegbeschreibung: Man verläßt die A 1 Bremen–Osnabrück an der Abfahrt „Wildeshausen-West" und fährt auf der B 213 einige hundert Meter Richtung Cloppenburg. Ein beschilderter Waldweg führt links direkt zur „Visbeker Braut". Auf dem „Brautweg" kann man in 90 Minuten über die „Kellersteine" zum „Visbeker Bräutigam" wandern. Oder man fährt mit dem Wagen auf der B 213 weiter Richtung Cloppenburg, biegt in Ahlhorn links Richtung Visbek ab und parkt nach der Autobahnunterführung beim Restaurant „Engelmannsbäke". Vom Parkplatz erreicht man den „Opfertisch" in drei, den „Visbeker Bräutigam" in zehn und die „Kellersteine" in dreißig Minuten. (Durch die Nähe des Restaurants sind die Dolmen an Sonn- und Feiertagen leider ziemlich überlaufen.)

Beeindruckend sind auch die beiden Hünenbetten „Glaner Braut", die auf einer Wiese nahe des Flüßchens Hunte stehen: Die erste Anlage ist in Ost-West-Richtung orientiert und erreicht eine Länge von 50 Metern. An der Nordseite finden sich die Reste eines Zugangs zur Grabkammer. Das zweite Hünenbett ist etwa in Richtung Nord-Süd errichtet und erreicht eine Länge von 30 Metern. Die Anlagen sind noch immer beeindruckend, auch wenn sie

---

[103] Vgl. Niedersächsisches Landesverwaltungsamt, Schmidt, Steine, 62–65 und Sprockhoff, 130–133 und 137

[104] Zitat Die größten Steindenkmäler ...

durch Steinabfuhr in den letzten Jahrhunderten schwer gelitten haben. – Ein weiterer kleiner Dolmen liegt südlich der beiden Hünenbetten.[105]

Die „Glaner Braut“

Wegbeschreibung: Zur „Glaner Braut“ fährt man zurück nach Ahlhorn und biegt links nach Großenkneten ab. Von Großenkneten fährt man Richtung Wildeshausen und biegt kurz hinter dem Weiler Glane links ab. Man sollte langsam fahren, da das Hinweisschild ziemlich unauffällig ist. Die letzten zehn Minuten zu den Steinen muß man laufen.

In Sachsen-Anhalt

Der bekannteste Megalith Mitteldeutschlands ist ohne Zweifel der Menhir von Benzingerode. Der von Wind und Wetter zernarbte Stein erreicht eine Höhe von 3,75 Metern über dem Boden und steht weithin sichtbar in den Feldern im östlichen Harzvorland. Ein weiterer, drei Meter großer Menhir steht gut einen Kilometer südsüdöstlich in Sichtweite in den Feldern. Der „Hünenstein“ ist halb umgefallen und wird von drei Baumstämmen abgestützt.[106]

Wegbeschreibung: Von Wernigerrode im Harz fährt man auf der B 6 nach Benzingerode. Beim Ortsausgangsschild biegt man links Richtung Silstedt ab. An der scharfen Linkskurve fährt man geradeaus den Feldweg weiter. Nach ca. 50 Metern biegt man in den Feldweg rechts ab und gelangt nach einigen

[105] Vgl. Sprockhoff, 135–137
[106] Vgl. Schmidt, Steine, 93f, Kirchner, 792 und Graichen, 344–347

hundert Metern direkt zum Menhir. – Zum „Hünenstein" fährt man zurück zur B 6. Kurz nach dem Ortsausgangsschild von Benzingerode (SOS-Säule) zweigt links ein Feldweg ab, der direkt zum Menhir führt. (Hinweisschilder finden sich weder bei diesem noch bei den im folgenden beschriebenen Megalithen.)

Zwei weitere Menhire finden sich gut 40 Kilometer Luftlinie entfernt nordnordöstlich von Benzingerode. Der erste Stein erreicht eine Höhe von 1,90 Metern und steht direkt am Rand der Allee, die die Dörfer Eilsleben und Siegersleben verbindet.[107] – Interessant ist der 2,40 Meter hohe „Götterstein" bei Seehausen. Michael Schmiedt schrieb: „[...] *was den Menhir von Seehausen wirklich einzigartig macht, ist die Tatsache, daß er ein Bildrelief trägt. So verwittert, wie es ist, läßt es allerdings kaum Schlüsse auf sein Alter zu. Ist es megalithischen Ursprungs oder hat man es erst später angebracht? Genaugenommen sind zwei Dinge zu erkennen: ein kreisförmiges Bildmotiv, das regelrecht aus dem Stein herausgearbeitet wurde, darunter drei diagonal eingravierte, parallele Linien. Wer sich ein wenig auskennt in der Megalithkultur, dem wird die Ähnlichkeit des Göttersteins mit den sogenannten Menhirstatuen auffallen, die man sowohl in Südfrankreich als auch in Hessen und an der unteren Saale gefunden hat.*"[108]

Wegbeschreibung: Von Benzingerode fährt man auf der B 6 und der B 81 nach Halberstadt. In Halberstadt wechselt man auf die B 245 und fährt Richtung Helmstedt. In Barneberg biegt man rechts ab und fährt über Völpke und Ummendorf nach Eilsleben. Hier biegt man Richtung Siegersleben ab. Der Menhir steht kurz nach dem Ortsausgangsschild rechts direkt an der Straße. – Zum „Götterstein" fährt man weiter nach Siegersleben und biegt dort rechts auf die B 246a nach Seehausen ab. Am Nordende des Sees von Seehausen zweigt links ein unbefestigter Weg ab (Pferdekoppeln). Der Menhir steht nach ca. 500 Metern, auf der Anhöhe, rechts des Weges. Wie weit man den unbefestigten Weg mit dem Wagen fährt, sollte man vor Ort entscheiden.

„Auf Eises Rücken kam er zu uns.
In grauer Vorzeit ein Opferstein
gab er unserem Ort den Namen
Gudenesstein.
Guddenstein   Guzstein   Güsten
970   1278   1373"

So heißt es auf der Tafel am „Opferstein" von Güsten. Aufgestellt erreichte der Menhir einst eine Höhe von Höhe 2,60 Meter; heute liegt er in einer kleinen Grünanlage am Rande der Hauptstraße.[109]

---

[107] Vgl. Kirchner, 791
[108] Zitat Schmidt, Steine, 90–92
[109] Vgl. Kirchner, 791

Wegbeschreibung: Von Seehausen fährt man auf der B 246a nach Wanzleben und weiter auf der B 180 nach Aschersleben. Hier biegt man links auf die B 185 nach Güsten ab.

Dolmen auf dem Bierberg bei Gerbitz

Der Dolmen auf dem Bierberg bei Gerbitz liegt versteckt zwischen Büschen und Bäumen. Auf den ersten Blick kann man denken, vor einem Bunker des Westwalls zu stehen. Der vierjochige Dolmen wurde aus gigantischen, quaderförmig zugehauenen Sandsteinblöcken errichtet. Auf Grund des seitlichen Eingangstunnels wird die Anlage in die Kategorie der Ganggräber eingeordnet. Der Dolmen ist außen etwa sieben Meter lang, drei Meter breit und zwei Meter hoch. Durch die zum Teil eingestürzte Decke kann man in das Innere des Grabes klettern. Schmidt schrieb: „*Ein Detail fällt dem aufmerksamen Beobachter auf: Der nördliche Deckstein ruht auf einer Seite nicht direkt auf seinem Träger, sondern auf einem winzigen eingeschobenen Steinchen. Vermutlich hätte der Deckstein andernfalls gewackelt, und die Erbauer haben die Unebenheit auf diese Weise ausgeglichen, gerade so wie man sich in unserer Zeit bei kippelnden Wirtshaustischen mit einem untergeschobenen Bierfilz behilft.*“ [110]

Wegbeschreibung: Von Güsten fährt man über Bernburg und Nienburg nach Gerbitz. In Gerbitz biegt man Richtung Latdorf ab. Der Dolmen findet sich auf der Höhe etwa einen Kilometer nach dem Ortsausgangsschild am linken Straßenrand.

---

[110] Zitat Schmidt, Steine, 95

Die „Steinerne Jungfrau“ von Dölau ist – nach dem Gollenstein im Saarland [s.o.] – der zweigrößte Menhir Mitteleuropas. Der stark verwitterte schwarzgraue Steinkohlenquarzit erreicht heute eine Höhe von 5,80 Meter; im 19. Jahrhundert soll er noch 7,50 Meter gemessen haben. Im Mittelalter wurden der Menhir „genagelt“, d. h. es wurden Eisennägel eingeschlagen. Nach dem Volksglauben sollte einem Paar, daß es schafft einen Eisennagel vollständig in den Stein einzuschlagen, übers Jahr ein Kind geboren werden. – Eine Sage berichtet, daß es sich bei der „Steinernen Jungfrau“ um ein versteinertes Mädchen handelt. Als sie bei schlechtem Wetter vom Bäcker nach Hause gehen wollte, mußte sie einen schlammigen Acker überqueren. Um ihre neuen Schuhe nicht zu beschmutzen, benutzte sie an einer besonders schlimmen Stelle das gerade eingekaufte Brot als Tritthilfe. Umgehend wurde das Mädchen zu Stein verwandelt.[111]

Wegbeschreibung: Über Latdorf fährt man nach Bernburg und weiter auf der B 71 nach Halle. Die „Steinerne Jungfrau“ steht am Ende des Jungfrauenwegs in Dölau, einem westlichen Vorort von Halle.

[111] Vgl. Schmidt, Steine, 101–104, Graichen, 354 und Kirchner, 786

Die Ringwallanlagen: Keltische Fluchtburgen oder germanische Kultstätten?

Wenn man nicht danach sucht, wird man sie kaum wahrnehmen: Es geht um die Reste der Ringwälle, mit denen die Kelten ihre Fluchtburgen und Siedlungen umgaben. Die Kelten – oder die Gallier, wie Caesar sie nannte – siedelten in der Zeit von 450 v. Chr. bis 50 n. Chr. auch in Süddeutschland. Die sogenannte Latène-Zeit endete mit der Unterwerfung der Kelten durch die Römer bzw. der Vertreibung durch die Germanen. Man könnte einwenden, daß die Ringwallanlagen nicht in ein Buch über heilige Plätze gehörten, da gerade die Kelten auf eine strikte örtliche Trennung von profanen und säkularen Bereichen achteten. Die kultischen Bezirke der Kelten, die sogenannten „Viereckschanzen“ [siehe das folgende Kapitel], die der Miltenberger Richter und Heimatforscher Wilhelm Conrady (1829–1903) im letzten Jahrhundert entdeckte, lagen allesamt außerhalb der Wohnbereiche. Da aber Wilhelm Teudt, auf dessen Thesen wir am Ende des Kapitels näher eingehen werden, in seinem 1929 erschienen Werk „Germanische Heiligtümer“ die Ringwallanlagen als germanische Kultstätten deutete, lohnt sich die nähere Beschäftigung mit diesen.

In Bayern und Hessen

Auf dem Greinberg (451m ü. NN) – hoch über dem heutigen Miltenberg am Main – bauten die Kelten eine doppelte Wallanlage, hinter der sich die Bevölkerung in Kriegszeiten verschanzen konnte. Anders als auf dem touristisch vermarkteten „Keltenberg“ Donnersberg in der Pfalz findet der Wanderer auf dem Greinberg keinen Aussichtturm, kein Lokal und keinen Souvenierstand. Bis zur Anlage des Miltenberger „Römerwegs“[112] im Jahre 1999 gab es noch nicht einmal eine Hinweistafel an der Wallanlage.

Der äußere Wall erreicht heute an der Südostecke noch eine Höhe von fast fünf Metern. Deutlich zu erkennen sind außerdem das Nordtor mit einem herrlichen Ausblick auf das Maintal und das Westtor. Die Bauweise der aus Buntsandstein ohne Verwendung von Mörtel aufgeschichteten Mauer ist besonders an der Westseite der Anlage noch deutlich zu erkennen. Der Wall umschloß einst eine Hochfläche von 500 Metern Länge und 300 Metern Breite und konnte somit hunderten, wenn nicht gar tausenden von Menschen Schutz in Kriegszeiten bieten. Der Wasserversorgung diente ein von der Südwestecke 260 Metern den Berg zu einer früheren Quelle herabführender Steinwall; Wilhelm Conrady grub hier im

---

[112] Wer sich für den 19 Kilometer langen „Römerweg“ interessiert, sei auf die Broschüre des Fremdenverkehrsvereins Miltenberg verwiesen.

letzten Jahrhundert zahllose Scherben aus. Im Innenraum der Wallanlage konnten Feuerstellen aus vorchristlicher Zeit nachgewiesen werden.[113]

Reste des keltischen Ringwalls auf dem Greinberg bei Miltenberg

In der Zeit der römischen Besetzung wurde innerhalb der Wallanlage ein Merkur-Heiligtum errichtet. Von dem Tempel ist heute nichts mehr zu sehen. Im Miltenberger Heimatmuseum kann man aber einige Fragmente der römischen Weihealtäre besichtigen. Diese wurden von Revierförster Philipp Joseph Madler bei forstwirtschaftlichen Arbeiten im Jahre 1845 entdeckt.[114]

Als schwierig gestaltete sich die Suche nach der Fundstätte des menhirartigen Teutonensteins. Obwohl ich 1998 einmal alleine und zweimal mit Freunden das Unterholz durchsuchte, konnten wir die in der Literatur beschriebene Stelle nicht finden. Bei einer weiteren Exkursion im folgenden Jahr stellte ich erfreut fest, daß der Ort seit Anlage des Miltenberger „Römerwegs" ausgeschildert ist. 160 Meter vom südöstlichen Tor der Wallanlage entfernt fand Conrady im Jahre 1878 in einem Ring von Felsplatten und kleineren Findlingsblöcken den in zwei Teile zerbrochenen Stein. In die Felsplatte, von der der Stein einst abgespalten

---

[113] Vgl. Endrich, 113f und Röder, Toutonenstein, 20f

[114] Vgl. Beckmann, 63–66

worden war, ließ der Heimatforscher die Inschrift „Hier stand der römisch-deutsche Grenzstein TEUTONENSTEIN" einmeißeln. Den Stein selber stellte er im Hof der Miltenburg, die er im Jahre 1876 geerbt hatte, auf.

Im Jahre 1996 wurde der Teutonenstein ins Heimatmuseum der Stadt Miltenberg verbracht. Der Stein ist 4,75 Meter hoch, unten ungefähr vierkantig, rundet sich nach oben unregelmäßig ab und läuft in einer stumpfen Spitze aus. Der Stein ist nur roh zugehauen worden und trägt in derben Buchstaben, die nicht einmal gleich groß sind, die Inschrift

„INTER
TOUTONOS
C
A
H".

Über die Bedeutung des Steines und seiner Inschrift, die anscheinend nicht fertiggestellt wurde, ist viel gerätselt worden. „C A H" könnte z.B. die Cimbern, Ambronen und Haruden bezeichnen und der Stein als römischer Grenzstein zwischen den unterworfenen Stämmen und dem freien Germanien gedeutet werden.[115]

Wegbeschreibung: Unsere erste Wanderung zum Ringwall begannen wir – wie bei Graichen beschrieben[116] – an der Miltenburg in Miltenberg; für den Aufstieg auf den 451 Meter hohen Berg sollte man 1 ½ Stunden einplanen. Später entdeckte ich einen wesentlich bequemeren Weg: Von Miltenberg fährt man mit dem Wagen über Wenschdorf nach Monbrunn und wandert von dort in knapp einer ½ Stunde auf ebenen Weg über die Hochebene zum ehemaligen Südtor des Ringwalls. (Von beiden Ausgangspunkten aus ist der Ringwall ausgeschildert; eine Wanderkarte ist trotzdem empfehlenswert.) – Vom Monbrunner Weg zweigt ein beschilderter Pfad zur Fundstelle des Teutonensteins ab. – Das Heimatmuseum befindet sich in Miltenberg und ist ausgeschildert. Wer einen Besuch des Museums plant, sollte sich vor Antritt der Reise telefonisch nach den Öffnungszeiten erkundigen.

Ein zweiter Ringwall befindet sich auf dem Wannenberg (463m ü. NN) östlich von Miltenberg. Im Mittelalter wurde der Wannenberg als Steinbruch genutzt; auf einem Historischen Wanderweg wird man zu einer Reihe von mißlungenen und daher nicht abtransportierten Steinmetzarbeiten geführt. Man sieht Mühlsteinrohlinge, Säulen, die sich während der Bearbeitung gespalten haben und einen Sarkophagrohling.[117] Der Wanderweg führt auch zu den Resten eines drei Kilometer langen, ein unregelmäßiges Viereck bildenden Walles, der eine Innenfläche von 40,3 ha umschloß. Wegen der Größe des umschlossenen Raumes wurde die

[115] Vgl. Endrich, 141–143, Röder, Toutonenstein, 22–46 und auch Gödel, 19
[116] Graichen, 195
[117] Wer sich näher mit den Steinmetzarbeiten befassen möchte, sei auf Röder, Toutonenstein verwiesen.

Anlage verschiedentlich als Stadtburg nach Art der von Caesar beschriebenen gallischen *oppida* gedeutet.

Rekonstruiertes Tor auf dem Wannenberg bei Miltenberg.

Die Ausgrabungen die 1987 an der Nordostecke durchgeführt wurden und von denen noch ein großes Loch zu sehen ist, bestätigten die Nutzung der Anlage durch die Kelten. Gefundene Gefäßfragmente zeigten aber auch, daß die Hochebene bereits in der Jungsteinzeit besiedelt war. Der keltische Ringwall wurde an Stelle einer hölzernen Palisadenbefestigung, die mit Hilfe der C 14-Methode auf 3240–3080 v. Chr. datiert worden ist, errichtet. Eine erste Steinmauer wurde zwischen 1200 und 700 v. Chr. errichtet und diente anscheinend der in der Urnenfelderzeit im Tal siedelnden Bevölkerung als Fluchtburg in Kriegszeiten. Zwischen 700 und 400 v. Chr., in der frühen Latènezeit, wurde schließlich die noch heute sichtbare frühkeltische Wallanlage als Fluchtburg für die im Tal und an den Berghängen siedelnde Bevölkerung errichtet. Ob der Berg auch in spätkeltischer Zeit und im Mittelalter besiedelt war, konnte bei den Ausgrabungen nicht festgestellt werden. Jedenfalls wurde der Wannenberg im Mittelalter und in der frühen Neuzeit als Steinbruch genutzt.

Im Bereich der Grabfläche wurden die Reste eines urnenfelderzeitlichen Tores entdeckt, welches heute in seinem ursprünglichen Zustand rekonstruiert worden ist. Der 7 Meter dicke Wall aus Steinen und Erde ist an der Außenseite mit einer aus Buntsandstein aufgeschichteten, leicht nach innen geneigten, Trockenmauer verblendet und an der Innenseite rampenartig mit Erde aufgeschüttet.[118] Um sich eine Vorstellung von der Größe der einstmals befestigten Hochebene zu machen, sollte man am rekonstruierten Tor den Historischen Wanderweg einmal verlassen und den etwa 800 Meter langen schnurgeraden forstwirtschaftlichen Weg nach Südwesten über die Hochebene gehen.

Wegbeschreibung: Mit dem Auto folgt man in Bürgstadt den Wegweisern zur „Vorgeschichtlichen Ausgrabung“ bzw. „Ausgrabung“ durch ein Wohngebiet und fährt dann auf einem Schotterweg auf den Wannenberg. Das Auto stellt man am Parkplatz an der Bauruine der Centgrafenkapelle ab. Vor der Bauruine befindet sich ein kleiner Unterstand und eine Bank, von der man eine herrliche Aussicht auf Miltenberg, den Main und den bereits beschriebenen Greinberg hat.

Als die schönste und besterhaltene Ringwallanlage am Untermain wurde 1916 von G. Hock die Alten- oder Sodenburg auf den Höhen südlich von Soden bezeichnet. Die Nutzung der Sodenburg konnte bis in die Urnenfelderzeit zurückverfolgt werden. Ob die Anlage auch in keltischer Zeit genutzt wurde, ist allerdings unklar. Auf dem kleinen Platz vor dem ehemaligen Tor befindet sich eine alte Hinweistafel, die die Anlage auf das 9. oder frühe 10. Jahrhundert datiert. Auch anderen Besuchern muß diese Datierung mißfallen haben: Handschriftlich finden sich auf der Tafel die Ergänzungen „Keltenburg“ und „Druidenplatz“. – Zwei hohe Mauern aus aufgeschichtetem Sandstein und ein Graben umschlossen einst in Form einer Ellipse von etwa 320 x 130 Metern in Ost-West-Richtung die Höhe des Berges und boten der Bevölkerung Schutz in Kriegszeiten. Heute kann man noch über die Reste der ehemaligen Wälle durch den Wald wandern.[119] Über die Nutzung der Anlage schrieb Peter Endrich in seiner „Vor- und Frühgeschichte des bayerischen Untermaingebietes“: *„Zunächst sind solche Fliehburgen wohl zum Schutz gegen die fremden Eindringlinge gebaut worden. Später mögen sie die Herrensitze geworden sein, von denen aus die siegreichen Eroberer das Land ringsum beherrschten.“*[120]

Wegbeschreibung: Soden erreicht man z.B. von der A 3 Würzburg–Frankfurt/M., die man an der Abfahrt „Bessenbach/Waldaschaff“ verläßt. Über Keilberg, Straßbessenbach und Haibach fährt man nach Aschaffenburg. Gleich hinter dem Ortseingangsschild von Aschaffenburg biegt man links nach Soden ab. In Soden biegt man von der Hauptstraße in die Straße „Zum Bürgerhaus“ ein, biegt an der Kreuzung rechts ab und fährt auf einem kleinen Sträßchen auf die Höhe. An der modernen Kapelle parkt man den Wagen und folgt zu Fuß dem Sträßchen bis zum Waldrand. Nun geht man links auf dem Wanderweg „roter Ring auf weißem Grund“ und erreicht nach etwa zehn Minuten Aufstieg durch tief eingeschnittene Hohlwege einen kleinen Bildstock. Hier wendet man sich nach rechts und folgt dem mit einem Schmetterlingssymbol markierten Weg etwa fünf Minuten bis zum ehemaligen Osttor der Wallanlage.

---

[118] Vgl. Schmidt, Burgen, 76 und Schautafel an der Ausgrabungsstelle auf dem Wannenberg
[119] Endrich, 76 und 111
[120] Zitat Endrich, 76

Im Biebertal im nördlichen Spessart finden sich auf einer Fläche von nur 33 Quadratkilometern vier Ringwallanlagen; die imposanteste und am besten erhaltene ist die Alteburg bei Biebergemünd-Kassel (330m ü. NN). Die elliptische Anlage ist 460 Meter lang und 180 Meter breit; die Reste des heute noch vorhandenen Walls erreichen an der Außenseite eine Höhe von bis zu sechs Metern. Das Haupttor lag im Südosten; zwei weitere Tore befanden sich auf der Nord- und der Südseite. – Vom Charakter ihrer Bauart ist die Alteburg frühmittelalterlichen Ursprungs. Als im Jahre 1964 durch Wegerweiterungen Wallprofile angeschnittenen wurden, konnten Holzproben der Stein-Holz-Konstruktion entnommen werden. Bei den anschließenden C14-Untersuchungen wurden die Proben auf 805 ± 45 n. Chr. datiert; es fanden sich aber auch Proben aus der Zeit von 440 ± 55 v. Chr. Die frühmittelalterliche Befestigung wurde also auf einer sehr viel älteren keltischen Ringwallanlage errichtet. – Die Ellipse wird in der Mitte durch einen doppelten Wall geteilt. Im Gegensatz zum äußeren Wall wurde dieser jedoch nicht aus Holz und Steinen, sondern nur aus Erde errichtet. Anscheinend wurde im späteren Mittelalter oder in der frühen Neuzeit der Ostteil der Altenburg nochmals als Verteidigungsstellung genutzt.[121]

Wegbeschreibung: Man verläßt die A 66 Fulda–Hanau an der Abfahrt „Gelnhausen-Ost“ und fährt nach Biebergemünd-Wirtheim. Hier biegt man rechts auf die B 276 Richtung Lohr und nach einigen hundert Metern links nach Biebergemünd-Kassel ab. In Kassel biegt man nach der Kirche links ab, überquert das Bächlein und fährt rechts auf der Bornstraße zur „Wochenendsiedlung“. Nach etwa 2½ Kilometern erreicht man das Naturfreundehaus und parkt dort den Wagen. Zu Fuß folgt man weiter dem Sträßchen und erreicht nach etwa 5 Minuten ein einzelnes Gehöft. Man biegt links ab und wandert auf dem mäßig steigenden Wanderweg (Markierung: Rotes Kreuz auf weißem Grund) in etwa 15 Minuten zur Wegkreuzung „Sieben Wege“. Nun biegt man scharf rechts ab und erreicht nach 5 Minuten steilem Aufstieg das ehemalige Süd-Ost-Tor der Wallanlage. (Wegweiser oder Hinweisschilder findet man nicht.)

Sieben Kilometer südsüdöstlich liegt der Burgberg bei Bieber. Eine mittelalterliche Burg trug er nie; seinen Namen scheint er vielmehr von den noch heute sichtbaren Wallanlagen erhalten zu haben. Man erreicht die Anlage nach kurzem steilen Aufstieg an ihrer Ostseite und stößt auf einen 120 Meter langen Abschnittswall mit vorgelagertem Graben, der die sonst steil abfallende Höhe gegen einen schmalen Sattel sichert. Der Wall erreicht eine Höhe von 4 bis 5 Metern und an der Basis eine Breite von über 10 Metern. Nicht zu übersehen ist *„ein großer Grabungsschnitt durch die Mitte des Abschnittswalles – der wahrscheinlich in den 1950er Jahren widergesetzlich und ohne entsprechende Meldung von einem Forstmeister angelegt wurde“*.[122] Nach Fritz-Rudolf Herrmann, dem Verfasser des offiziellen Führungsblattes, bestehe keine sichtbare Verbindung zu der die Bergflanken umziehenden Randbefestigung des Berges, die vor allem an der Süd- und Westseite, nur in Abschnitten an der Nordseite, erhalten ist. Beim Abschnittswall handele es sich um eine Befestigung aus

[121] Vgl. Endrich 110, Herrmann, Alteburg bei Kassel und Schmidt, Burgen 123–126
[122] Zitat Herrmann, Burgberg

frühmittelalterlicher Zeit; bei der Randbefestigung könne es sich um Überreste eines vorgeschichtlichen Ringwalls handeln.[123] Endrich dagegen datierte die gesamte Anlage ins Latène: „*Anscheinend besteht die Anlage nur aus einem Abschnittswall von etwa 120m Länge. Jedoch handelt es sich nur um einen Teil des eigentlichen Ringwalles, dessen übrige Teile durch Steinabfuhr zerstört wurden.*“[124]

Wegbeschreibung: Man kehrt zurück zur B 276 und fährt Richtung Lohr bis Biebergemünd-Bieber. Im Ort biegt man rechts Richtung Wiesen ab. Nach etwa 500 Metern biegt man links ab und fährt auf der Straße „Zum Burgberg“ aufwärts. Man erreicht den „Galgenbergweg“ („Anlieger frei – Befahren auf eigene Gefahr“) und fährt bis zur Moritzkapelle am Fuß des Burgbergs. Hier parkt man den Wagen und wandert durch das anschließende Gehöft etwa 900 Meter entlang der Südflanke des Berges immer aufwärts. Auf der Höhe biegt man scharf links ab und erreicht den Abschnittswall an seiner Ostseite. (Wegweiser findet man nicht; eventuell sollte man sich eine Wanderkarte besorgen.)

Nicht weit entfernt findet sich auch die Alteburg bei Wirtheim. Die rundliche, aus mehreren geraden Wallabschnitten mit stumpfwinkeliger Knickung erbaute Befestigungsanlage hat einen Gesamtdurchmesser von nur 90 Metern. Wegen ihrer Form wird sie im Volksmund „Ringsel“ oder „Kringel“ genannt. Bei dem heute noch sichtbaren Wall, der eine Höhe von bis zu 2½ Meter erreicht, handelt es sich um den Rest einer Buntsandsteinmauer. Das ehemalige Tor ist noch gut zu erkennen; es lag zum Tal hin im Westen und war wahrscheinlich mit einem Turm überbaut.[125]

Herrmann datierte die Ringwallanlage nicht ins Latène, sondern in fränkische Zeit: „*Die einzelnen Elemente der Bauart – Funde fehlen bisher – zeigen, daß die Alteburg in das frühe Mittelalter gehört und im 8.–10. Jahrhundert n. Chr. entstanden ist. Ihre nicht sehr verteidigungsgünstige Lage am Hang weist darauf hin, daß sie nicht in erster Linie als Befestigung errrichtet worden ist. Sie ist direkt auf den Ort Wirtheim bezogen, zu dem hin auch ihr Tor ausgerichtet ist. Wirtheim war eine fränkische Gründung* [...] *Damals, im Jahre 976, schenkte Kaiser Otto II. aus seinem königlichen Besitz die Orte ‚Wertheim, Cassele, Hosti [Wirtheim, Kassel und Höchst] im Gau Kinzig und in der Grafschaft des Grafen Heribert‘ an das Stift St. Peter und Alexander in Aschaffenburg. So könnte die Alteburg als befestigter Verwaltungssitz für das Königsgut in diesem Raum und wohl auch zur Sicherung der wichtigen Straßenverbindung gedient haben, die später als Frankfurt-Leipziger Handelsstraße* [...] *ihre größte Bedeutung erlangte.*“[126]

Wegbeschreibung: Man fährt zurück nach Biebergemünd-Wirtheim und biegt rechts Richtung Bad Orb ab. Nach einigen hundert Metern fährt man rechts in die Straße „Schleifmühle“, die in die Straße

---

[123] Herrmann, Burgberg
[124] Zitat Endrich 109f
[125] Vgl. Herrmann, Alteburg bei Wirtheim
[126] Zitat Herrmann, Alteburg bei Wirtheim

„Unter dem Ringwall" übergeht. Man parkt an der Einmündung der „Alteburgstraße" und steigt den gegenüberliegenden Pfad bergauf. Nach einer Biegung erreicht man einen am Hang der Bergkuppe entlanglaufenden Weg. Man geht rechts und erreicht nach gut 200 Metern einen Kreuzweg, auf dem man bis zum Abschlußkreuz aufsteigt. Die Ringwallanlage liegt im Unterholz links oberhalb des Kreuzes (Hinweisschilder sucht man vergeblich).

Der vierte Ringwall des Biebertals findet sich auf dem Hainkeller bei Lützel (400m ü. NN). Die frühkeltische Anlage besteht aus zwei ovalen Ringwällen, die die Bergkuppe umschließen. Der äußere Wall ist 780 Meter und der innere Wall 600 Meter lang. Der Abstand der beiden Wälle beträgt 20–50 Meter. Bei den Wällen handelt es sich um die Reste einer Holz-Buntsandstein-Erde-Mauer mit senkrechter Vorder- und Rückseite. Beide Mauern waren an der Nordseite durch Torkonstruktionen unterbrochen. Interessant ist insbesondere die Nord-West-Seite der Anlage, wo der innere Wall eine scharfe, fast rechtwinklige Ecke bildet. – Wie die seinerzeit in Kriegszeiten Zuflucht suchende Bevölkerung mit Wasser versorgt werden konnte, ist unklar; die nächstgelegene Quelle, der Riesen-Klotze-Born bzw. Riesenklosborn liegt über 200 Meter von der Anlage entfernt. – Das 15 mal 20 Meter messende Erdwerk im Inneren der Wälle und die vielen Podien haben mit der frühkeltischen Anlage nichts zu tun; sie sind durch Schatzgräberei, Bergbauversuche und Windbrüche in neuerer Zeit entstanden.[127]

Wegbeschreibung: Von Biebergemünd-Wirtheim fährt man nach Gelnhausen („Barbarossa-Stadt", Kaiserpfalz) und biegt dort Richtung Geiselbach bzw. Schöllkrippen ab. Vor Geiselbach führt links eine kleine Straße zum Wanderparkplatz „Hufeisen". Vom Parkplatz führen u.a. zwei mit einem grünen Tannenbaum markierte Wanderwege nach Norden bzw. Nordosten. Man wählt den steilen Pfad zwischen den beiden markierten Wanderwegen. Nach einem kurzen Aufstieg wendet sich der Weg nach rechts und man wandert etwa 1½ Kilometer über die Raue Heil nach Nordosten bis zur Westseite des Ringwalls. (Wegweiser oder Hinweisschilder sucht man vergeblich; eventuell sollte man sich eine Wanderkarte besorgen.)

Endrich datierte alle vier Ringwallanlagen des Biebertals in die frühkeltische Zeit: „*Das Biebertal ist quellenreich und hat Bodenschätze aufzuweisen. In seiner Umgebung fanden sich Eisen- und Kupfererz, Silber, Blei und Kobalt. Wenig nördlich davon springen die Salzquellen von Bad Orb. Schon die Kelten der Latènezeit werden Eisen, Kupfer und Salz gewonnen haben.*"[128] Von der offiziellen Denkmalpflege werden solche Theorien zurückgewiesen: „*Ein gerne konstruierter Zusammenhang mit vermuteter vorgeschichtlicher Nutzung der Orber Salzquellen oder vermutetem vorgeschichtlichem Eisenbergbau im Biebertal ist reine Spekulation. Völlig in das Reich der Phantasie gehört auch die Konstruktion eines Befestigungssystems im Biebertal, zu dem neben dem Hainkeller die in ihrer Zeitstellung*

---

[127] Vgl. Herrmann, Hainkeller, Schmidt, Burgen, 108–110 und Endrich, 110

[128] Zitat Endrich, 109

völlig unterschiedlichen Anlagen der Alteburg bei Wirtheim, der Alteburg bei Kassel und auf dem Burgberg bei Bieber herangezogen wurden.“[129]

Auch die sagenumwobene Milseburg (835m ü. NN) in der Rhön war einst von einem keltischen Ringwall umgeben. In den alten Sagen vom Riesen Mils heißt es, daß dieser den „heiligen Gottesmännern“ ihre Bekehrungsarbeit erschwerte und den Neugetauften nachstellte. Der Heilige Gangolf und einige Ritter hätten sich auf den Weg gemacht und den Riesen in seiner Burg belagert. Da den Belagerern kein Wasser zur Verfügung stand, hätten sie dies bei einem geschäftstüchtigen Bauern kaufen müssen. Der Preis sei aber so hoch gewesen, daß Gangolf nur einen einzigen Helm Wasser kaufen konnte. Dies Wasser habe er in seinem Lager ausgeschüttet und sofort sei dort ein Quell entsprungen; die Quelle des geizigen Bauern aber sei versiegt. Als die Ritter nun von neuem die Burg des Riesen Mils bestürmten, habe dieser alle Hoffnung verloren und sich selbst gerichtet. Da habe der Teufel, in dessen Dienst Mils gestanden haben soll, jenes Riesengrab über den Riesen, das heute als Milseburg schon von weitem zu sehen ist, geworfen.[130] – Noch heute spendet der Gangolfsbrunnen Wasser und die 1932 erbaute Gangolfskapelle, die anstelle des 1929 abgebrannten Vorgängerbaus errichtet wurde, zeugt vom Sieg des „heiligen Gottesmannes“. Und die barocke Kreuzigungsgruppe auf dem Gipfel läßt auch den letzten Zweifel schwinden, welcher Gott hier nun verehrt wird.

Bei den – im Volksmund auch „Elfenstraßen“ genannten – riesigen aus dunkelgrauem Basalt bestehenden Schotterbändern, die sich um den Fuß der Milseburg ziehen, handelt es sich um die Reste einer alten Ringanlage. In der Zeit zwischen 500 v. Chr. und dem Jahre 0 befand sich hier ein keltisches Oppidum. Das Gesamtbild der Anlage ist aber sehr lückenhaft, da Ausgrabungen in größerem Stil noch nicht stattgefunden haben. Außerdem wurden beim Bau der Bahnlinie nach Hilders im Jahre 1896 Teile des Walles abgetragen und zu Schotter verarbeitet. Fest steht aber, daß sich an den Osthang des Berges ein 1,3 Kilometer langer Ringwall mit drei Eingangstoren anlehnte. Militärtechnisch interessant ist besonders das ehemalige Osttor der Anlage: Die beiden Wallenden überlappten sich und bildeten eine 25 Meter lange, leicht zu verteidigende schmale Gasse. Das nach außen weisende Wallende war rechteckig verstärkt und zu einer Bastion ausgebaut. Außerdem war der fünf Meter hohe Felsblock des Geißsteins in die Verteidigungsanlage integriert. Innerhalb der Wallanlage wurden Reste einer Siedlung gefunden. Die terrassenförmige Einebnung des Bodens ist heute noch teilweise sichtbar. Ein höher gelegenes Plateau wird als Wohnsitz des Stammeshäuptlings gedeutet. Innerhalb der Anlage befand sich auch eine größere siedlungsfreie Fläche, von der man vermutet, daß dort in Krisenzeiten das Vieh und die kostbaren Pferde hineingetrieben wurden.

---

[129] Zitat Herrmann, Hainkeller

[130] Kiefer, 26f, vgl. auch Luczyn, 169f

Eine zweite, innere Verteidigungslinie sicherte den durch Terrassen gegliederten Westhang des Berges. Die Befestigungsanlage nutzte die natürlichen Felsen aus und füllte die Zwischenräume mit Trockenmauern aus. Drei Quellen, darunter der bereits erwähnte Gangolfsbrunnen, sicherten die Wasserversorgung der Bewohner.

Die Milseburg

Ein dritter Wall, der den Gipfel von der ehemaligen Siedlung trennt, wurde wohl nicht aus verteidigungstechnischen Gründen errichtet, da ein Angriff vom Gipfel des Berges kaum zu erwarten war. Dieser Wall kann eher als Abgrenzung des kultisch genutzten Gipfelbereichs von den am Fuß und am Hang des Berges gelegenen Siedlungsbereichen gedeutet werden.[131] Wahrscheinlich wurde der Gipfel der Milseburg nicht nur von den Kelten für religiöse Zeremonien genutzt, sondern auch von den ihnen nachfolgenden Germanen; dafür sprechen die Sagen vom Riesen Mils.

Wegbeschreibung: Die Milseburg liegt etwa 20 Kilometer östlich von Fulda in der Rhön. Man verläßt die A 7 an der Abfahrt „Fulda-Süd" und fährt über Weyhers und Poppenhausen nach Kleinsassen am Fuß der Milseburg. Von hier aus folgt man den Wegweisern zum ausgeschilderten Parkplatz am Fuß des Berges, wo der 3,5 Kilometer lange Prähistorische Wanderweg, der an zehn Tafeln über das alte keltische Oppidum informiert und schließlich auf den 835 Meter hohen Gipfel führt, beginnt.

Auch auf dem Kreuzberg (928m ü. NN) in der bayerischen Rhön befinden sich Reste eines Ringwalles. Oberhalb des Franziskanerklosters, wo heute die „Drei Kreuze" stehen, soll 686 der Frankenapostel Kilian an Stelle einer heidnischen Kultstätte ein Kreuz errichtet ha-

[131] Vgl. Herrmann, Milseburg

ben.[132] Da im 7. Jahrhundert schon lange keine Kelten mehr in Süddeutschland siedelten, kann es sich bei dieser Kultstätte nur um eine germanische gehandelt haben.

Wegbeschreibung: Von der Milsburg fährt man zurück nach Poppenhausen und von dort über Gersfeld nach Oberweißenbrunn. Von Oberweißenbrunn fährt man weiter Richtung Wildflecken, biegt aber vor Wildflecken links zum Kreuzberg ab.

In Rheinland-Pfalz und im Saarland

Eine der bekanntesten und leider auch überlaufensten keltischen Wallanlagen in Deutschland befindet sich auf dem mit 687 Meter ü. NN höchsten Berg der Pfalz, dem Donnersberg. Bei den heute noch im Gelände erkennbaren Wällen, die man auf dem „Keltenweg" begehen kann, handelt es sich um die zerstörten Reste einer 8,5 Kilometer langen keltischen Befestigungsanlage. In den Jahren 1974 bis 1983 wurden auf dem Donnersberg umfangreiche Grabungen durchgeführt. Nach Heinz-Josef Engels gliederte sich das Oppidum in zwei befestigte Areale: das Ost- und das Westwerk. Ein 25 Meter langes Stück der zweimal erneuerten bzw. verstärkten Mauer des Ostwerkes wurde rekonstruiert und kann heute besichtigt werden. Das statische Gerüst für die 4–4½ Meter hohe Mauer bestand aus einer in Zimmermannsart, ohne Eisennägel, errichteten Holzkonstruktion. Im Abstand von 3 Metern standen senkrechte, rückwärts verankerte Frontpfosten, deren Zwischenräume mit einer ohne Bindemitteln aus Steinen aufgeschichteten Trockenmauer gefüllt waren. Auf der Rückseite war die Anlage mit Erde rampenartig aufgeschüttet. Auf der Vorderseite befand sich ein etwa zwei Meter tiefer Graben.

Im Gegensatz zum Ostwerk war das westliche Areal nur mit einer minderwertigen Mauer gesichert. Nach Engels diente allein das Ostwerk als Siedlungsfläche, während das Westwerk vielleicht als Viehpferch und Refugium für die Bevölkerung des Umlandes genutzt wurde. Als die Mauer des Ostwerkes nach einer nicht mehr bestimmbaren Zeit erneuert wurde, wurde diese Baumaßnahme nicht auf das Westwerk ausgedehnt. Engels schloß daraus, daß die dem Westwerk ursprünglich zugedachte Funktion schon damals keine Rolle mehr spielte. In einer dritten Bauphase wurde schließlich durch den Bau des Zwischenwalls die Siedlungsfläche des Oppidums verkleinert.[133] Engels schrieb: „*Die Reduktion der Siedlungsfläche der eigentlichen städtischen Ansiedlung ist offensichtlich die letzte keltische Baumaßnahme an diesem Oppidum.* [...] *Es liegt so nahe, diese Baumaßnahme in Zusammenhang mit der römischen Okkupation der Rheinlande zu sehen.* [...] *Das in der ersten Bauphase groß angelegte Oppidum wurde offenbar unter dem Druck der Umstände und der politischen Verhältnisse immer weiter bis auf etwa ein Drittel der ehmaligen Größe redu-*

---

[132] Graichen, 223f

[133] Vgl. Engels, 5–12 und Gümbel, 19–23

ziert.“[134] Und weiter: *„Ist so der Bau des Oppidums vorläufig um die Mitte des 2. vorchristlichen Jahrhunderts anzusetzen, so wurde es wohl spätestens vor dem 2. vorchristlichen Jahrzehnt verlassen. Funde der römischen Provinzialkultur fehlen völlig. Vielleicht darf man die Räumung der Stadt durch die keltische Bevölkerung historisch in einem Zusammenhang mit der Errichtung des römischen Legionslagers in Mainz sehen. Spuren einer gewaltsamen Eroberung des Oppidums sind archäologisch nicht nachzuweisen.“*[135]

Mauerrekonstruktion auf dem Donnersberg

Graichen betonte, daß die Kelten auf dem Donnersberg gegen ihr Prinzip der strikten örtlichen Trennung von Siedlungs- und Kultbereich verstießen: *„Innerhalb der Siedlung – und das ist einzigartig – liegt das keltische Heilgtum, die ‚Viereckschanze', wie sie vor allem in Süddeutschland verbreitet ist. Die streckenweise noch gut erkennbare Graben-Wall-Anlage umgrenzte den heiligen Bezirk von 80 x 100m mit dem Eingangstor im Süden.“*[136] Die Grabungen führten jedoch zu dem Ergebnis, daß die „Viereckschanze“ zunächst außerhalb einer erheblich kleineren Befestigungsanlage, dem Schlackenwall, lag und erst durch die spätere Erweiterung der Anlage in deren Inneres geriet. Engels schrieb: *„Es scheint sich so eine ältere voroppidazeitliche Siedlungseinheit abzuzeichnen, die aus einer offenen Siedlung, einem nördlich davon gelegenen Refugium – dem Schlackenwall – und einem südlich gelegenen Heiligtum – der Viereckschanze – bestand. Diese Siedlungseinheit wurde zerstört, vermutlich in einer der vielen innerkeltischen Auseinandersetzungen. Unmittelbar darauf*

[134] Zitat Engels, 12f
[135] Zitat Engels, 23
[136] Zitat Graichen, 287

wurde unter Beibehaltung des Heiligtums das Oppidum erbaut – vermutlich vom Sieger. Durch diese Interpretation der archäologischen Befunde auf dem Donnersberg fände auch das Phänomen eine Erklärung, daß die Viereckschanze als Kultstätte hier innerhalb und nicht wie sonst üblich außerhalb der Befestigungsanlage des Oppidums liegt. Die Kultstätte als heiliger Platz wurde vom Sieger natürlich respektiert."[137] [Mit den keltischen Kultstätten werden wir uns ausführlich im folgenden Kapitel beschäftigen.]

Wegbeschreibung: Man erreicht den schon von weitem zu sehenden Donnersberg von der A 63 Mainz–Kaiserlautern, die man an der Abfahrt „Göllheim" verläßt. Ab Dannenfels ist der Donnersberg ausgeschildert. – Vor einer Besichtigung der Wallanlage empfiehlt es sich, die am Aussichtürmchen erhältliche Wanderkarte über den „Keltenweg" zu kaufen.

Eine weitere Wallanlage befindet sich auf der Höhe des Kastanienberges nordwestlich über dem Kur- und Weinort Bad Dürkheim. Der zwei Kilometer lange und teilweise elf Meter hohe Wall umschließt eine Fläche, deren Grundriß sich aus einem (südlichen) Dreieck und einem (nördlichen) Halbkreis zusammensetzt. Interessant ist ein Besuch der Anlage, da sich am Ostrand des Walles ein ehemaliger römischer Steinbruch befindet, der in der Zeit des Dritten Reiches als germanisches Heiligtum gedeutet worden war. Die in die steil aufragende Felskulisse eingehauenen „Runen" werden heute als Zeichen der Steinbrucharbeiter gedeutet.[138] [siehe das Kapitel Hans Schleif und der Kriemhildenstuhl]

Äußerst beeindruckend ist der im Volksmund „Hunnenring" genannte keltische Ringwall von Otzenhausen. Auf einem 4½ Kilometer langen Rundweg steigt man auf den 620 Meter hohen Dollberg und erreicht den einen dreieckigen Grundriß bildenden Ringwall an seiner Nordseite. Über eine Treppe steigt man auf den hier 10 Meter hohen Steinwall. Wer ein Stück über den am Scheitel drei Meter und an der Sohle bis zu vierzig Meter breiten Wall wandert (Vorsicht!), wird verstehen, daß die Menschen vergangener Jahrhunderte dachten, daß Titanen oder Hunnen diese Anlage erbaut haben. Die in den 30er Jahren unter Leitung von Wolfgang Dehn durchgeführten Ausgrabungen zeigten aber, daß es sich bei der Ringwallanlage um eine befestigte Siedlung der keltischen Treverer aus der Zeit des 2. und 1. Jahrhundert v. Chr. gehandelt hat. Die Gesteinsmassen waren seinerzeit mit Hilfe von Pfosten, Querhölzern und Eisennägeln zu einer über zwei Kilometer langen Trockenmauer, einer sog. „murus gallicus"[139], aufgeschichtet. Der Wasserversorgung diente eine Quelle, die noch heute Wasser führt, und ein Wassersammelbecken. An der Quelle wurden bei Ausgrabungen eine Diana-Statue und ein steinerner Eber gefunden; anscheinend wurde in römischer Zeit innerhalb der Wallanlage ein Diana-Heiligtum errichtet.[140]

---

[137] Zitat Engels, 25
[138] Vgl. Naumann, 37 und Graichen, 292
[139] Caesar, De Bello Gallico, 7. Buch 23,1: „*Muri autem omnes gallici ...*"
[140] Vgl. Dehn, 445–448, Wiegert, 7–13 und 88 und Graichen, 300

Der „Hunnenring“ von Otzenhausen

Wegbeschreibung: Die Anlage erreicht man von der A 62 Kreuz Landstuhl–Dreieck Nonnweiler, die man an der Abfahrt „Nonnweiler-Otzenhausen“ verläßt. In Otzenhausen folgt man den Wegweisern „Keltischer Ringwall“ bis zum Wanderparkplatz und steigt auf dem Wanderweg Nr. 11 in etwa einer halben Stunde zum Ringwall auf.

Etwa 50 Kilometer Luftlinie nordwestlich des Hunnenrings liegt bei Ferschweiler eine weitere sehenswerte Ringwallanlage, die sogenannte „Wikingerburg“. Die Wall-Graben-Anlage wurden von den Treverern in der Zeit von 600–1.000 v. Chr. als ergänzendes Bauwerk der Naturfestung Ferschweiler Plateau errichtet. Der Hauptwall ist 160 Meter lang, 10 Meter hoch und bis zu 25 Metern breit. [Siehe das Kapitel „Dolmen, Cromlechs und Menhire“]

Die Thesen Wilhelm Teudts

„Einige Burgen in Mitteldeutschland pflegen als keltisch angesprochen zu werden. Da der Nachweis eines Unterschiedes zwischen einer germanischen und keltischen Burganlage bisher noch nicht möglich gewesen ist, weil die gemachten Bodenfunde zwar über Benutzung, aber nur sehr selten über Ursprung von Wallanlagen Auskunft geben können, so lassen wir die Keltenfrage, die für gewisse Teile Deutschlands in Betracht kommt, h i e r außer Erörterung. Wir gedenken aber unserer völkischen, in jedem anderen Land ohne Anweisung geübten Pflicht, bis zum überzeugenden Gegenbeweise alle Vorkommen in Germanien auch als germanisch zu bezeichnen. Irrungen, die infolge dieses Grundsatzes entstehen, müssen berichtigt werden [...] Irrungen dagegen, die unter Vernachlässigung dieser völki-

schen Pflicht entstehen, so daß germanisches Kulturgut der Wahrheit widersprechend als fremdes gelehrt wird, sind volksschädlich, unter Umständen schimpflich." – So schrieb Wilhelm Teudt in seinem 1929 erschienen Werk „Germanische Heiligtümer".[141]

Interessant ist der Lebenslauf Teudts: Teudt war evangelischer Pastor im Schaumburg-Lippischen und von 1894 bis 1908 Leiter der „Inneren Mission" in Frankfurt am Main. 1908 schied Teudt aus dem Kirchendienst aus und leitete den „Keplerbund zur Förderung der Naturerkenntnis" in Godesberg. Nach dem Kriegsdienst im Ersten Weltkrieg lebte Teudt als Privatforscher für Germanenkunde in Detmold und beschäftigte sich vor allem mit den Externsteinen im Teutoburger Wald. Die von Teudt 1928 gegründete „Vereinigung der Freunde germanischer Vorgeschichte" erfreute sich bald regen Zulaufs. 1929 erschien Teudts Buch „Germanische Heiligtümer – Beiträge zur Aufdeckung der Vorgeschichte, ausgehend von den Externsteinen, den Lippequellen und der Teutoburg". Kater urteilte über Teudt: „*Seine Entdeckungen waren an sich nicht neu* [...] *Was Teudt aber sofort in das Licht der Öffentlichkeit rückte und zu einer innerdeutschen Berühmtheit machte, war der nationale Pathos, mit dem er seine Thesen unter die Leute brachte.*"[142] Die Nationalsozialisten empfingen Teudt 1933 mit offenen Armen. Im Kapitel über die Externsteine werden wir uns näher mit Teudts Verbindung zu Himmler befassen. Hier sei nur noch bemerkt, daß Himmler schon bald das Interesse an dem „Laienforscher" verlor. Teudt starb 1942 im Alter von 82 Jahren.[143]

Teudt deutet die in Deutschland bis ins Jahr 800 gebauten Ringwallanlagen als germanische Heiligtümer. „*Als der ursprüngliche Zweck der alten germanischen Wallburgen ist im allgemeinen ein in erster Linie kultischer Zweck anzusehen* [...]"[144] Allein schon durch ihre Größe würden sich die Anlagen von den später gebauten mittelalterlichen Burgen unterscheiden. Letztere waren darauf ausgelegt, eine begrenzte Zahl von Menschen im Falle einer Belagerung Schutz zu gewähren. Dafür waren die Burgen mit umfangreichen Vorratsräumen, Unterkünften und Mauern ausgestattet. Anders sei dies bei den alten Wallanlagen gewesen: „*Die Zweckwidrigkeit unter dem Gesichtspunkte reiner Verteidigungswerke tritt uns oft mit Deutlichkeit in der Art der Wallanlage selbst entgegen. Wenn in schroffem Unterschiede von den mittelalterlichen nicht nur eine – und dann starke, mit allen Regeln der Befestigungskunst gebaute – Umwehrung, sondern deren mehrere vorhanden sind, so macht das schon bedenklich. Denn etwaige Vorteile einer äußeren zweiten und dritten Umwallung werden aufs stärkste überwogen von den Nachteilen, d. h. von der schlimmen Lage, in die die Verteidiger nach der Erstürmung der äußeren Umwallung beim Rückzug in die innere Umwallung versetzt werden, wenn sie in oder neben den Gräben zu den Toren oder dem*

---

141 Zitat Teudt, Heiligtümer, 88
142 Zitat Kater, 55
143 Zur Biographie Teudts vgl. Hüser, 195 und Kater, 54–56
144 Zitat Teudt, Heiligtümer, 88

einen vorhandenen fliehen müssen.“[145] – Teudt scheint hier zu übersehen, daß es auch bei den mittelalterlichen Burgen gestaffelte Verteidigungslinien gab. Worin sollte denn der Vorteil liegen, wenn den Verteidigern keine zweite Linie zur Verfügung stände, in der sie den Widerstand beim Fall der äußeren Linie fortsetzen könnten?

Weiter schrieb Teudt: „*Da wir nun auch mit Sicherheit feststellen können, daß häufig die äußeren Wälle gar nicht ganz um den Kern der Veste herumgeführt waren, und zwar auch an nicht sturmfreien Stellen gefehlt haben, dann ist es unmöglich, an einen rein militärischen Zweck der Burg zu glauben.* [...] *Sie können den Wert von friedlichen Schranken gehabt haben, aber von einem kriegerischen Zweck kann keine Rede sein*“[146] – Daß Teile der Wälle heute fehlen, mag allerdings auch durch Erosion, Überwucherung und vor allem Steinabfuhr in früheren Jahrhunderten bedingt sein. An anderer Stelle klagt Teudt ja selber: „*Die in den Dörfern und Städten gelegenen* [Ringwälle] *wurden wahrscheinlich restlos für den Bau von Kirchen und Kapellen verwendet, auch nicht wenige in den Bergen und Wäldern. Aber auch manche Großgrundherren und Ritter haben ihre Veste in germanische Wallburgen hineingebaut ...*“[147] Vielleicht waren bestimmte Bereiche der äußeren Linie auch durch Holzpalisaden, vergleichbar dem römischen Limes, geschützt.

Für Teudt stand fest: „*daß wir in Ringwällen und Burgen, den großen und kleinen, die Wallfahrtsorte und Kirchen unserer Vorfahren wiedergefunden haben, die sie außer ihren örtlichen Thing- und Weihestätten draußen in der freien Natur der Bergeshöhe, des Waldes und der Heide hatten. Zu ihnen ‚wallten' sie, wenn die dafür geordneten Tage gekommen waren.* [...] *Im christlich gewordenen Germanien aber hat sich die alte Gewohnheit des ‚Wallens' besonders in den Kreuzgängen oder Prozessionen zu den Kalvarienbergen und in den sonstigen Wallfahrten fortgesetzt.*“[148]

Teudt sah in der angeblichen Umdeutung der Kultstätten in reine Verteidigungsanlagen eine bewußte Manipulation der Kirche: „*Die Verdunklung der Orte germanischer Gottesverehrung durch Verschweigung, Entstellung und Vertauschung ihrer Namen und durch Umwandlung der Stätten zu Stätten der Kirche zwecks Beseitigung der ursprünglichen Bedeutung in der Volkserinnerung oder zwecks Herabdrückung zum Ansehen bloßer kriegerischer Schanzen hat ihren Anfang und Fortgang genommen seit der Eroberung des Sachsenlandes durch den Westfrankenkönig Karl.* [...] *Bis zum heutigen Tage gibt es eine große Zahl von Ringwällen, die in kirchlichem Besitz sind und Kapellen usw. tragen. Wo das der Fall ist, kann mit Gewißheit die Eigenschaft als alte Kultstätte angenommen werden.*“[149]

---

[145] Zitat Teudt, Heiligtümer, 91
[146] Zitat Teudt, Heiligtümer, 91
[147] Zitat Teudt, Heiligtümer, 95
[148] Zitat Teudt, Heiligtümer, 96f
[149] Zitat Teudt, Heiligtümer, 93f

Teudts stärkstes Argument gegen die Nutzung der Wallanlagen auf Bergeshöhen als Fluchtburgen, das auch mich bei meinen Besuchen nachdenklich machte, ist aber die mangelhafte Wasserversorgung. Wie sollte es in einer Zeit, als man noch keine Zisternen und tiefen Brunnen ausmauern konnte, möglich gewesen sein, tausende von Menschen und Vieh auf Berggipfeln, auf denen es bekanntlich kaum Quellen gibt, mit Wasser zu versorgen. „*Nur in äußerster Eile und Not wird man auf Berggipfel geflohen sein, wo das Vieh schon nach wenigen Stunden vor Durst brüllen und die Menschen nach Wasser jammern mußten. Daher ist der Ausdruck ‚Fluchtburg' der unzutreffenste, den man für umwallte Gipfelburgen ohne reichlich Wasser gebrauchen kann.*" – Soweit der Befund Teudts.[150]

[150] Zitat Teudt, Heiligtümer, 91

Die „Viereckschanzen“: Rechteckhöfe oder Kultstätten?

Gisela Graichen beschrieb in ihrem archäologischen Reiseführer „Das Kultplatzbuch“ die Geburtsstunde der „Viereckschanzen“-Forschung: In einem Waldstück des Gemeindewaldes von Gerichtsstätten, etwa 30 Kilometer südlich von Wertheim, entdeckte der Miltenberger Kreisrichter, Reichs-Limes-Kommissar und Heimatforscher Wilhelm Conrady (1829–1903) im Jahre 1896 eine fast quadratische Anlage von 130 Metern Seitenlänge. Sie war außen von einem Graben und innen von einem Erdwall umgeben. Bei der Eindellung auf der Westseite handelte es sich anscheinend um den früheren Zugang. Im Innenraum fand Conrady Brandschichten mit Scherben und Pfostenlöcher, die er als Überreste eines Blockhauses deutete. Daß die „Schanze“ nicht der landwirtschaftlichen Nutzung zum Opfer fiel, verdankte sie allein der Lage in einem Waldstück, das nur wenig größer als die Anlage selbst war. Im Juli 1896 begann Conrady mit den Grabungen, doch stellte er diese bereits nach sieben Tagen wieder ein, da die Anlage nicht römischen, sondern „prähistorischen“ Ursprungs war, was ihn als Reichs-Limes-Kommissar weniger interessierte.

Conrady aber informierte den Konservator der Karlsruher Altertumssammlung Ernst Wagner, der im September und Oktober 1896 weitere Grabungen durchführen ließ. Die Entdekkung Conradys wurde zur „Geburtsstunde der Viereckschanzen-Forschung“. Überall in den einst keltisch besiedelten Gebieten Süddeutschlands fand man nun diese viereckigen Anlagen. Und die Diskussionen um den ursprünglichen Zweck der „Viereckschanzen“ begannen: Die Anlagen wurden als keltische Gutshöfe, Viehpferche, militärische Verteidigungsanlagen, römische Marschlager und Befestigungen sowie einheimische Fliehburgen gedeutet. Schließlich stellte im Jahre 1931 Friedrich Drexel, der Erste Direktor der Römisch-Germanischen Kommission, die These auf, daß es sich bei den „Schanzen“ um keltische Kultstätten gehandelt habe.[151] *„Dabei wagte er es nicht, seine ‚Gedankengänge' bei Lebzeiten zu veröffentlichen; erst nach seinem Tod stellte ‚Frau Prof. Drexel' die Manuskripte zur Verfügung. Die für militärische Zwecke völlig ungeeignete topographische Lage und die völlige Gleichartigkeit der – damals 200, heute 500 bekannten – Erdwerke brachten Drexel zu der Überzeugung: Die ‚Schanzen' waren Kultstätten. Nur rituelle Vorschriften konnten von der Bretagne bis Böhmen ein so lockeres Stammesgebilde wie die Kelten veranlaßt haben, überall gleich konstruierte und gleich ausgerichtete Bauten zu erstellen. Der Wall diente zum Schutz des Heiligtums* [...] *und war rituelles Erfordernis: die Abtrennung vom profanen Außen* [...] *Als Träger sah Drexel das mächtige keltische Druidentum mit seiner geschlossenen Organisation* [...]“[152] – So Graichen.

---

[151] Graichen, 85f, vgl. auch Landesdenkmalamt, 183 - Eine Skizze der „Schanze“ findet sich in Landesdenkmalamt, Beilage 27

[152] Zitat Graichen, 86f

Wegbeschreibung: Die „Viereckschanze“ von Gerichtsstätten ist nicht einfach zu finden: Man verläßt die A 61 Würzburg–Heilbronn an der Abfahrt „Ahorn“ und fährt über Buch nach Gerichtsstätten. In Gerichtsstätten biegt man nach Buchen (nicht Buch) ab und fährt kurz vor dem Ortsausgang links in den Seewiesenweg. Auf dem Wirtschaftsweg erreicht man nach gut einem Kilometer die Waldabteilung Zimmerwald, in der sich die „Schanze“ befindet. Wegweiser zur „Schanze“ sucht man vergeblich, allerdings befindet sich an der Anlage eine alte Hinweistafel.

Spurensuche

Eine interessante Anlage findet sich in Königheim-Brehmen: An die etwa 113 x 78 Meter große „Schanze“ schließen sich an der Nordseite zwei kleinere „Schanzen“ an. Wenn man von der Anlage Richtung Süden geht, erreicht man nach gut 100 Metern die Reste eines 500 Meter langen Walles und nach weiteren gut 100 Metern eine kleine „Schanze“.[153]

Wegbeschreibung: Von Gerichtsstätten fährt man über Buch nach Brehmen und biegt dort auf den befestigten Wirtschaftsweg nach Esselbrunn ab. Auf der Höhe fährt man auf dem zweiten Feldweg rechts zu einem kleinen Grillplatz und parkt den Wagen. Die „Schanzen“ liegen wenige Meter halblinks im Wald.

---

[153] Vgl. Graichen, 152 – Eine Skizze der „Schanze“ findet sich in Landesdenkmalamt, Beilage 34

Klaus Schwarz und die „Viereckschanze“ von Holzhausen

In den 50er und 60er Jahren machte sich vor allem Klaus Schwarz um die Erforschung der bayerischen „Viereckschanzen“ verdient. In seinem im Jahre 1959 erschienen „Atlas der spätkeltischen Viereckschanzen Bayerns“ erfaßte Schwarz die damals bekannten 105 bayerischen „Schanzen“. In den Jahren 1957 bis 1963 führte Schwarz umfangreiche Grabungen in der südlich von München gelegenen „Schanze“ von Holzhausen durch. Schwarz kam zu dem Ergebnis, daß die Anlage in fünf Baustufen errichtet worden ist: Zunächst bestand eine lückenhafte Einfriedung durch eine Pfahlwand, die später an der Südwest- und Nordostseite durch eine durchgehende Pfostenwand ersetzt wurde. In der dritten Stufe wurde die gesamte Anlage durch durchgehende Pfahlwände begrenzt und in der Westecke ein kleines Gebäude errichtet. In der vierten Stufe wurde die Wall-Graben-Anlage errichtet, wobei die ältere Pfahlwand zur Stabilisierung der Wallaufschüttung verwendet und das Holzgebäude erneuert wurde. In der letzten Bauphase wurde die Eingangslücke im Wall mit einem auf acht Pfosten stehenden Torbau versehen. Mit Ausnahme des kleinen Gebäudes war der Innenraum der „Schanze“ unbebaut. Auf Grund der Grabungen in der „Schanze“ und Vergleichen mit alten griechischen Heiligtümern bestätigte Schwarz die schon von Drexel geäußerte These, daß es sich bei den Anlagen um spätkeltische Kultbezirke gehandelt habe.[154]

Im Inneren der fast quadratischen Anlage, deren Ecken nach den Himmelsrichtungen orientiert wurden, fand man drei Schächte, von denen Schacht 3 eine Tiefe von 35,6 Metern erreichte. Die Anlage eines derart tiefen Schachtes setzte umfangreiche handwerkliche Fähigkeiten voraus, um ein Einstürzen und Verschütten der Arbeiter zu verhindern. Schwarz schrieb: *„Im Detail sah das so aus, daß innerhalb der obersten 5m ein Einbruch des Schachtmundes erfolgte. Man hat ihn durch eine rechteckige Verschalung aus überblatteten Bohlen von 2m Seitenlänge abgefangen und ist dann bis in den ersten steinharten Horizont der Nagelfluh vorgestoßen. Von hier aus in 16m Tiefe unter der Oberfläche ist dann ein 0,9 zu 0,9m großer Verschalungskasten nach oben bis vor den Schachtmund hochgezogen worden.* [...] *Von diesem sicheren Schacht aus bedeutete es keine Gefahr mehr, die 5m mächtige Nagelfluhbank zu durchfahren und die weiteren 14m in die mit Nagelfluhschichten durchsetzten Deckenschotter einzutiefen. Der Schachtfuß endete an der Sohle einer zwei Meter mächtigen betonharten Nagelfluhbank.“*[155]

Auf dem Grund des 6,1 Meter tiefen Schachts 1 wurden die Reste eines mit grobem Kies einzementierten Holzpfahles entdeckt, der auf die Mittagshöhe der Sonne am Tag der Sommersonnenwende gerichtet war.[156] *„Beim Nord-Schacht stellte das Aufrichten des Pfahles die primäre und wesentliche Handlung dar. Die sekundäre bestand in dem Deponieren*

---

[154] Vgl. Wieland, 87–89

[155] Zitat Schwarz, Temenos, 341

[156] Vgl. Schwarz, Temenos, 343–345

stickstoffhaltiger organischer Substanzen, wofür Blut und Fleisch in Frage kommen und welche durch Zersetzen zu Nitriten und Nitraten abgebaut worden sind. [...] *Das Eingießen und Niederlegen vollzog sich in wenigstens drei Phasen und endete jeweils mit einem Abdeckhorizont aus dunkelbraunem Lehm.*“[157]

In einem im Jahre 1962 erschienen Zwischenbericht schrieb Schwarz über Schacht 2: „*Er hat eine obere kreisrunde Öffnung von 5 Metern, verengt sich zu nächst konisch, führt dann zylindrisch durch die würmeiszeitlichen Kiese in die Tiefe und erreicht seine Sohle bei 18,35m in einer felsigen Nagelfluhbank.* [...] *1,5m über der Sohle begann eine 1,15m mächtige, durch starke Holzkohle- und Holzascheanreicherung gekennzeichnete Schicht, welche durch wiederholtes Abbrennen von Feuern entstanden war. Darüber folgten vier Horizonte schwärzlich-braunen, tonigen Lehmes, insgesamt auf eine Mächtigkeit von 8,5 Metern verteilt und durch neutrale, leicht humose Kiespakete voneinander getrennt. Allein die tonigen Lehmschichten enthielten, ganz entsprechend zu dem Befund im Schacht 1, Nitrite und Eiweiß, also Abbauprodukte organischer Substanzen wie von Blut und Fleisch. Darüber folgen dann bis obenhin verschiedenartige Einschüttungen, welche wohl zum Verpropfen des Schachtmundes gedient hatten. 0,8m unter der latènezeitlichen Oberfläche treten nochmals zwei Brandstellen auf, und in gleicher Höhe steckt senkrecht in der Mitte des Schachtes ein eiserner, doppelzinkiger Fleischhaken. Schon jetzt kann ganz allgemein gesagt werden, daß auch Schacht 2 kultischen Zwecken diente, u.a. der Niederlegung von Opfern. Für das vielfach wiederholte Abbrennen von Feuern auf seinem Grund wird sich schwerlich eine andersartige Erklärung finden.*“[158]

Auf Grund der Funde in der „Schanze“ von Normée, Frankreich, schloß Schwarz nicht aus, daß in den Anlagen zuweilen auch Menschen geopfert wurden: „*In Schacht A hingegen befanden sich zwei menschliche Skelette: Eines am Boden, ohne Beigaben, mit auffällig zusammengezogenen Gliedern; das andere in 1,6m Tiefe, auf der rechten Seite liegend und die Arme derart am Rücken verschränkt, daß eine Fesselung wahrscheinlich ist.* [...] *Der Befund ist – vor allem auch in seiner unmittelbaren Umgebung – so augenfällig, daß A. Brisson hier mit dem Vergraben lebender Menschen rechnet und die Gruben demnach als Opfergruben anzusprechen wären.*“[159]

Über die Kulthandlungen an den Schächten schrieb Schwarz: „*Die periodische Verfüllung der Schächte, wie sie bisher an beiden vollständig untersuchten Objekten in Holzhausen beobachtet werden konnten, die dabei erfolgte Niederlegung organischer Dinge, wie Blut und Fleisch, sowie die jeweilige Abdeckung dieser Niederlegung durch neutrale Schichten dürften Ausdruck eines bestimmten Opferritus sein, der sich auf die Unterwelt beziehen*

[157] Zitat Schwarz, Temenos, 345
[158] Zitat Schwarz, Holzhausen, 27f
[159] Zitat Schwarz, Holzhausen, 59

muß, auf die chthonischen [= unterirdischen] *Gottheiten oder auf die Welt der Verstorbenen. Im Schacht 2 mögen außerdem vorher Brandopfer dargebracht worden sein* [...] *Die Vorgänge an einem Schacht darf man sich über einen längeren Zeitraum verteilt vorstellen, worauf die Abdeckschichten deuten. Die Konstruktion der Anlagen würde sogar eine Staffelung über mehrere Jahre ermöglichen. Die Opferhandlungen dürften dann an bestimmten Festen erfolgt sein, welche den Ablauf des keltischen Jahres in einer regelmäßigen Weise gliederten.*“[160]

Schwarz verwies auf Homers wohl im 8. Jahrhundert v. Chr. verfaßte Odyssee, in der der antike Brauch, das Blut des Opfertieres in eine Grube zu leiten, überliefert ist:

„*Und wir zogen das Schiff an den Strand und nahmen die Schafe*
Schnell aus dem Raum; dann gingen wir längs des Ozeans Ufer,
Bis wir den Ort erreichten, wovon uns Kirke gesaget.
Allda hielten die Opfer Eurylochos und Perimedes.
Aber nun eilt ich und zog das geschliffene Schwert von der Hüfte,
eine Grube zu graben, von einer Ell' ins Gevierte.
Hierum gossen wir rings Sühnopfer für alle Toten:
Erst von Honig und Milch, von süßem Weine das zweite,
Und das dritte von Wasser, mit weißem Mehle bestreut.
[...] *Und nachdem ich flehend die Schar der Toten gesühnet,*
Nahm ich die Schaf' und zerschnitt die Gurgel über der Grube;
Schwarz entströmte das Blut: und aus dem Erebos kamen
Viele Seelen herauf der abgeschiedenen Toten.“[161]

Die Kelten kamen – nach Schwarz – auf ihrer Wanderung nach Griechenland in Berühung mit den antiken Vorstellungen unterirdischer Gottheiten. So lernten sie 279 v. Chr. das mit einer Mauer umhegte Orakel von Delphi kennen und sahen bei ihrem Zug durch Thessalien das Heiligtum des Zeus Naios Dodona, das schon Odysseus besucht haben soll. In Dodona wurde Zeus nicht als Herrscher im Himmel, sondern als unterirdische Gottheit, die an den Wurzeln der heiligen Eiche wohnt, verehrt. Der heilige Bezirk von 11,5 x 13 Metern war mit einer Steinmauer umgeben. Zwei zungenartige Mäuerchen säumten den nach Südosten gerichteten Eingangsbereich. Neben dem heiligen Baum stand ein kleines Gebäude. Nach Schwarz waren die Kelten derart fasziniert, daß sie nicht nur die Vorstellungen unterirdischer Götter übernahmen, sondern auch versuchten – mit ihren bescheidenen Mitteln – die Tempelanlage nachzubauen.[162]

---

[160] Zitat Schwarz, Holzhausen, 70–72
[161] Zitat Homer, Odyssee, Elfter Gesang, VV 20–37
[162] Vgl. Schwarz, Temenos, 350f und Graichen, 88

Wall der „Viereckschanze“ bei Gumpertsham

Interessant ist die Verbreitung der „Viereckschanzen“. Obwohl sich das keltische Siedlungsgebiet einst von der irischen Insel über Frankreich und Süddeutschland bis nach Böhmen und Mähren erstreckte, konzentrierten sich die „Schanzen“ nur auf zwei Gebiete: auf Süddeutschland zwischen dem Alpenrand und dem Main und auf Nordostfrankreich am Unterlauf der Seine. Schwarz sah im Bau von Graben-Wall-Anlagen, die die älteren hölzernen Pallisaden ersetzten, einen lokalen Brauch. Denn trotz der – von Caesar geschilderten – straffen Organisation der Druidentums war das Keltentum reich an lokalen Gottheiten und regionalen Bräuchen.[163] Schwarz schrieb: „*In Süddeutschland war* [...] *mittels des jetzt vollständigen Holzhausener Grabungsbefundes eine ältere Form der Einfriedung solcher Plätze beobachtet worden, die Einzäunung bzw. Abgrenzung mittels einer Pfahlwand. Sie läßt mit der Möglichkeit rechnen, daß sie ehemals viel weiter verbreitet war als die Viereckschanzen, und daß sich diese frühe Form nur in einigen Gegenden weiterentwickelte, während man sie in anderen bis zu dem Beginn der römischen Kaiserzeit beibehielt. Im letzteren Fall dürften solche Anlagen nur unter ganz besonders günstigen Umständen auffindbar sein, sie werden in der Regel sogar verborgen bleiben, denn sie hinterlassen weder Spuren auf dem*

[163] Vgl. Schwarz, Holzhausen, 38–40

Erdboden, noch solche darin, welche von außen her etwa durch das Luftbild an Wachstumsmerkmalen erkennbar wären.“[164]

Wegbeschreibung: Insgesamt finden sich in der Gegend südlich von München dreizehn „Viereckschanzen“; sieben davon seien im folgenden beschrieben: Man verläßt die A 995 Autobahnkreuz München-Brunnthal–München an der Abfahrt „Oberhaching“ und fährt nach Oberhaching-Deisenhofen. Auf der Straße Richtung Oberbiberg überquert man die Bahnlinie und parkt den Wagen. Die erste „Schanze“ liegt rechts im Wald. Die Anlage ist nicht ausgeschildert und im Unterholz nicht ganz einfach zu finden. – Die zweite „Schanze“ liegt rechts am Ortseingang von Oberbiberg (Hinweistafel). Leider ist ein Teil der Anlage durch Bebauung zerstört; interessant ist aber, daß innerhalb der alten Kultstätte eine im Jahre 1475 erbaute gotische Kirche steht. – Von Oberbiberg fährt man über Jettenhausen nach Holzhausen. Die von Klaus Schwarz erforschten „Schanzen“ liegen am Ortsausgang, rechts und links der Straße nach Eulenschwang (Hinweistafel). – Über Eulenschwang fährt man nach Endlhausen und weiter Richtung Fraßhausen. Ca. 500 Meter nach Beginn der Waldes liegt die „Schanze“ rechts der Straße. – Man fährt zurück nach Endlhausen und biegt Richtung Wolfratshausen ab. Nach Egling biegt man links nach Neufahrn ab. Auf der Hauptstraße durchfährt man das Dorf und fährt am Dorfende noch ca. 500 Meter auf dem Schotterweg weiter. Man sieht die Anlage ca. 500 Meter rechts in den Feldern. – Zur siebten und für mich beeindruckendsten Anlage fährt man über Endlhausen nach Großeichenhausen. Hier biegt man rechts auf den Schotterweg nach Gumpertsham ab. Die „Schanze“ liegt rechts des Weges, etwa in der Mitte zwischen den beiden Dörfern (Hinweistafel).

Die jüngsten Thesen

Es muß auch erwähnt werden, daß einige Forscher in jüngster Zeit wieder versuchten die „Viereckschanzen“ zu profanisieren. In den Jahren 1977 bis 1980 wurde bei Grabungen in der „Schanze“ von Fellbach-Schmiden, nordöstlich von Stuttgart, ein etwa 20 Meter tiefer holzverschalter Schacht entdeckt. Der Schacht war ursprünglich durch in der Ecke eingefügte Sprossen begehbar. Außer Keramikfunden, Tierknochen und drei Holzstatuen wurden ein Holzdaubeneimer, eine Holzspindel und Holzdübel gefunden. Dieter Planck deutete den Schacht als Brunnen und die Holzfunde als Reste einer Wasserhebevorrichtung. Bei den in verschiedenen Schichten festgestellten hohen Phosphatgehalten habe es sich nach Udelgard Körber-Grohne um Stallmist gehandelt, den Feinde in den Brunnen geworfen hätten, um diesen unbrauchbar zu machen. Franz Fischer regte an, zu überprüfen, ob die hohen Phosphatgehalte in den Schächten der „Schanze“ von Holzhausen nicht auch durch Stallmist verursacht worden seien. Und Günther Wieland meinte, daß die gefundenen Statuen wohl von Feinden, die einen benachbarten Tempel geplündert hätten, im Brunnen versenkt wurden seien.[165]

---

[164] Zitat Schwarz, Holzhausen, 44
[165] Vgl. Wieland, 92–94

Wieland schrieb: *„Es scheint durchaus berechtigt, solche Überlegungen zur profanen Nutzung der Schanzen weiter zu verfolgen bzw. einen bereits angesprochenen Aspekt nochmals zu betonen: Selbst wenn es sich bei den beschriebenen quadratischen Bauten um Tempel gehandelt haben sollte, muß die Existenz eines Sakralbaus in der Ecke dann die ganze Anlage als Kultplatz kennzeichnen?* [...] *Es wäre daher auch zulässig, bei den Viereckschanzen ein breiteres Funktionspektrum anzunehmen als bisher. Im Hinblick auf angrenzende Siedlungen wäre beispielsweise auch an besonders geschützte Stapelplätze für Erntevorräte zu denken.* [...] *Die Funktion umwallter Bezirke als reine Kult- und Versammlungsplätze im Sinne der bisher vorherrschenden Erklärung der Viereckschanzen scheint zu eng. Man möchte die Plätze eher als Mittelpunkt eines Siedlungsgefüges verstehen, dessen Funktion kultische und profane Bereiche umfaßt hat. Auch an regelrechte Quadrathöfe wäre zu denken, eine Siedlungsform, die aus älteren Epochen bekannt ist und im Zuge der römischen Besiedlung in entwickelterer Form als Villa rustica wieder auftritt.“*[166]

Sechs „Schanzen“ im Ochsenfurter Gau

Weitere „Viereckschanzen“ kann man im Süden des Ochsenfurter Gaus südlich von Würzburg besuchen. Ein – leider nur sehr spärlich ausgeschilderter – Archäologischer Wanderpfad über die Orte Röttingen, Baldersheim, Aufstetten und Stalldorf führt an vier „Schanzen“ und dutzenden von Bildstöcken und Hügelgräbern vorbei. Obwohl ich in Röttingen im Taubertal die ziemlich vergilbten Übersichtskarten, die sich an den beiden Parkplätzen „Archäologischer Wanderpfad“ befinden, aufmerksam studierte und mir zwei Nachmittage Zeit nahm, konnte ich von den vier aufgelisteten „Viereckschanzen“ nur drei finden. Die erste „Schanze“ liegt westlich von Aufstetten: Der Erdwall und der Graben der 95 x 85 Meter großen Anlage sind noch sehr gut erhalten. Untersuchungen im Jahre 1985 ergaben, daß der Graben einst zwei Meter tief war und der Niveauunterschied von der Grabensohle zur Wallspitze 3,30 Meter betrug. Der Eingang zur „Schanze“ lag in der Mitte des Ostwalls und ist noch deutlich zu erkennen (Der Durchbruch an der Nordseite entstammt jüngerer Zeit).[167] – Nach weiteren 200 Metern erreicht man auf dem Archäologischen Wanderpfad zwei Hügelgräber, die vielleicht ein für die Ortswahl der „Schanze“ mitbestimmender Faktor waren.

Wegbeschreibung: Röttingen erreicht man z.B. von der A 81 Heilbronn–Würzburg, die man an der Abfahrt „Boxberg“ verläßt. Über Boxberg, Schweigern, Bad Mergentheim, Igersheim und Weikersheim erreicht man Röttingen und schaut sich an einem der beiden Parkplätze des Archäologischen Wanderpfades die Übersichtskarten an. Zur ersten „Schanze“ fährt man dann von Röttingen Richtung Rothenburg o. d. T. und biegt an der nächsten Abzweigung links nach Aufstetten ab. Vor Aufstetten

[166] Zitat Wieland, 99
[167] Vgl. Schwarz, Atlas, Blatt 106 und die Schautafel an der „Schanze“

fährt man scharf links auf einen asphaltierten Wirtschaftsweg und biegt nach ca. 100 Metern rechts ab. Nach ca. 50 Metern erreicht man eine Schranke und parkt den Wagen. Zu Fuß erreicht man auf dem Archäologischen Wanderpfad nach etwa 100 Metern die beschilderte „Viereckschanze".

Die beiden „Schanzen" im Stalldorfer Wald erreicht man auf einem Archäologischen Wanderpfad, der zuerst an einem Hügelgräberfeld vorbeiführt. Insgesamt befinden sich im Stalldorfer Wald noch 80 sichtbare Hügelgräber, die wie Grabungen der Jahre 1913, 1919 und 1926 ergaben, aus der Hügelgräber-Bronzezeit (ca. 1.300 v. Chr.) und der jüngeren Hallstattzeit (600–500 v. Chr.) stammen. – Die erste „Schanze" ist trapezförmig und mißt 84 x 130 Meter. Leider ist der Wall ziemlich verfallen; deutlich erkennbar ist aber der davorliegende 6 Meter breite und 60 Zentimeter tiefe Graben. Um sich eine Vorstellung vom einstmaligen Zustand der Anlagen machen zu können, sei auf den zeichnerischen Rekonstruktionsversuch, der sich auf der Schautafel an der ersten „Schanze" befindet, verwiesen. – Die zweite „Schanze" liegt ca. 700 Meter südöstlich: Die etwa 90 x 90 Meter messende Anlage ist fast quadratisch. Bei Grabungen konnten hier Erdschächte, von denen einer 30 Meter tief war, und einfache Holzbauten nachgewiesen werden.[168]

Wegbeschreibung: Zu den beiden „Schanzen" im Stalldorfer Wald fährt man zurück nach Röttingen und dann über Riedenheim und Stalldorf zur B 19. Auf der Bundesstraße fährt man links Richtung Schwäbisch Hall bis zum Parkplatz auf der linken Seite kurz hinter dem Baden-Württembergischen Grenzschild. Am Parkplatz stößt man auf den Archäologischen Wanderpfad, der mit einem schwarzen Symbol auf gelbem Grund markiert ist. Auf dem rechten Weg erreicht man in etwa 15 Minuten die erste „Schanze".

Die beiden „Schanzen" bei Bütthard sind nicht beschildert. Einem Bauern, den ich nach den „Schanzen" fragte, mußte ich zuerst versichern, daß ich kein Umweltschützer sei. Als ich erklärte, daß ich Hobbyforscher bin, war der Mann sehr gesprächig und fuhr mit mir zur ersten „Schanze", die westlich von Bütthard liegt. – Die „Schanze" ist sehr gut erhalten und mißt etwa 100 x 130 Meter; der Eingang lag an der Westseite.[169] – Der Bauer erzählte mir noch, daß er in seiner Kindheit mit dem Dorflehrer einmal einen Klassenausflug zur „Schanze" gemacht habe. Seit damals habe er nicht mehr an die „Schanze" gedacht und ich sei der erste, der danach gefragt habe. – Die zweite „Schanze" liegt südlich von Bütthard; von der etwa 95 x 95 Meter großen Anlage sind leider nur noch bescheidene Reste der Süd- und Ostseite erkennbar.[170]

Wegbeschreibung: Von Bütthard fährt man auf der Straße nach Vilchband, bis man in ein kleines Waldgebiet kommt. Etwa in der Mitte des Waldes biegt man links in einen mit einer Schranke verschlossener Schotterweg ab. Auf dem Weg läuft man etwa 100 Meter bis zur Bayerisch-Baden-

---

[168] Vgl. Schwarz, Atlas, Blatt 110 und 111 und die Schautafel an der ersten „Schanze"
[169] Vgl. Schwarz, Atlas, Tafel 109
[170] Vgl. Schwarz, Atlas, Tafel 108

Württembergischen Grenze, die mit Grenzsteinen aus dem Jahr 1862 markiert ist. Man folgt der Reihe der Grenzsteine etwa 200 Meter nach rechts und sieht dann rechts die „Viereckschanze“. – Zur zweiten „Schanze“ fährt man von Bütthard auf der Straße nach Oesfeld. Vor dem Wald biegt man links in den asphaltierten Wirtschaftsweg ab und fährt bis zur Gabelung. Hier fährt man links und parkt an der nächsten Kreuzung. Zur Fuß wandert man links durch die Felder auf ein Wäldchen zu, in dem sich die „Schanze“ befindet.

„Viereckschanze“ Nr. 2 bei Bütthard

Eine weitere Anlage liegt bei Willanzheim, etwa 15 Kilometer östlich von Ochsenfurt. Die „Viereckschanze“ mißt etwa 110 Meter im Quadrat und wird von einem Forstweg in Ost-West-Richtung durchschnitten.[171] Die „Schanze“ ist im dichten Unterholz nur mit einiger Mühe zu erkennen. Der ehemalige Eingang lag wohl an einer der beiden Stellen, auf denen heute der Forstweg die Wälle schneidet.

Wegbeschreibung: Von Röttingen fährt man über Riedenheim, Gelchsheim, und Hopferstadt nach Ochsenfurt und dann über Marktbreit, Obernbreit und Tiefenstockheim nach Willanzheim. In Willanzheim biegt man links in den „Kapellenweg“ ein und fährt auf dem befestigten Wirtschaftsweg an der alten Kapelle vorbei. Etwa 700 Meter nach der Kapelle biegt man an der Gabelung links auf einen unbefestigten Feldweg ab und erreicht nach etwa 500 Metern einen mit einer Schranke gesperrten

[171] Vgl. Schwarz, Atlas, Blatt 105

Forstweg, der links abzweigt. Auf dem Forstweg wandert man etwa 400 Meter bis zu einer Kreuzung, biegt links ab und erreicht nach etwa 20 Metern die Westseite der „Viereckschanze".

Die „Schanze" auf dem Donnersberg

Auch von der bereits erwähnten „Viereckschanze" auf dem Donnersberg [siehe das Kapitel „Keltische Fluchtburgen oder germanische Heiligtümer?"], die man auf dem „Keltenweg" erreicht, ist heute kaum noch etwas zu erkennen. Ein Graben von 5 Metern Breite und 1,80 Metern Tiefe umgrenzte einst den heiligen Bereich von 80 x 100 Metern. Der Aushub des Grabens wurde innen zu einem Wall aufgeworfen. Bei den 1974/75 durchgeführten Ausgrabungen konnten die Reste einer Kulthütte in der nordöstlichen Ecke der Anlage nachgewiesen werden. Der Eingang der Anlage befand sich auf der Südseite.[172] – Erwähnt sei noch, daß – aus bisher völlig unbekannten Gründen – bei keiner der entdeckten „Schanzen" der Eingang auf der Nordseite lag. Von den 105 „Schanzen", die der im Jahre 1959 erschienene „Atlas der spätkeltischen Viereckschanzen Bayerns" erwähnt, lag der Eingang bei 16 im Westen, bei 17 im Süden und bei den restlichen 72 im Osten (In genauen Gradangaben: Osten: 66,5–150°, Süden: 173–210°, Westen: 262–337°).[173]

Wegbeschreibung: Siehe das Kapitel „Die Ringwallanlagen: Keltische Fluchtburgen oder germanische Kultstätten"

Die Druiden und ihre Religion

Über die Glaubensvorstellungen und religiösen Kulte der Kelten ist nur wenig bekannt, da dieses Volk seine Überlieferungen nicht schriftlich niederlegte. Ihre Lehren und ihr Wissen waren geheim und wurden nur mündlich von Druiden und Barden weitergegeben. Die wenigen schriftlichen Zeugnisse stammen von griechischen Schriftstellern und den römischen Eroberern Galliens. Gaius Julius Caesar (100–44 v. Chr.) schrieb in „De Bello Gallico": *„Die Druiden nehmen gewöhnlich nicht am Krieg teil, zahlen auch nicht Steuern wie alle anderen, sind frei vom Kriegsdienst und allen Lasten. Von solchen Vorteilen verlockt, aber auch aus innerem Antrieb besuchen viele ihre Schulen oder werden von Eltern oder Verwandten hingeschickt. Dort lernen sie, wie es heißt, eine große Menge von Versen auswendig. Daher bleiben manche zwanzig Jahre lang in ihrer Schule. Es ist nämlich streng verboten, ihre Lehre aufzuschreiben, während sie in fast allen übrigen Dingen, im öffentlichen und privaten Verkehr, die griechische Schrift verwenden. Dies scheinen sie mir aus zwei*

[172] Vgl. Engels, 24f
[173] Vgl. Schwarz, Atlas, Tafel 155

Gründen so zu halten: Sie wollen ihre Lehre nicht in der Masse verbreitet sehen und zudem verhindern, daß die Zöglinge im Vertrauen auf die Schrift ihr Gedächtnis zu wenig üben."[174]

Über den Stand der Druiden schrieb Caesar: „*In ganz Gallien gibt es zwei Klassen von Menschen, die wirklich zählen und Ansehen besitzen. Die Menge nämlich wird beinahe behandelt wie Sklaven* [...] *Von den erwähnten zwei Klassen sind die eine die Druiden, die andere die Ritter. Die Druiden gestalten den Kult, besorgen die öffentlichen und privaten Opfer, legen die religösen Vorschriften aus. Bei ihnen sucht eine große Zahl junger Männer ihre Ausbildung, und sie stehen bei den Galliern in hohem Ansehen. Sie nämlich entscheiden fast allen öffentlichen und privaten Streit, auch wenn ein Verbrechen begangen ist, ein Mord geschehen, wenn über eine Erbschaft oder eine Grenze Streit herrscht, fällen sie das Urteil und setzen Belohnungen und Strafen fest. Fügt sich ein einzelner oder ein Stamm ihrem Spruch nicht, so schließen sie ihn von den Opfern aus. Diese Strafe ist für die Gallier die schlimmste, denn wer mit diesem Bann belegt ist, gilt als Frevler und Verbrecher, alle gehen ihm aus dem Weg und fliehen Begegnung und Gespräch, um sich durch die Berührung kein Unheil zuzuziehen.*"[175]

Und über die Lehre der Druiden heißt es: „*Ihre Hauptlehre ist, die Seele sei nicht sterblich, sondern gehe von einem Körper nach dem Tod in einen anderen über, und sie meinen, diese Lehre sporne besonders zur Tapferkeit an, da man die Todesfurcht verliere. Auch sprechen sie ausführlich über die Gestirne und ihre Bewegung, über die Größe von Welt und Erde, über die Natur, über Macht und Walten der unsterblichen Götter und überliefern ihre Lehre der Jugend.*"[176]

Über die hohe Achtung der Druiden vor der Natur schrieb auch der weit gereiste römische Schriftsteller Gaius Plinius Secundus der Ältere (23 oder 24 n. Chr. –79 n. Chr.): „*Die Druiden halten nichts heiliger als die Mistel und den Baum, auf dem sie wächst, sofern es eine Eiche ist. Auch so pflegen sie die Eichenhaine und vollziehen kein Opfer ohne den Laubschmuck dieser Bäume, so daß sie ihren Namen Druiden von den Eichbäumen* [griech. „drys"] *erhalten zu haben scheinen.*"[177]

Die Religion der Kelten wurde von den antiken Autoren als äußerst grausam und menschenverachtend dargestellt. In „De Bello Gallico" heißt es: „*Das ganze Volk der Gallier ist erfüllt von abergläubischer Scheu, und deshalb bringen Leute, die von schwerer Krankheit befallen sind oder sich in Krieg und Gefahr befinden, entweder Menschen als Opfer dar oder geloben es und lassen die Druiden diese Opfer vollzuiehen, weil sie meinen, die un-*

[174] Zitat Caesar, Buch VI, 14
[175] Zitat Caesar, Buch VI, 13
[176] Zitat Caesar, Buch VI, 14
[177] Zitiert nach Graichen, 90

sterblichen Götter könnten nur besänftigt werden, wenn man für das Leben eines Menschen wiederum ein Menschenleben darbringe; auch im Namen des Stammes finden solche Opfer regelmäßig statt. Andere haben Standbilder von ungeheurer Größe, deren aus Ruten geflochtene Glieder sie mit lebenden Menschen anfüllen; dann zündet man unten an, die Menschen werden von den Flammen eingeschlossen und kommen darin um. Sie glauben, die Opferung ertappter Diebe, Räuber oder sonstiger Verbrecher sei den unsterblichen Göttern willkommener. Fehlt es jedoch an solchen Menschen, schreitet man auch zur Opferung Unschuldiger.“[178]

Der griechische Geograph und Geschichtsschreiber Strabo (64 v. Chr.–20 n. Chr.) schrieb: „*Sie pflegten einem Menschen, den sie dem Tod geweiht hatten, ein Messer in den Rücken zu stechen und aus seinen Todeszuckungen Prophezeiungen zu lesen; aber sie opferten nur in Gegenwart eines Druiden. Uns wird noch von anderen Arten des Opfers berichtet. So töteten sie Opfer mit Pfeilen oder pfählten sie in Tempeln, oder sie bauten einen Koloß aus Stroh und Holz und warfen in diesen Koloß Rinder und alle Arten von Vieh und Menschen, und dann brachten sie das Ganze als Brandopfer dar.*“[179]

Eine Reihe von Forschern versuchte nachzuweisen, daß es sich bei den Beschreibungen Caesars um polemische Siegergeschichtsschreibung handle, und daß die Druiden niemals Menschenopfer dargebracht hätten. Stellvertretend seien hier die Thesen aus Peter Berresford Ellis im Jahre 1994 erschienen Buch „The Druids“ (deutsche Übersetzung „Die Druiden – Von der Weisheit der Kelten“) zusammengefaßt. Ellis schrieb: „*Selbst wenn wir dieser Geschichte Glauben schenken, deutet nichts darauf hin, daß die Druiden für diese Art von Opfer verantwortlich waren; es wird lediglich gesagt, daß ihre Anwesenheit dabei notwendig war.*“[180] Ellis stützte sich auf Diodorus Siculus, einen griechischen Geschichtsschreiber, der im ersten vorchristlichen Jahrhundert auf Sizilien lebte. Diodorus unterschied zwischen den Druiden und den Sehern, den Vates: Es seien die Vates, die bei bedeutenden Anlässen Opfer auswählten, erdolchten und aus ihren Todeszuckungen die Zukunft voraussagten; die Druiden seien bei solchen Handlungen nur anwesend gewesen.[181] Als Kronzeugen führte Ellis Pomponius Mela an, der in seinem 43 n. Chr. verfaßten Werk „De Chorographia“ über die Kelten berichtete: „*Es gab eine Zeit, als sie glaubten, ein Mensch sei den Göttern als Opfer sehr angenehm.*“[182] Nach Ellis habe es zwar eine Zeit gegeben, in der die Kelten Menschenopfer dargebracht hätten, diese Praxis gehörte aber schon seit langem der

---

[178] Zitat Caesar, Buch VI, 16
[179] Zitiert nach Ellis, 158
[180] Zitat Ellis, 158
[181] Ellis, 18
[182] Zitiert nach Ellis, 159

Vergangenheit an. Außerdem seien die Druiden mit den Opfern nicht in Verbindung gebracht worden.[183]

Auffällig ist für Ellis, daß sich in den umfangreichen schriftlichen Überlieferungen, die die Kelten nach ihrer Christianisierung verfaßten, keine Hinweise fänden, daß die Druiden Menschenopfer dargebracht hätten: „*Wenn eine derart grundlegende Geisteshaltung wie die Notwendigkeit, die Götter durch Menschenopfer gnädig zu stimmen, bei den keltischen Völkern tatsächlich einen so großen Stellenwert besaß, dann würde man erwarten, in der umfangreichen keltischen Literatur den einen oder anderen Hinweis zu finden – insbesondere angesicht der Tatsache, daß diese Tradition von christianisierten Kelten niedergeschrieben wurde, die sicher die Gelegenheit genutzt hätten, ihre heidnische Vergangenheit zu verunglimpfen und die druidische Tradition zu schmähen.*“[184] Und selbst Patrick (385–461 n. Chr.), der „Apostel Irlands“, nannte in seiner eigenen Lebensbeichte, in der er die heidnischen Gebräuche vielfach anprangerte, kein einziges Beispiel für druidische Menschenopfer. Allerdings fänden sich in den keltischen Schriften einige Hinweise auf einen uralten Brauch, nach dem beim Bau eines Gebäudes die Fundamente mit dem Blut eines Geopferten besprengt werden müßten. Dieser Brauch sei aber – nach Ellis – schon zu Beginn des ersten vorchristlichen Jahrtausends aufgegeben worden und fände sich zudem in den meisten frühen europäischen Kulturen.[185]

Gerade die Römer mit ihren grausamen Gladiatorenspielen hätten nach Ellis kein Recht, Kritik an den angeblichen druidischen Menschenopfern zu üben: „*Wer die ‚Empfindlichkeit' der Römer in Hinblick auf Menschenopfer ins Feld führt, darf vor allem nicht die grausame und blutrünstige Sitte der römischen ‚Zirkusse' vergessen. Berichte über Gefangene und Sklaven, die sich vor den Augen begeisterter Zuschauer bis auf den Tod bekämpfen mußten, sind uns aus Rom ab dem dritten Jahrhundert v. Chr. bekannt. Zur Zeit des Kaisers Marcus Ulpius Traianus (Trajan, 98 bis 117), als das römische Reich angeblich seine ‚Blütezeit' erreicht hatte, wurden für eine Veranstaltung bis zu fünftausend Gladiatorenpaare aufgeboten, die sich in der Arena auf Leben und Tod bekämpfen mußten. Als ‚Pauseneinlage' zwischen diesen Gemetzeln wurden Zehntausende von Verbrechern in die Arena geführt und zur Unterhaltung der Massen rituell abgeschlachtet.* [...]“[186]

Erwähnt sei auch der Vorwurf, die Kelten hätten Menschen verzehrt: Der griechische Geograph und Reisende Pausanias (ca. 110–180 n. Chr.) warf den Kelten vor, bei ihrem Feldzug gegen die Griechen im Jahre 290 v. Chr. Kannibalismus begangen zu haben. Pausanias deutete an, daß dies bei den Kelten gängiger Brauch sei. Auch Caesar griff den Vorwurf des

[183] Ellis, 159
[184] Zitat Ellis, 161
[185] Ellis, 163f
[186] Zitat Ellis, 170

Kannibalismus auf.[187] Im 7. Buch des „De Bello Gallico" findet sich jene fiktive Rede, mit der Critognatus das von den Römern belagerte Alesia zum „totalen Krieg" aufforderte: „[...] *Was also rate ich? Zu tun, was unsere Vorfahren in dem längst nicht so schlimmen Krieg gegen die Kimbern und Teutonen getan haben: Eingeschlossen in ihre Städte und von ähnlichem Mangel gequält, hielten sie sich mit den Leibern der kriegsuntüchtigen Greise am Leben und dachten nicht an Ergebung. Und dienten sie uns nicht als Beispiel, so hielte ich es für eine Großtat, dieses Vorbild für die Freiheit zu stiften und der Nachwelt zu überliefern.*"[188] Ellis schrieb: „*Man muß also sorgsam trennen zwischen dem, was Propaganda ist, und dem, was tatsächlich der Wahrheit entspricht. Der Bericht, die Kelten hätten während ihres Überfalls 290 v. Chr. Griechen gegessen, fällt eindeutig in den Bereich der ‚Horror'-Propaganda, die zu derartigen Zeiten immer ausgegeben wurde und wird.*"[189] – Erwähnt sei noch, daß der Vorschlag des Critognatus – nach Caesar – zurückgestellt wurde: „*Nach Abschluß der Debatte beschließen sie, alles, was durch Schwäche oder Alter kriegsuntüchtig sei, solle die Stadt verlassen, und man wolle erst alles versuchen, ehe man auf den Vorschlag des Critognatus eingehe* [...]"[190]

Eines der wenigen Zeugnisse der keltischen Religon, das nicht von den Siegern stammt, ist der im Jahre 1891 in einem Moor auf Jütland (Dänemark) gefundene Kessel von Gundestrup, der wahrscheinlich in einer südgallischen Werkstatt in der 2. Hälfte des 1. Jahrhunderts v. Chr. hergestellt wurde und später als Kriegsbeute nach Jütland gelangte.[191] In Carl Schuchhardts im Jahre 1943 in 5. Auflage erschienenem Werk „Vorgeschichte von Deutschland" [siehe auch das Kapitel „Karl der Große und Herzog Widukind"] heißt es: „*Er hat die Halbkugelform eines riesigen Waschkessels und besteht aus einer Doppelschicht von rechteckigen Silberplatten, von denen die äußeren große Götterbüsten mit allerhand Kleinkram daneben, die inneren in kleineren Figuren verschiedenartige Bilder darstellen. Unter diesen Bildern ist eines, das ähnlich den illyrischen Festdarstellungen einen Aufzug und ein Opfer bietet. Oben reiten 4 behelmte Krieger nach rechts, unten schließen sich nach links gehend Fußtruppen an, am Schluß drei Trompetenbläser mit hohen Luren vor dem Munde, deren Schalltrichter oben offene Tiermäuler sind. Links an der Umbiegung des Zuges steht eine große Gestalt, die einen Menschen an der Taille und einem Bein gepackt hat und über Kopf in eine Grube hineinstößt. Die Grube ist zwar als Bottich dargestellt, aber das ist ein naives Ausdrucksmittel, um ein Erdloch zur Anschauung zu bringen.*"[192]

---

[187] Vgl. Ellis, 157
[188] Zitat Caesar, Buch VII, 77
[189] Zitat Ellis, 157
[190] Zitat Caesar, Buch VII, 78
[191] Vgl. Kunkel, 122 und Graichen, 92
[192] Zitat Schuchhardt, Vorgeschichte, 244f

Wolfgang Kimmig übertrug im Jahre 1976 die von Schuchhardt geäußerte Vermutung, die Darstellung des Kessel beziehe sich auf Kulthandlungen an Erdgruben, auf die Opferschächte: „*Der Schacht ist vermutlich in wochenlanger Arbeit gebaut – es ist der scheinbare ‚Kessel' der Opferszene links. Wie hätte er beim Fehlen jeglicher Perspektive anders wiedergegeben werden sollen? Nun wird auf seiner Sohle der Kultpfahl eingesetzt, der, reich geschmückt, von rechts in feierlicher Prozession herangetragen wird.* [...] *Nach dem Einsetzen des Kultpfahls folgt das feierliche Brandopfer, bei dem der Kultpfahl vermutlich in Flammen aufging. Das auf den Wällen des Heiligtums versammelte Volk, das gleiche, das den Kultpfahl herangebracht hatte, wird andächtig und fasziniert zugleich die schwarzen Qualmwolken verfolgt haben, die so unvermittelt aus dem Erdinneren zu steigen scheinen* [...] *Stieg der Rauch himmelwärts, war man göttlicher Gnade gewiß, dann folgte der letzte Akt, der durch Blut seine höchste Weihe erhielt. Der Priester durchschnitt einem Menschen die Kehle und ließ das Blut in den Schacht rinnen, der im Anschluß daran wieder zugefüllt wurde.*"[193]

Kimmig selbst gab zu, daß es sich nur um eine Deutung von vielen handele. Auf Grund der archäologischen Funde und der antiken Überlieferungen, die – wenn auch übertrieben – sicher einen wahren Kern haben, kann man aber bei aller Achtung vor dem Druidentum nicht leugnen, daß zu ihrer Religion auch das bei bestimmten wichtigen Ereignissen dargebrachte Menschenopfer gehörte. Schließen möchte ich mit einem Zitat Kimmigs: „*Diese scheinbare Zweispältigkeit des Druidentums hat in der Folge die Forschung seit der Renaissance verunsichert. Man wußte nicht, an welche Wesenszüge man sich halten sollte und man begriff nicht, daß in der keltischen Religiosität sowohl das Humane wie das Entsetzensvolle seinen naturgegebenen Platz fand. Es geht eben nicht an, die Denk- und Gefühlswelt fremder, zumal antiker Völker, mit heutigen Maßstäben zu messen.*"[194]

Das Ende der Druiden

Die römischen Kaiser Tiberius (Regierungszeit 14–37 n. Chr.) und Claudius (Regierungszeit 41–54 n. Chr.) haben die druidischen Menschenopfer zum Anlaß genommen, das Druidentum generell zu verbieten. Diese Maßnahme entsprang freilich nicht der römischen Humanität, sondern der Sorge vor dem überragenden politischen Einfluß der Druiden, durch die sie die Herrschaft in den von ihnen besetzten keltischen Gebieten bedroht sahen. Ein Teil der Druiden wurde Seher, ein Teil nahm die römische Bildung an und arbeitete als Lehrer und einige Druiden mögen wohl ihrem Glauben treu geblieben sein und in abgelegenen Gebirgsgegenden noch lange nach der Christianisierung ihren alten Göttern geopfert haben. Nach Otto Rahn [siehe das Kapitel „Otto Rahn und die Katharer"] entsprang die südfranzösische

[193] Zitat Kimmig, 71
[194] Zitat Kimmig, 63

Troubadourbewegung und das Katharertum des 11. und 12. Jahrhunderts der Synthese druidischen, gnostischen und manichäischen Gedankenguts.

Stätten orientalischer Mysterienkulte in Germanien: Die Mithräen

Als der Westen Germaniens von den Römern besetzt war, kamen nicht nur römische Bildung, Verwaltung, Architektur und Straßenbaukunst nach Deutschland. Die Legionäre brachten auch die verschiedensten religiösen Vorstellungen mit und errichteten ihren Göttern Denkmäler und Kultstätten. Eine der bemerkenswertesten Religionen, die mit den Besatzern in unser Land kam, war der Mithraskult.

Die Mysterienkulte

Die alte römische Religion mit Jupiter, Merkur und Hera war in der Kaiserzeit zur reinen Formsache geworden. Die Feiertage, öffentlichen Opfer und Tempelbauten dienten vor allem der Stabilisierung des Staates, die religiösen Sehnsüchte der Menschen wurden jedoch kaum befriedigt. Ein Paradies gab es nicht; nach dem Tod erwartete die Verstorbenen der düstere Hades. Aber die Sklaven und Armen, und auch die Soldaten, die ständig zu Feldzügen ausziehen mußten, suchten einen Glauben, der ihnen Trost im Diesseits und ein besseres Leben im Jenseits versprach. Viele wandten sich anderen Göttern und Kulten zu, was der Staat auch tolerierte, solange die öffentliche Ordnung nicht gefährdet oder – wie im Falle des Christentums – die Existenz der Staatsgötter geleugnet wurde. Die Menschen suchten ihr Seelenheil in den verschiedensten Kulten, abergläubischen und ernsthaften. Manche glaubten an Astrologie, Orakel und Amulette, andere wandten sich gnostischen Gruppen zu, in denen geheimes Wissen weitergegeben wurde und wieder andere suchten ihr Heil in Mysterienkulten, die nur Eingeweihten zugänglich waren. Ein solcher Kult bildete sich etwa um den Weingott Bacchus (griech.: Dionysos). Die Zeremonien um Bacchus bestanden in wüsten Sauf- und Freßgelagen, bei denen die Menschen versuchten, ihre weltlichen Sorgen und Nöte zu vergessen. Schon bald mußte der Senat gegen die Ausschweifungen einschreiten.

Es entwickelten sich auch ernsthafte Kulte um ausländische Götter, so etwa der aus Ägypten importierte Isis-Kult. Besondere Beachtung aber verdient der Mithraskult. Mithras war der uralte indoiranische Gott des Rechts und der staatlichen Ordnung. Die älteste urkundliche Erwähnung stammt aus dem frühen 14. Jahrhundert v. Chr. In einem in akkadischer Sprache geschlossenen Vertrag wurde Mithras als Schwurgott genannt. Im alten Iran war Mithras der göttliche Herr von Männerbünden, die ihre geheimen Zeremonien in Höhlen und Grotten abhielten. Unter Zarathustra (*800 oder 700 v. Chr.), der sich als von Gott gesandter Verkünder einer monotheistischen Religion sah, wurde der Mithraskult bekämpft, unter Artaxerxes II. (404–359 v. Chr.) aber wieder offiziell anerkannt.

Auf ihren Eroberungszügen in den Orient kamen römische Legionäre mit dem Mithraskult in Berührung. Der evangelische Theologe und hannoveranische Landesbischof Eduard Lohse (*1924) schrieb: „*Mithras, der als Lichtgott verehrt wurde, wurde stets als Kämpfer abgebildet, der den Stier tötet, als siegreicher Held das Licht auf seiner Seite hat und die Finsternis vertreibt. Viele Soldaten schlossen sich dem Kult des Mithras an und trugen ihn bis an die Grenzen des Reiches, auch nach Germanien. Im Unterschied zu den anderen Mysterienreligionen konnten in die Mysterien des Mithras nur Männer eingeweiht werden, die mit einem glühenden Eisen auf der Stirn als Krieger des Gottes gezeichnet wurden.* [...] *Da die Streiter des Mithras mit ihm für den Sieg des Lichtes kämpften, sind sie dazu verpflichtet, sittliche Gebote einzuhalten. Jeder muß sich nach dem Tode vor einem göttlichen Gericht verantworten, vor dem seine Taten gewogen werden, ehe den Gläubigen der Eingang in die Lichtwelt aufgetan wird. Durch die Betonung des Kampfes, der gegen die Finsternis und für den Sieg des Lichtes ausgetragen werden muß, und die sittlichen Verpflichtungen, die allen Gläubigen auferlegt wurde, übte die Mithrasreligion starke Anziehungskraft aus und trat in eine scharfe Auseinandersetzung mit dem sich ausbreitenden Christentum, die im vierten Jahrhundert mit dem Sieg des Christentums endete. An vielen Stellen wurden dann über Mithrasheiligtümern christliche Kirchen errichtet zum Zeichen des Triumphes des Christus über Mithras.*“[195]

Das Mithrasheiligtum von Schwarzerden

Auf den ersten Blick mag das verwitterte und z.T. beschädigte Kultbild von Schwarzerden enttäuschend wirken. Zu bedenken gilt es aber, daß nachdem das Christentum zur römischen Staatsreligion geworden war, die Mithrasheiligtümer dem gnadenlosen Wüten der Bilderstürmer ausgeliefert waren. Die wenigen gut erhaltenen Bilder, die sich heute in den Museen befinden, wurden bei Ausgrabungen gefunden. Sie entgingen ihrer Zerstörung nur dadurch, daß sie bereits vor der Christianisierung verschüttet wurden. Um so erstaunlicher ist es, daß das Relief, das in eine etwa 6 Meter hohe Felswand bei Schwarzerden gemeißelt wurde, erhalten geblieben ist. Seit 1840 ist das Bild mit einem kapellenartigen Überbau und einem Gitter gegen Verwitterung und mutwillige Beschädigung gesichert.

D. Krencker beschrieb im Jahre 1925 das 1,87 x 1,88 Meter große Relief: „*Unter den kurzen wa*[a]*gerechten Balken stehen karyatidenartig* [= gebälkträgerartig] *rechts und links sehr verwittert und beschädigt die fackeltragenden Jünglinge* [...] *In den Zwickeln rechts und links über der Verdachung ist links Sol, rechts Luna dargestellt, beide im Brustbild. Sol ist an den Strahlen, Luna an den ungewöhnlich großen Mondhörnern zu erkennen.* [...] *Mithras hat sich in der durch andere Reliefs bekannten Art und Haltung auf den Rücken des Stiers geschwungen. Der Kopf des Gottes ist abgebrochen* [...] *Das Schwert, das der Gott dem*

[195] Zitat Lohse, 178

Stier in die Flanke stößt, glaubt man noch zu erkennen. Klarer ist der linke Arm. Mit der Hand greift Mithras in die Nüstern des Stiers und reißt dessen Kopf hoch. [...] *Das rechte Bein des Gottes war wie gewöhnlich gestreckt, der untere Teil ist abgebrochen, mit dem eingezogenen linken legt er sich auf den Rücken des Stiers. Dieser steht im Sprung begriffen auf den gestreckten Hinterbeinen, die Vorderbeine sind eingezogen. Mitten im Sprung bricht das Opfer unter dem Dolchstoß zusammen.* [...] *Unter dem Tier ist links ein Skorpion mit langem Schwanz, dickem Leib, sechs Füßen und zwei Fangarmen dargestellt, dann eine Schlange, im unteren Bogen verdeckt durch ein in den Umrissen verwittertes Wassergefäß, den Kopf genau wie beim Skorpion gegen des Stiers Hodensack gerichtet. Rechts davon sind dann noch ganz deutlich die zerschlagenen Reste eines Löwen.* [...]“[196]

Mithrasrelief von Schwarzerden

Nach Krencker lag der Boden vor dem Relief seinerzeit 4 Meter höher als die heutige Wiese und trug einen kleinen, hölzernen Tempel. An den Balkenlöchern im Felsen erkannte er, daß der Zentralraum dreischiffig war. Das mit einem Tonnengewölbe gedeckte Mittelschiff war 2,60 Meter und die beiden flachgedeckten Seitenschiffe je 1,20 Meter breit; die Länge des Raumes ist nicht mehr feststellbar. Vor dem Zentralraum hat sich wahrscheinlich ein kleinerer Vorraum befunden.[197] Da der Mithraskult ursprünglich in Höhlen gefeiert wurde, wird

[196] Zitat Krencker, 27–30

[197] Krencker, 30f, vgl. auch Graichen, 285–287

man auch beim Tempel von Schwarzerden auf Fenster verzichtet haben, um so den natürlichen Grottencharakter nachzuempfinden.

Wegbeschreibung: Man verläßt die A 62 Dreieck Landstuhl–Dreieck Nonnweiler an der Abfahrt „Reichweiler" und biegt links Richtung Oberkirchen ab. Nach einigen hundert Metern biegt man rechts nach Schwarzerden ab. In der Ortsmitte fährt man rechts auf die Mithrasstraße und folgt den Wegweisern „Mithrastempel". – Durch das Schutzgitter ist das Stierrelief nur schwer zu fotografieren. Wer Fotos anfertigen möchte, sei auf den Abguß verwiesen, der sich auf dem Saarbrückener Halberg befindet [s.u.].

Die Mithrasgrotte von Saarbrücken

„Weiter vorne leuchtete links vom Weg bloßes Gestein zinnoberrot auf. Das Licht der Nachmittagssonne, das durch die Bäume am Westhang des Halbergs fiel, steigerte noch die Strahlkraft des roten Sandsteins. Im Fels erkannte ich mehrere Nischen. Sie waren leer. Ich nahm an, daß sie aus kristlicher Zeit stammten. In ihnen standen einst wohl Heiligenstatuen. In der Mitte zwischen den Nischen öffnete sich der Felsen nach innen, und ich stand plötzlich vor der Grotte. Der Anblick war überwältigend, das Gestein leuchtete rot wie Feuer, rot wie Herzblut, hier glühte das heidnische Altertum in der leidenschaftlichen, gewaltigen Farbe des Zinnobers. Verewigtes Feuer, versteinertes Blut. Eine Herzkammer. Was für eine Kulisse für die Mysterien des Kultes. Ich war wie gebannt. Ebenso mußte es den Mithras-Anhängern gegangen sein."[198] – So schrieb der Wiener Esoteriker „Kadmon" im Jahre 1994 über seinen Besuch der Mithrasgrotte auf dem Halberg am südlichen Stadtrand von Saarbrücken.

Die Grotte auf dem Halberg wurde im Volksmund schon immer „Heidentempel" genannt. An der Höhle, die seit dem Ende des 18. Jahrhunderts Teil des Rokokoparks Monplaisir war, wurde im Jahre 1866 eine lateinische Inschrift angebracht. Die deutsche Übersetzung lautet: *„In diesem bei der römischen Saarbrücke gelegenen Tempel, der ehemals den Opfern der Druiden geweiht war, hat der heilige Arnold, Bischof von Metz, den Anwohnern der Saar das Evangelium gepredigt."*[199] Der Name „Heidenkapelle" rührt jedoch nicht von den keltischen Druiden; Grabungen der Jahre 1921 und 1963 führten zu der Erkenntnis, daß sich in der Zeit der römischen Besetzung auf dem Halberg ein Mithras-Heiligtum befand. Anders als beim hölzernen Mithrastempel von Schwarzerden [s.o.] wurde auf dem Halberg der dreischiffige Kultraum aus dem anstehenden Fels herausgehauen. Das zentralen Kultbild, das einst die Tötung des Stieres zeigte, wurde völlig zerstört; bei den Grabungen konnten nur noch kümmerliche Reste gefunden werden.[200]

---

[198] Zitat Kadmon, Mithras, 5
[199] zitiert nach Schindler, Mithrashöhle, 25
[200] Vgl. Schindler, Gallorömische Götter, 103f / Schindler, Mithrashöhle, 4–12 und Graichen, 295

Über das, was seinerzeit vor den Stierreliefs in den fensterlosen, dunklen Mithräen geschah, ist nur wenig bekannt. Zu den Kulten waren nur Eingeweihte zugelassen und diese waren zur strengsten Verschwiegenheit verpflichtet. Reinhard Schindler, der Leiter des Saarländischen Staatlichen Konservatorenamtes, schrieb im Jahre 1965: *„Im Dunkel der von flakkernden Öllämpchen und der Glut des Opferfeuers mystisch erhellten Höhle feierten die Gläubigen nach strengen Riten und nach einer von den Regeln orientalischer Magie bestimmten Liturgie mit Schlachtungen, Verkleidungen, Musik und vokalreichen Deklamationen ihr Opfermahl.“*[201] Auf Grund der geringen Größe der Tempel von Saarbrücken und Schwarzerden schloß Schindler, daß die beiden Mithrasgemeinden nur wenige Mitglieder hatten. Der Mithraskult sei von römischen Soldaten und Kaufleuten praktiziert worden, bei der einheimischen keltischen Bevölkerung habe der orientalische Kult jedoch keine Anhänger finden können.

Die Saarbrückener Mithrasgrotte

Das Saarbrückener Mithrasheiligtum ist schon in römischer Zeit, wahrscheinlich während der Regierungszeit Gratians (375–383), von christlichen Bilderstürmern zerstört worden. Im

[201] Zitat Schindler, Gallorömische Götter, 102f

späten Mittelalter diente die Grotte als Wallfahrtskapelle und Eremitenklause. Aus dieser Zeit stammen auch die in den Fels gemeißelten Heiligennischen zu beiden Seiten der Grotte.

Wegbeschreibung: Man verläßt die A 620 Dreieck Saarbrücken–Luxembourg an der Abfahrt „Saarbrücken-Güdingen" und fährt nach Saarbrücken-Brebach. Von Brebach fährt man auf der Brebacher Landstraße Richtung City und biegt dann rechts zum Saarländischen Rundfunk ab. Der Saarländische Rundfunk befindet sich auf dem Halberg. Man parkt auf dem Besucherparkplatz und wandert in gut zehn Minuten zur Mithrasgrotte (Wegweiser). – Besondere Beachtung verdient ein Abguß des Mithrasreliefs von Schwarzerden, das auf dem Parkplatz aufgestellt ist. Aus unerklärlichen Gründen findet sich an dem Relief jedoch keinerlei Erklärungstafel.

Weitere Stätten des Mithraskultes

Abschließend seinen für den Interessierten noch drei weitere Stätten genannt: Im Heidelberger Kurpfälzischen Museum findet sich neben einer Reihe gut erhaltener Mithras-Reliefe auch ein in Originalgröße nachgebautes Mithräum (Als zentrales Kultbild dient der Abguß eines Mithrasbildes, das sich im Badischen Landesmuseum Karlsruhe befindet).

Wegbeschreibung: Das Kurpfälzische Museum liegt in der Heidelberger Fußgängerzone.

Noch nicht entdeckt wurde das Mithräum, das sich einst in der Römerstadt Mainz befunden hat. Gefunden wurde aber ein gut erhaltener Weihealtar mit der Inschrift *„Dem unbesiegten Sonnengott Mithras und dem Mars hat Secundinius Amantius, Versorgungsoffizier des Lagerkommandanten der XXII. Legion* [...] *nach dem Gelübde diesen Stein setzen lassen.*" Diesen und einen weiteren, aber stark beschädigten Stein kann man am Ballplatz betrachten.

Wegbeschreibung: Die beiden Mainzer Mithrassteine stehen unter einem Torbogen gegenüber dem Eingang des Ballhauscafés am Ballplatz (ca. 300 Meter westsüdwestlich des Doms).

Nahe bei Bad Homburg im Taunus liegt das in den Jahren 1898–1907 wiederaufgebaute Limes-Kastell Saalburg. Obwohl der Mithras-Kult auf der Saalburg nicht sicher nachgewiesen war, wurde doch außerhalb des Kastells, am Rande der ehemaligen Römerstraße nach Nida, ein Mithras-Heiligtum nachgebaut. Die Anlage liegt romantisch zwischen Bäumen und Farnkraut und besteht aus einem Tempel, einer Mithras-Quelle und einem Wasserbekken.[202] Der Schlüssel zum Tempel kann normalerweise am Kassenhäuschen des Kastells ausgeliehen werden; als wir jedoch die Saalburg besuchten, war der Schlüssel leider unauffindbar. – Etwa 20 Meter oberhalb des Mithras-Tempels finden sich die Grundmauern eines Heiligtums, das einst der phrygischen Göttermutter Kybele geweiht war.

---

[202] Vgl. Baatz, 28f

Das rekonstruierte Mithräum der Saalburg

Wegbeschreibung: Man verläßt die A 661 Bad Homburger-Kreuz–Oberursel an der Abfahrt „Oberursel-Nord“ und fährt auf der B 456 Richtung Usingen. Die Saalburg liegt etwa 4 Kilometer hinter Bad Homburg und ist ausgeschildert.

Winfrid-Bonifatius und die Kirche zu Langenstein

Nur selten finden sich Zeugnisse des alten und des neuen Glaubens so dicht beieinander wie in dem Dorf Langenstein bei Marburg. Direkt an der Kirchhofsmauer der evangelischen Jakobskirche steht ein Menhir [vgl. das Kapitel „Dolmen, Cromlechs und Menhire“] und an der Außenseite der Kirche befindet sich ein uraltes Wotansbild.

Der „Lange Stein“ von Langenstein

<u>Der „Lange Stein“</u>

Langenstein hat sich nach seinem Menhir, dem „Langen Stein“, benannt. Horst Kirchner schrieb: „*Wie in Frankreich, so sind auch auf mitteleuropäischem Boden in einigen Fällen sogar ganze Ortschaften nach dem bei oder in ihnen aufragenden Menhir benannt worden. Mit Sicherheit darf dies für das hessische Dorf Langenstein im Kreise Marburg gelten, dessen 1223 erstmals erwähnter Name als Dativus locativus zu verstehen ist, d.h. es mußte ‚ein ganz bestimmter, allgemein bekannter einzelner Stein' damit gemeint sein: ohne Zweifel der gewaltige Menhir [...]*“[203] – Der Menhir erreichte ehemals eine Höhe von 6,30 Metern. Im Jahre 1527 verkürzte jedoch ein Blitzschlag die nur 20 bis 30 Zentimeter dicke Buntsandsteinplatte auf eine Höhe von 5,09 Metern. Der „Lange Stein“ steht direkt vor dem Kirchhof der evangelischen Jakobskirche.[204]

Michael Schmidt stellte in seinem jüngst erschienen Buch „Die alten Steine“ die berechtigte Frage, warum Kirche und Menhir so nahe beieinander stehen: „*Wieso haben die christlichen Missionare den alten Stein nicht einfach umgerissen, wie es die päpstliche Order vorsah?*“[205] Die Christianisierung Deutschlands lag im 8. Jahrhundert in der Hand des Benediktinermönchs Winfrid oder Wynfrith. Der Angelsachse betrieb seine Mission und Kirchenorganisation in enger Zusammenarbeit mit dem römischen Papsttum und den karolingischen Hausmeiern. Im Jahre 722 wurde Winfrid in Rom zum Bischof geweiht und erhielt den Namen des Tagesheiligen: „Bonifatius“.

Im Jahre 723 kämpfte Bonifatius in Hessen gegen den alten Glauben; in Geismar soll er die dem Donar geweihte Eiche gefällt haben. Die Legende berichtet: „*In Hessen, wohin der heilige Bonifatius zog, waren die Heiden in großer Überzahl. Einen mächtigen Eichbaum, ihrem Gotte Donar geweiht, verehrten sie als heilig: er war die Stütze ihrer abgöttischen Blindheit. Der heilige Bischof konnte diesen Greuel nicht ansehen und beschloß, den Baum umzuhauen. Mit einer Axt versehen, umgeben von seinen Priestern, das Kreuz an der Spitze des kleinen Zuges, nahte er sich dem Baume. Dort aber standen die Heiden in großen Haufen mit Schwertern und Lanzen und wollten denselbigen verteidigen. Aber der Heilige ließ sich nicht schrecken, schob sie einfach auf die Seite, schwang die Axt, und schon auf den ersten Hieb hin fiel die Eiche zum Entsetzen der Heiden krachend nieder. Jetzt warfen sich die Heiden auf die Knie, lobten den starken Christengott, durch den der heilige Mann dies Wunder bewirkt hatte und halfen Bonifatius aus dem Holze der Eiche eine Kapelle zu Ehren des hl. Petrus zu erbauen.*“[206]

Bonifatius kam im Jahre 723 auch zum „Langen Stein“. Der Menhir, der in der Jungsteinzeit errichtet wurde, wurde auch von den Germanen als Kultstätte genutzt. Der Stein stand am Schnittpunkt zweier wichtiger Fernstraßen, der „Straße durch die langen Hessen“ die Frankfurt, Mainz und Köln mit Leipzig verband und der „Niederrheinischen Straße“, die von Biedenkopf kommend nach Nürnberg führte. Höchstwahrscheinlich verehrten die Germanen hier Wotan, da der oberste Gott auch der Beschützer der Reisenden war. Anders als die Donareiche zerstörte Bonifatius den „Langen Stein“ nicht; vielleicht fehlten ihm die technischen Möglichkeiten. Er wandte eine andere Taktik an: Direkt neben dem Stein errichtete

---

[203] Zitat Kirchner, 666
[204] Vgl. Kolbe, 27, Dobiat und Laukel, 1
[205] Zitat Schmidt, Steine, 113
[206] Zitat Melchers, 343

der Missionar eine Kapelle. Mit dem Kapellenbau verlegte er das religiöse Zentrum um einige Meter und rückte so den Menhir, ohne ihn auch nur anzurühren, ins Abseits. Auch hier fuhr kein vernichtender Blitz in das neue Gotteshaus; die alten Götter schienen sich anstandslos mit der neuen Situation abgefunden zu haben. Die Kapelle wurde dem Apostel Jakob, dem Schutzpatron der Pilger und Reisenden, geweiht. – Die heutige Kirche von Langenstein stammt aus dem 16. Jahrhundert; im Gewölbe des Chorraums findet sich die Inschrift „ANNO DOMINI 1527“. Die spätgotische Hallenkirche wurde an Stelle von Vorgängerbauten aus dem 13. und dem 11. Jahrhundert errichtet. Ein Kirchbau aus der Zeit des Bonifatius konnte bisher nicht nachgewiesen werden; vielleicht handelte es sich um eine kleine Holzkapelle.

Bonifatius wurde im Jahre 732 zum Erzbischof und päpstlichen Vikar für das deutsche Missionsgebiet, im Jahre 744 zum päpstlichen Legaten für das Frankenreich und im Jahre 747 zum Erzbischof von Mainz ernannt. Dem Kirchenorganisator gelang die Bekehrung Hessens und Thüringens; die Sachsen jedoch blieben ihrem alten Glauben treu [siehe die folgenden Kapitel]. Bonifatius wurde am 5. Juni 754 im Alter von fast 80 Jahren in Dokkum von heidnischen Friesen erschlagen. Sein Grab befindet sich in der Krypta des Fuldaer Doms.[207]

Das Wotansrelief an der Kirche

Daß der „Lange Stein“ noch lange nach Ende der Megalithkultur eine heilige Stätte war, zeigen auch die eigenartigen Reliefs an der Außenseite der Kirche. Pfarrer Bernd Laukel schrieb in seinem Kirchenführer: „*In einem Wanderer mit Stab, von außen in die westliche Kirchenecke eingemeißelt, kann man den Schutzpatron St. Jakob als christlichen Nachfolger des germanischen Gottes Wotan wiedererkennen. Die kleinen Relieffiguren darüber und darunter deutete man ursprünglich als Wotans Begleiter, die mythischen Wolfshunde Geri und Freki. Im Wotanskult dienten sie zur Abschreckung von Dämonen. Daß sie sich hier an einer christlichen Kirche finden, läßt sich jedoch erklären: daß die Figuren an der Westwand von der ‚untergehenden' Sonne beschienen werden, sollte dem Betrachter zweierlei verdeutlichen. Erstens daß der alte Kult im Inneren der Kirche, dort wo Christus verehrt wurde, nichts mehr zu suchen hat, und zweitens daß sein Stern mit dem Aufblühen des Christentums zum ‚Untergehen' verurteilt war. Links neben dem Heiligen erkennen wir in der Form der Windrose ein Sonnensymbol; auch das kein unbekanntes Zeichen im Wotanskult – doch ebensowenig im Christentum* [...]“[208]

---

[207] Vgl. Schmidt, Steine, 113–115 und Laukel, 1–3. Zu Bonifatius siehe Keller, 92f und Kranz, 475–493

[208] Zitat Laukel, 2f

Das Wotansrelief an der Langensteiner Kirche

Laukels Deutungen gehen auf eine Abhandlung Wilhelm Kolbes aus dem Jahre 1881 zurück. Der evangelische Pfarrer und Heimatforscher war der erste, der die Figuren als Symbole des alten Glaubens interpretierte. Nach Kolbe wurde das gegenwärtige Kirchengebäude nicht erst im 15. [bzw. 16.] Jahrhundert errichtet, sondern bereits im 11. oder 12. Jahrhundert. Im 15. Jahrhundert sei die Kirche nur umgebaut worden. Ganz neu errichtet seien nur der Chor und die vier Ecken des Schiffs. „*An dieser ursprünglich romanischen Kirche waren nun wahrscheinlich alte, auf den ehemaligen Götzendienst bezügliche Bilder eingemauert, ob ursprüngliche oder nachgebildete, kann selbstverständlich heute nicht mehr entschieden werden. Dieselben mögen aber, wie überhaupt das ganze Gebäude, im 15. Jahrhundert höchst defect gewesen sein. Abgesehen von dem Alter der Bilder, konnte dieser defecte Zustand schon von ihrem Gebrauche herrühren. Die aus dem Heidentum in die Gemeinschaft der christlichen Kirche Aufzunehmenden mußten nämlich die Götzen feierlich abschwören. Es wurde jedem die Frage vorgelegt:* [...] *widersagst du den Unholden? und der Abschwörende pflegte alsdann seine Widersagung und seinen Abscheu gegen das alte Heidentum noch in etwas drastischer Weise zu bekräftigen, indem er mit einem Steinwurf dem Götzenbild den Abschied gab. Bei dem Umbau der Kirche konnten vielleicht die alten Bilder nicht mehr verwendet werden, darum bildete man dieselben nach* [...]“[209] – So Kolbe.

[209] Zitat Kolbe, 43

Dem Schutz des alten heidnischen Heiligtums und der Straße dienten nach Kolbe einst verschiedene Befestigungsanlagen: „*Nur einige Minuten von Langenstein entfernt liegt auf der Höhe des nach Westen sich erstreckenden Bergrückens eine Feldlage, welche als ‚Burg' bezeichnet wird. Allem Anscheine nach sind hier ehedem altgermanische Wallbefestigungen gewesen, wie sich diese Ringwälle überall bei uns in der nächsten Nähe heidnischer Heiligtümer nachweisen laßen* [sic]. *Bei dem kaum eine Stunde* [zu Fuß] *von hier entfernten, sehr hoch gelegenen Dorfe Burgholz kann man noch die Reste einer solchen den ganzen Berggipfel umschließenden Umwallung erkennen, welche gleichfalls den Namen ‚Burg' trägt.*“[210] – Der Wall der Humburg (oder Hunburg) bei Burgholz umschloß einst eine Fläche von etwa 100 x 220 Metern; heute erreicht der Wall noch eine Höhe von knapp einem Meter. Willi Görich und Heinrich Diefenbach, die im Jahre 1936 Grabungen an der Wallanlage durchführten, vermuteten in der Humburg einen fränkisch-karolingischen Meierhof des Amöneburg-Seelheimer Reichsgut-Bezirks, der um das Jahr 740 errichtet wurde.[211] Eine solche Datierung muß den Thesen Kolbes nicht zwangsläufig widersprechen, wurden doch oft frühmittelalterliche Wallanlagen auf sehr viel älteren Ringwällen errichtet [siehe das Kapitel „Die Ringwallanlagen: Keltische Fluchtburgen oder germanische Heiligtümer“].

Wegbeschreibung: Langenstein erreicht man z.B. von der A 5 Kirchheimer Dreieck–Frankfurt/M., die man an der Abfahrt „Alsfeld-Ost“ verläßt. Auf der B 62 fährt man nach Kirchhain und biegt dort nach Langenstein ab. Der Menhir und die Jakobskirche liegen im Ortszentrum. – Zur Humburg fährt man von Kirchhain Richtung Rauschenberg und biegt nach einigen Kilometern rechts nach Burgholz ab. In Burgholz folgt man den Wegweisern zum Aussichtsturm bzw. Turm und parkt den Wagen. Auf dem Feldweg, der vom 28½ Meter hohen Aussichtsturm Richtung Nordnordost führt, erreicht man nach knapp 500 Metern die Wallanlage.

Der alte Glaube

Abschließend seien noch einige Worte zum Glauben unserer heidnischen Ahnen, der uns insbesondere in den altnordischen Liedern der Edda überliefert ist, gesagt: Odin – althochdeutsch: Wuotan, deutsch: Wotan – ist zwar nicht der Schöpfer der Welt, aber als oberster Gott ihr Herrscher und Lenker. Alle anderen Götter, die Asen, sind aus Wotan herausgewachsen, sind seine Kinder. Wotan ist nicht nur der Schöpfer der Sprache und der Runen und damit der Weissagung, der Dichtkunst und der Wissenschaft, sondern auch der Toten- und Schlachtgott. Auf seinem achtbeinigen grauen Hengst Sleipnir reitet Wotan im Sturmwind über die Schlachtfelder, begleitet von den beiden Wolfshunden Geri (der Heißhungrige) und Freki (der Gierige) und den beiden Raben Hugin und Munin. Derweilen sammeln

[210] Zitat Kolbe, 33, vgl. auch Kolbe, 39
[211] Vgl. auch Magistrat der Stadt Kirchhain, 156–158

seine Begleiterinnen, die Walküren, die gefallenen Helden, die Einherier auf, um sie zur Götterburg Walhall zu begleiten. Auf Walhall empfängt Wotan, auf seinem Thron sitzend, die Einherier und die Walküren reichen ihnen Speise und Trank. Oft streift Wotan mit Schlapphut und Mantel getarnt durch die Welt der Menschen, um diese zu ordnen. Der verkleidete Gott hält aber auch bei den Sterblichen Einkehr und prüft ihre Gastfreundschaft. – Die Gattin Wotans ist Fria oder Frigg, die Göttin des häuslichen Herdes; nach ihr ist unser Freitag benannt. Wotan und Fria zeugten Balder, eine der lichtvollsten Gestalten des germanischen Götterhimmels. Balder ist der Gott des Lichts und der Sonne, der Reinheit und des Friedens. – Helfer der Sterblichen ist insbesondere Thor – oder deutsch: Donar – der Gott der guten, ehrlichen Entwicklung des Menschen. Donar ist auch der Gott des Donners und der Blitze; in unserem Donnerstag lebt der Name Donars bis heute fort.

Loki, der Gott des Feuers und der Verführer der Menschen, steht in ständigem Kampf gegen die Welt der Asen; er ist der Luzifer der nordischen Mythologie. Zusammen mit der unheilstiftenden Riesin Angrboda zeugte Loki den Fenriswolf, ein Untier, das Wotan vergeblich zu fesseln versuchte. Im Gegensatz zu der heiteren und unbeschwerten Atmosphäre, in der die griechischen und römischen Götter leben, lastet über den germanischen Göttern eine dauernde tragische Stimmung. Wotan ist selbst dem unabwendbaren Schicksal unterworfen: Er weiß, daß Ragnarök, die Götterdämmerung, kommen wird. Eingeleitet wird der Weltuntergang mit dem Verdorren der sonst immergrünen Weltesche Yggdrasil und der Ermordung Balders. Schließlich verschlingt der Fenriswolf Wotan, die anderen Asen, die Erde und die Sonne. Und es wird eine Leere sein wie am Beginn der Tage.[212]

---

[212] Zum alten Glauben vgl. Herder Lexikon - Germanische und keltische Mythologie

Wilhelm Teudt und die Externsteine

Am Rande des Teutoburger Waldes, in dem einst Armin der Cherusker die römischen Legionen des Varus vernichtend geschlagen hat, findet sich die 20 bis 33 Meter hohe Felsformation der Externsteine. Im nun schon über zweihundert Jahre währenden Streit der Gelehrten, der zu über 700 Veröffentlichungen geführt hat[213], dreht sich alles um die Frage, wann die Umgestaltungen der Felsen zu einem einzigartigen Kulturdenkmal begannen. Es haben sich zwei Theorien herausgebildet, deren Anhänger sich unversöhnlich gegenüberstehen: Die einen sehen den Beginn der menschlichen Bearbeitungsspuren in heidnisch-germanischer Zeit, die anderen verlegen ihn erst ins christliche Hochmittelalter.

Es ist üblich geworden, die Felsen zu numerien: Der größte Felsen am See, in den das eigenartige Kreuzabnahmerelief eingemeißelt wurde, wird als Fels I bezeichnet. In diesem Felsen befinden sich auch die nur über eine Leiter zugängliche Reklusen-Zelle und die aus drei miteinander verbundenen Grotten bestehende Untere Kapelle. Unterhalb von Felsen I, direkt am See, liegt das Felsengrab. Auf dem Gipfel von Felsen II, den man über eine kleine, in schwindelerregender Höhe gebaute Brücke von Felsen III erreicht, liegt die Höhenkapelle mit der Altarnische und zwei kreisrunden Fensteröffnungen. Zwischen den Felsen III und IV verlief einst die Reichsstraße 1 Köln–Berlin (heute B 1) und seit 1912 sogar eine Straßenbahnlinie; 1936 wurde die Reichsstraße in großem Bogen um die Externsteine herum verlegt. Auf dem für Besucher nicht zugänglichen Felsen IV liegt der sagenumwobene, 1813 aus Sicherheitsgründen mit Stahlklammern befestigte, Wackelstein.

In der alten Sage vom Wackelstein heißt es, daß der Teufel, der kurz vorher noch an den Externsteinen sein Unwesen getreiben habe, sehr erbost war, als ein Mönch sich anschickte auf den Externsteinen die erste Messe zu lesen. Mit Blitzen, die aus seinen Augen und Feuerstrahlen, die aus seinen Hörnern schossen, versuchte er den Mönch umzubringen. Als es dem Mönch gelang auszuweichen, sei der Teufel so zornig geworden, daß er einen gewaltigen Felsbrocken warf, der aber das Ziel verfehlte und als Wackelstein auf der Spitze der Felsen landete. Der Mönch habe dann von neuem Mut beseelt die Spitze der Felsen erklettert und dem Teufel seinen ganzen Vorrat an Weihwasser entgegengeschleudert. Halb ohnmächtig habe der Teufel unter einer nahen Eiche Schutz gesucht, aber sogleich habe ein himmlischer Blitz Teufel und Eiche zerstört.[214] – Teudt sah schon in dieser alten Sage einen Hinweis auf eine vorchristliche Nutzung der Externsteine: „*Bemerkenswert für uns ist, daß noch in der Mitte des 14. Jahrhunderts dieser Vorgang der ersten Messe im ‚Sazellum' als eine besondere Tat angesehen und in üblicher Weise mit Wundern ausgeschmückt wurde,*

[213] Eine Zusammenstellung der von 1823–1980 erschienen Literatur zu den Externsteinen findet sich bei Mundhenk, Band I, XXIX–XXXVI. Vgl. auch das Personenregister in Band IV, 169–172
[214] Vgl. Teudt, Heiligtümer, 50

doch wohl deswegen, weil es bis dahin noch Anhänger des alten Glaubens gab, die durch ihre heimlichen Zusammenkünfte den Raum in dem Rufe eines unheimlichen Teufelsortes gehalten haben."[215]

Die Externsteine im Teutoburger Wald (Ansicht von der Rückseite)

Wilhelm Teudt, der ehemalige evangelische Pastor, der seit 1920 als Privatgelehrter in Detmold lebte und sich besonders mit der Geschichte der Externsteine befaßte, war einer der glühendsten Verfechter der These der alten germanischen Kultstätte [Zu Teudt siehe auch das Kapitel „Die Ringwallanlagen: Keltische Fluchtburgen oder germanische Kultstätten?"]. Kater, der Teudt auch als „*völkischen Dilettanten*"[216] bezeichnete, schrieb: „*Wilhelm Teudt, Anfang der dreißiger Jahre ein eigenwilliger Greis mit autoritären Charakterzügen, wurde ob seines prophetischen Enthusiasmus von schlichten Gemütern völkischer Denkart als ein mit einem persönlichen Charisma Behafteter tief verehrt. Die Zahl seiner Anhänger wuchs ständig; unter ihrer Obhut avancierten die Externsteine zum völkischen Heiligtum par excellence.*"[217]

[215] Zitat Teudt, Heiligtümer, 51
[216] Kater, 55
[217] Zitat Kater, 55

1933 empfingen die Nationalsozialisten Teudt mit offenen Armen. Als erster war Alfred Rosenberg zur Stelle und gliederte Teudts „Vereinigung der Freunde germanischer Vorgeschichte" seinem „Reichsbund" ein. 1934 aber bestimmte Himmler vor den Augen seines Rivalen Rosenbergs den gesamten Raum Detmold als weltanschauliche Interessensphäre der SS und begann die Externsteine zu einer neu-germanischen Wallfahrtsstätte auszubauen. Auf Grund der großen Anhängerschaft Teudts überließ der „Reichsführer" ihm vorerst weiterhin die Pflege und Erforschung der Steine. Im Herbst 1936 aber wurde Teudt und seine Pflegestätte schließlich dem Ahnenerbe eingegliedert, da Himmler der Auffassung war, daß Teudt die Felsen nicht im Sinne der SS verwalte. Teudt, inzwischen von Hitler zum „Professor" ernannt, leitete zwar offiziell weiterhin die Pflegestätte, mußte sich aber in fachwissenschaftlichen und organisatorischen Fragen nach Wüst und Sievers, der Wirth als Leiter des Ahnenerbes gefolgt war, richten. Nachdem auch unmißverständliche Drohungen gegen Teudt ausgesprochen worden waren, trat dieser im Frühjahr 1938 zurück.[218]

Johannes Mundhenk, dessen 1980 bis 1983 erschienenes vierbändiges Werk „Forschungen zur Geschichte der Externsteine" als das wissenschaftliche Standardwerk gilt, versucht die Anziehungskraft, die von den Felsen ausgeht, zu erklären: *„Bis zu einem gewissen Grad ist diese merkwürdige Felsgruppe selbst daran schuld. Während ihre bizarre Gestalt in anderen Regionen kaum besonders auffallen würde, stellt sie in den sanften Waldgebirgen Norddeutschlands nicht nur ein romantisches, sondern ein zu mythischen Deutungen geradezu verführendes Phänomen dar. Rätselhafter noch haben es die Menschen gemacht. Neben einem ganz einzigartigen und einmaligen Felsenrelief haben sie sich auf so vielfältige und schwer in Einklang zu bringende Weise an ihnen verewigt, daß sich die deutende Phantasie von selbst an ihnen entzünden mußte."*[219]

Die Faszination, die von den Externsteinen ausgeht, zeigt sich auch an den Touristenmassen, die tagtäglich zu den Felsen pilgern. Der Landesverband Lippe nennt im Internet die Zahl von 650.000 Besuchern pro Jahr! – Als ich nach der Lektüre Teudts die Externsteine nochmals besuchte, wählte ich extra einen trüben Werktagnachmittag und hoffte, den Touristenmassen zu entgehen. Als ich am Fuß der Externsteine ankam, mußte ich aber feststellen, daß kurz vor mir eine Busgruppe angekommen war. So entschloß ich mich, erst einmal um den kleinen See herumzugehen, mich auf eine der Bänke zu setzen und die Externsteine aus der Entfernung zu betrachten. Nach einer guten halben Stunde hatte die Reisegruppe ihr Tourismusprogramm erfüllt und machte sich auf den Weg zum Ausflugslokal. Ich entrichtete am Kassenhäuschen meinen Obolus und hatte nun die Externsteine fast ganz für mich alleine. – Es sind aber nicht nur Ausflügler, die es zu den Externsteinen zieht. Ein „Happening" der besonderen Art erlebten wir zur Sommersonnenwende 1999: Nicht nur Esoteriker hatten sich an den Felsen versammelt; auf der Wiese vor den Felsen kampierten auch hunderte von

---

[218] Vgl. Kater 55f und 127

[219] Zitat Mundhenk, Bd. 1, XI

Autonomen, wohl um eine Versammlung von Neonazis zu verhindern. Dutzende von Lagerfeuern brannten, Haschisch wurde geraucht, Alkohol floß in Strömen und Trommeln und Didgeridoos tönten lautstark von allen Seiten. Polizei, Feuerwehr und Rotes Kreuz standen nicht ganz ohne Grund bereit. Als kurz vor 20:00 Uhr die ersten Besucher über das Geländer hoch oben auf Felsen I zu klettern begannen, sperrte die Polizei die Steine für den Rest des Abends.

Und Luczyn schrieb in seinem Buch „Magisch reisen Deutschland – Ein Führer zu Orten des Lichts und der Kraft": *„Auch die Azteken, mit denen ich 1988 das erste Mal hier war, waren sehr beeindruckt, obwohl sie sich nur auf den Felsen gestellt hatten, aus dem dieser Sarg herausgearbeitet wurde.* [...] *Zu den Azteken sei noch zu bemerken, daß es ihnen ein Bedürfnis war, ein reinigendes Tanzritual für die Externsteine abzuhalten. Ähnlich empfinden es einige andere ungenannte Personen, die regelmäßig diesen Platz ‚reinigen'. Als weiterer Ausstrahlungspunkt gilt der kleine Sockel auf dem Plateau des ersten Felsens. Hier trifft man abends häufig Meditierende an, wogegen sich unten auf den Treppen zu den Höhleneingängen und im Sacellum öfter Trommler und Flötenspieler niederlassen.* [...] *Ein Schamane sagte mir einmal, daß solche Plätze die ‚Ohren' oder Antennen der Erde sind, an denen sie das Bewußtsein der Menschheit registrieren. Ein Grund mehr, diesen Orten bewußter und meditativer zu begegnen.*"[220]

Die Einsiedelei an den Externsteinen

Erstmals urkundlich erwähnt werden die Externsteine in einer Urkunde aus dem 12. Jahrhundert, die belegt, daß die Felsen im Jahre 1093 vom Kloster Abdinghof in Paderborn käuflich erworben wurden. Die älteste Inschrift, die sich in der unteren – für die Besucher heute gesperrten – Kapelle findet, stammt aus dem Jahre 1115 und besagt, daß dieser Raum im gleichen Jahr vom Paderborner Bischof Hermann II. geweiht wurde. Die erste Zeile, der in den Fels gemeißelten Inschrift, lautet: „+ ANNO AB IN C DNI M.C.X.V.IIII.K" Die Buchstaben der zweiten und dritten Zeile wurden nur in den Felsen geritzt, aber nicht ausgemeißelt: „DEDICATUM EST HOC ALTARE AB – HEINRICO EPISCOPO PATHERBRUNNENSI"[221] Auf Grund der Urkunden aus dem 14. Jahrhundert, die die Externsteine als „reclusorium" und „capella reclusorii Eghesterensteyn", also als Einsiedlerstätte und Einsiedlerkapellen, die vom Kloster Abdingshof verwaltet wurden, bezeichnen, schließt Mundhenk auf die Existenz einer schon 1115 bestehenden Einsiedelei.[222] Zu dieser Einsiedelei gehörten nach Mundhenk: Die Hauptgrotte in Fels I, das Kreuzabnahmerelief, auf das wir später eingehen werden, und das Felsengrab am See. Außerdem habe zu der Einsiedelei

---

[220] Zitat Luczyn, 142
[221] Vgl. Mundhenk, III, 101–114
[222] Vgl. Mundhenk, IV, 15–22

eine Kapelle gehört, deren Fundament die bei den Ausgrabungen der Jahre 1934/35 vor dem Felsen I zum Vorschein gekommene Trockenmauer gewesen sei.[223]

Blick vom See auf die Externsteine

Vor dem Felsen I, direkt am Ufer des künstlich aufgestauten Sees, liegt in einen riesigen Felsbrocken eingemeißelt das Felsengrab. Die dem heutigen See zugewandte Seite des Felsens bildet ein unregelmäßiges Trapez in das symmetrisch eine bogenförmige Nische ausgehauen worden ist. In den Boden des Bogens wurde die 1,90 Meter lange Gestalt eines Menschen eingemeißelt. Am Grab finden sich außer drei kleinen Löchern in der Rückwand keinerlei Verzierungen, wie etwa ein christliches Kreuz, o.ä. Auch hält sich das Grab nicht an die übliche Ost-West-Ausrichtung, sondern liegt, der natürlichen Form des Felsens angepaßt, in etwa nordöstlich-südwestlicher Richtung.[224]

Mundhenk behauptete, *„daß das Externsteiner Felsengrab weder eine vorchristliche Schöpfung ist (wie einzelne unter dem Einfluß von Wilhelm Teudt es auffaßten – unter sichtlich unhaltbaren Rekonstruktionsversuchen) noch eine Nachbildung des Grabes Christi in Jerusalem darstellt (wie die Schule von Alois Fuchs es nachzuweisen versucht), sondern daß es, wenn auch in gehobeneren Formen, dem Typus von Felsengräbern angehört, die sich in christlichen Felserimitorien des öfteren vorfinden.“*[225] Zwischen Einsiedlertum und Grab habe schon immer eine enge Beziehung bestanden: Schon die lebenslange Einschließung in

[223] Mundhenk, IV, 54–57
[224] Vgl. Mundhenk, I, 93–100 und IV, 45–54
[225] Zitat Mundhenk, IV, 45

eine Zelle oder ein Kloster sei als ein Akt des Sterbens aufgefaßt und von der „Missa pro mortuis“ begleitet worden. So ging Mundhenk davon aus, daß das Felsengrab wie auch das Kreuzabnahmerelief zum Urbestand der 1115 vollendeten Einsiedelei gehörten, wohl um die Einsiedler ständig daran zu erinnern, daß sie auch wenn sie noch lebten, schon aus dieser Welt geschieden seien.

Abschließend möchte ich nochmals Luczyn zitieren und es dem Leser überlassen, ob er sich einmal selbst in das Steingrab legt: *„Besucher, die sich hier hineinlegen, berichten von Visionen, außerkörperlichen Erfahrungen, sphärischen Tönen oder zumindest von einem Kribbeln. Kein Wunder, denn Radiästhesisten haben zwei Wasseradern entdeckt, die sich hier auf der Höhe des Solarplexus des Liegenden kreuzen.“*[226]

Die Sonnenwarte oder Obere Kapelle

Auf dem Gipfel von Felsen II befindet sich der wohl beeindruckendste Bereich der Externsteine: Das Sazellum oder die Obere Kapelle. Über die 1811 errichtete Brücke, die von Felsen III in schwindelerregender Höhe herüberführt, erreicht man heute das 5½ Meter lange und 3¼ Meter breite aus dem Felsen gemeißelte Sazellum. An der Wand findet sich eine runde Öffnung, durch die man zum Felsen I blicken kann. Im Felsenkopf an der Ostseite befindet sich unter einem Rundbogen ein aus dem Fels gehauener altarartiger Tisch und ein rundes Fenster, durch das man am Tag der Sommersonnenwende die aufgehende Sonne sehen kann. Ausgerechnet diesen Raum nun datiert Mundhenk in eine Zeit, in der die Externsteine zum Lustschlößchen der Lippischen Grafen herabgesunken waren.

Spätestens nach der Reformation gelangten die Externsteine in den Besitz der Lippischen Landesherren, die die Felsen im 16. und 17. Jahrhundert in eine eigenartige Mischung aus Befestigungsanlage und gräflicher Vergnügungsstätte verwandelten. Auf einem Kupferstich von Elias van Lennep aus dem Jahre 1663 sind die zum befestigten Jagd- bzw. Lustschloß umgewandelten Externsteine dargestellt: Vor den Felsen I–III wurde ein Festungstrapez mit drei mit Schießscharten versehenen Mauern und zwei niedrigen runden Türmen errichtet. Eine Treppe mit steinerner Brüstung führte auf das Plateau von Felsen I. Auf Grund der Ähnlichkeit mit dem Detmolder Renaissanceschloß, das unter Simon V. (1511–1536) erbaut wurde, datierte Mundhenk die Befestigung der Externsteine in den gleichen Zeitraum. Außerdem wurden durch die Fortschritte im Festungsbauwesen seit etwa 1540 die runden Befestigungsanlagen durch spitzwinklige, fünfeckige Bastionen abgelöst.[227]

---

[226] Zitat Luczyn, 142
[227] Vgl. Mundhenk, IV, 119–124

Unter Simon VI. sei dann um 1590 – so Mundhenk – auf dem Gipfel von Felsen II eine durch eine Eisentür abschließbare festungsartige Anlage errichtet worden.[228] *„Allerdings nicht mehr in dem strengen Sinn der älteren Verteidigungsanlage aus der Zeit um 1527. Offenbar herrschten bei Simon VI. bereits ästhetische Gesichtspunkte vor, denn an eine ernsthafte Bedrohung war auf den Gipfeln der Felsen III und II nicht zu denken. Man dürfte geradezu von pseudofortifikatorischen Anlagen sprechen. Nur die Altarnische mit ihrem Ständer wirkt ausgesprochen kirchlich.“*[229] Diese Nische aber sei, wie an zwei Löchern im Boden ersichtlich, durch eine Tür vom Hauptraum abgetrennt gewesen. Dieser Raum habe also nur bei geöffneter Tür sakral gewirkt. Daß Simon durch das kreisrunde Fenster auch den Sternenhimmel beobachtet habe, möchte Mundhenk nicht ausschließen. Der eigentliche Zweck eines solchen Raumes aber bleibt unklar: *„Was Simon VI. veranlaßt haben könnte, eine Kammer zu schaffen, die nur teilweise einen sakralen Eindruck macht, deren fortifikatorische Bedeutung aber ebenfalls nur gering sein konnte, läßt sich infolge des Mangels an schriftlichen Quellen höchstens ahnen.“*[230]

Mundhenks Entmystifizierung des Sazellums bzw. der Oberen Kapelle zielte auf eine Aufwertung der von ihm so hoch geschätzten alten Einsiedelei: *„Bisher wurde man dazu verleitet, die unteren Grotten und die Höhenkammer als Einheit aufzufassen oder wenigstens irgendeinen inneren Zusammenhang zu vermuten. Dadurch wurde das Bild des eigentlichen alten Reklusoriums und der dazu gehörenden Kapelle verdunkelt.“*[231] Bevor wir uns Teudt zuwenden, der gerade im Sazellum die Überreste des alten heidnisch-germanischen Heiligtums sah, sei noch kurz die weitere Geschichte der Externsteine berichtet: Unter Hermann-Adolf wurde auf der Rückseite von Felsen I ein kleines Barockschlößchen und vor Felsen IV ein Jagdhaus errichtet. Nach dem Tode Hermann-Adolfs im Jahre 1666 hatten die Herren von Lippe jegliches Interesse an den Externsteinen verloren; in den Grotten lebten zeitweise Förster, Räuber und Gefangene. Die Festungsbauten begannen zu verfallen und die Horner Bürger nutzten die Anlagen als Steinbruch für den Bau ihrer Häuser. Es war schließlich die Fürstin und „Landesmutter“ Pauline (1802–1820), die in der Zeit der Romantik die Externsteine vor dem Verfall rettete. Pauline ließ sämtliche noch vorhandenen Reste der jüngeren Geschichte entfernen und versuchte so, den Felsen ihre mittelalterliche Erscheinung zurückzugeben.[232]

---

[228] Vgl. Mundhenk, IV, 125–153
[229] Zitat, Mundhenk, IV, 142
[230] Zitat, Mundhenk, IV, 143
[231] Zitat, Mundhenk, IV, 143
[232] Vgl. Mundhenk, IV, 155–161

Zur These der heidnischen Kultstätte

Bevor wir uns mit den Thesen Teudts befassen, gilt es zu bedenken, daß der früheste Hinweis auf eine eventuelle vorchristlich-heidnische Nutzung der Steine erst aus dem Jahre 1564 stammt: Der westfälische Theologe und Historiker Hermann Hamelmann schrieb in seinem Werk „Delineatio urbium et oppidorum westfaliae“: „*Horn ist berühmt durch ein altes Monument, den Externstein, den die alten Schriftsteller erwähnen. Ich habe es vormals gelesen* [Hervorhebung vom Verf.], *daß Karl d. Gr. aus jenem Externstein, der ein heidnisches Volksheiligtum war, einen geheiligten Altar gemacht und ihn mit Apostelbildern geschmückt hat.*“[233] Woher Hamelmann diese Information bezog, bleibt allerdings unklar.

Das Sazellum

Teudt sah im Sazellum die Reste einer alten germanischen „Sonnenwarte“, die 772 von Karl dem Großen zerstört wurde und später in eine christliche Kapelle umgewandelt worden ist. Teudts erste Beobachtungen auf dem Felsengipfel betrafen die unverkennbaren Spuren eines gewaltigen Zerstörungswerks: „*Fast der vierte Teil des Felsenkopfes, der die Bedeckung und die südöstliche Wand des aus diesem Felsenkopfe gehauenen, ursprünglich ringsum geschlossenen Hohlraumes bildet, ist gewalttätig abgesprengt und in die Tiefe gestürzt. Er zerschellte schon in der halben Höhe seines Falles im Aufschlag auf eine Ecke des Felsens*

233 Übersetzung aus dem Lateinischen nach Teudt, Heiligtümer, 67

3, indem er sie in noch sichtbarer Weise beschädigte.“[234] Die zwischen den Felsen I und II sichtbaren Stufenreste deutet Teudt als den alten Hauptaufgang zum Weiheraum; da auch dieser Aufgang bewußt zerstört wurde, müsse es sich um ein planmäßiges, mit erheblichem Aufwand und Sachkenntnis durchgeführtes Zerstörungswerk gehandelt haben. Außerdem befinden sich außen am Felsen, vor dem altarartigen Tisch drei Stufen, die bei der jetzigen Gestaltung der Kapelle völlig unerklärlich wären; sie könnten nur als Aufgang auf das Dach des einst geschlossenen Weiheraums gedeutet werden. Teudt ist sich sicher, daß die Zerstörung des Sazellums und die anschließende Umgestaltung in eine Kapelle das Werk Karl des Großen war, der 772 mit seinem Heer ins Sachsenland eingefallen war.[235]

Bei genauer Betrachtung des Sazellums fällt auf, daß von den vielen Ecken und Winkeln des Grundrisses kein einziger genau rechtwinklig ist. Teudt machte die Entdeckung, *„daß die Nordostwand, in der sich die Nische mit dem runden Loch und dem Ständer befindet, in ihrem ursprünglichen Zustand anders zum Raum gestanden haben muß, als sie heute steht. jeder Besucher tritt unwillkürlich über die heutige Raumachse hinaus, wenn er sich vor die Mitte der Nordostnische stellen will.“*[236] Die Nordostwand müßte daher einen früheren anders ausgerichteten und erheblich kleineren Raum abgeschlossen haben. Dieser alte Raum und das kreisrunde Fenster seien ursprünglich genau auf den Sonnenaufgang zur Zeit der Sommersonnenwende ausgerichtet gewesen. Um den Raum zu Osten, also um 7–8° zu verdrehen, mußten umfangreiche bauliche Veränderungen vorgenommen werden. Die Winkel, die z.T. den mangelnden technischen Fähigkeiten der Erbauer zugeschrieben wurden, seien daher ganz bewußt gewählt worden, um den Eindruck eines rechteckigen, nach Osten gerichteten Raumes zu erwecken.[237]

Der 33 cm breite und 79 cm tiefe Ständer unter dem Fenster habe niemals den Anforderungen eines christlichen Altares genüge getan; einmal sei er zu klein, zum anderen habe der Priester rechts oder links von ihm stehen müssen. Wäre der Ständer als Altar gebaut worden, hätte man dem Priester ohne Probleme einen Platz davor oder dahinter einrichten können. Das in die Oberseite des Ständers eingemeißelte Loch von 6 x 6 x 6 cm weist nach Teudt auf die ursprüngliche Funktion: Es sei geeignet, ein dem Gestirnsdienst dienendes Gerät, etwa einen Schattenwerfer aufzustellen.[238]

Als Vergleich zieht Teudt nun das aus dem alten Orient stammende Bild von Sippar heran, welches bisher nicht schlüssig interpretiert werden konnte. Den Einwand, daß dieses doch reichlich weit hergeholt sei, nimmt Teudt vorweg: *„Da wir wissen, daß die indogermani-*

---

[234] Zitat Teudt, Heiligtümer, 20
[235] Vgl. Teudt, Heiligtümer, 19–23
[236] Zitat, Teudt, Heiligtümer, 34
[237] Vgl. Teudt, Heiligtümer, 33–35
[238] Vgl. Teudt, Heiligtümer, 24f

schen (urgermanischen) Völker aus dem Norden stammen, und der Zusammenhang der religiösen Grundideen aller alten Kulturvölker unverkennbar zutage getreten ist, muß es für uns nicht nur erlaubt, sondern auch als geboten gelten, zur Ergründung germanischer Religionsfragen vergleichsweise das Religionswesen orientalischer Völker, auch der Sumerer und Babylonier, heranzuziehen.“[239] Auf dem Bild, das durch eine Säule in zwei Räume geteilt ist, befinden sich links die priesterlichen Menschen, die im Vergleich zur im rechten Raum abgebildeten übermenschlich mächtigen Gottheit, klein dargestellt sind. Die Gottheit sei aber nicht gänzlich unzugänglich; durch die dargestellte Sonne trete sie in Verbindung zur Welt der Menschen. Es seien aber nicht die grellen Strahlen der Sonne, die die göttlichen Kräfte bringen, denn dann hätten ja alle Menschen daran teil; nur über den im Bild gezeigten Schattenwerfer, der von priesterlichen Händen gehalten wird, könnten die Menschen in Kontakt mit den göttlichen Kräften treten.[240] Teudt faßte zusammen: „*Ist meine Deutung richtig, so werden wir kaum fehlgehen, wenn wir uns vorstellen, daß einst auch in der Sonnenwarte der priesterliche Fürst seine Hand an den Ständer mit dem Schattenwerfer gelegt hat, um die empfangene Kraft durch Berührung den Folgenden weiterzugeben ...*“[241] – Angemerkt sei hier, daß die kleine Aushöhlung in der Oberseite des Ständers freilich auch der Aufnahme der Reliquien, die sich in jedem katholischen Altar befinden, gedient haben könnte.

Auch das Felsengrab hielt Teudt für einen Bestandteil der alten germanischen Kultstätte: Hier sei der – in der christlichen Kirche niemals anerkannte Brauch – der Sarglegung, des symbolischen Sterbens und Wiedergeborenwerdens, praktiziert worden. Die drei schon erwähnten Löcher über dem Grab hätten dabei dem sich aus dem Grab wieder Ausrichtenden als Griff gedient. Die abgenutzten Stufen vor dem Grab zeigten, daß die Sarglegung an den Externsteinen regelmäßig geübt worden sei.[242]

Die Ausgrabungen an den Externsteinen

Zur Bestätigung der vorchristlich-heidnischen Nutzung der Externsteine wurden 1934 und 1935 unter Leitung von Julius Andree (1889–1942) umfangreiche Grabungen durchgeführt. Bei den Grabungen an der Nordost- und Südwestseite von Felsen I–III fand der Münsteraner Professor für Paläontologie in einer Schicht Scherben, die vom Mittelalter über die karolingische bis in die vorkarolingische Zeit zurückreichten. Unzweifelhaft stamme ein Teil der Scherben aus der Zeit vor dem Jahre 770, also vor der Christianisierung durch Karl den Großen. Unter der Scherbenschicht fand Andree eigentümlichen Sandsteinschutt, bei dem es

239 Zitat Teudt, Heiligtümer, 30
240 vgl. Teudt, Heiligtümer, 30f
241 Zitat Teudt, Heiligtümer, 31
242 Vgl. Teudt, Heiligtümer, 41–45

sich nur um Abraum von der Bearbeitung der Felsen gehandelt haben könnte. Dieser Schutt sei bei der Herausarbeitung der Räume, also der unteren Grotten und des Sazellums, und der Aufgänge angefallen. Für Andree bestand kein Zweifel, daß die Felsräume aus vorkarolingischer, also vorchristlicher Zeit stammten, da der Abraum sich unter der Schicht mit vorkarolingischen Scherben befand.[243]

Auch die absichtliche Zerstörung des Sazellums glaubte Andree beweisen zu können: *„Denn auf und an den Felsen haben sich Keillöcher* [...] *gefunden, die nur dem Zweck gedient haben können, hier Keile einzusetzen, um durch das Eintreiben der Keile und mit Hilfe der vorhandenen natürlichen Klüfte den ganzen Felskopf in Trümmer gehen zu lassen. Mit der Zerstörung der Sonnenwarte Hand in Hand ging auch die Zerstörung des alten Aufgangs zum Felsen 2.*“[244]

Mundhenk relativierte die Ergebnisse der Ausgrabungen: Andree selber habe zugeben müssen, daß die meisten von ihm gefundenen Scherben aus dem Mittelalter stammten. Nur zuunterst habe er einige wenige Scherben aus „vorgeschichtlicher“ oder „vorchristlicher“ Zeit gefunden. Da die Ausdrücke „vorgeschichtlich“ und „vorchristlich“ unpräzise und unwissenschaftlich seien und die besagten Scherben auch niemals einem wissenschaftlichen Gremium vorgelegt worden seien, kam Mundhenk zu dem Ergebnis, daß Andree keinen einzigen Beweis für ein germanisches Heiligtum erbracht habe.[245] – Die Angaben Andrees, der während des Krieges starb, lassen sich heute nicht mehr überprüfen, da ein Teil der Scherben abhandengekommen ist. Walther Matthes schrieb aber 1982, daß sich unter den im Lippischen Landesmuseum in Detmold lagernden Ausgrabungsfunden sowohl mittelalterliche als auch frühmittelalterliche Objekte befänden.[246]

Das Relief mit der Kreuzabnahme Christi

Das 5 Meter breite und 5½ Meter hohe Relief am Fuße des Felsen I zeigt – jedenfalls auf den ersten Blick – die Kreuzabnahme Jesu, wie sie im Johannes-Evangelium beschrieben ist: Nikodemus, ein Oberster der Juden hat Jesus vom Kreuz gelöst und an den Ratsherren Josef von Arimathia übergeben, während Maria den Kopf Jesu hält. Vom Himmel aus schauen Sonne und Mond trauernd dem Geschehen zu, während Gott-Vater auf Jesus und Maria deutet. Johannes steht mit dem Buch der Offenbarung in der Hand auf der rechten Seite des Bildes. Die Szene unterhalb der Kreuzabnahme ist kaum zu erkennen. Man könnte sie als

---

[243] Vgl. den Ausgrabungsbericht Andrees, abgedruckt in Teudt, Heiligtümer, 56–63 und Mundhenk, IV, 92f

[244] Zitat Andree, abgedruckt in Teudt, Heiligtümer, 58

[245] Vgl. Mundhenk, IV, 92f

[246] Vgl. Matthes, 194

stark verwitterte Darstellung von Adam und Eva zu Seiten des Paradiesbaumes deuten. Oberhalb der Kreuzabnahme findet sich eine aus dem Felsen gehauene, etwa 1 Meter hohe, freie Fläche.

Das Kreuzabnahmerelief an Felsen I

In diesem Relief, genauer gesagt in dem „Thronsessel“, auf dem Nikodemus steht, glaubte Teudt nun die umgeknickte Irminsul zu erkennen. Die Irminsul wurde, wie die alten fränkischen Annalen berichten, von Karl dem Großen zerstört. Im Jahre 772 rückte der Westfrankenkönig mit dem festen Entschluß der Unterwerfung und Bekehrung der heidnischen Sachsen ins Land der Sachsen vor. In den Fränkischen Reichsannalen heißt es: *„772. Damals hielt der milde König Karl eine Versammlung in Worms und begab sich von hier erstmals nach Sachsen, eroberte die Eresburg, gelangte bis zur Ermensul, zerstörte dieses Heiligtum* *und brachte das Gold und Silber, das er dort fand, mit. Und es gab eine große Trockenheit, so daß es dort, wo die Ermensul stand, an Wasser fehlte. Während der vorgenannte ruhmreiche König dort zwei oder drei Tage bleiben wollte, um dieses Heiligtum gänzlich zu zerstören, und sie kein Wasser hatten, da stürzten plötzlich durch Gottes Gnade um Mittag, als das ganze Heer an einem Bachlauf ruhte, ohne daß irgend jemand etwas wußte, Wasser in solcher Fülle daher, daß das ganze Heer genug hatte. Dann kam der genannte König an die Weser* [...]"[247]

Teudt war sicher, daß das beschriebene Wasserwunder am Bullerborn bei Altenbeken, der einzig intermittierenden Quelle im Land der Sachsen, stattgefunden hat. Da Altenbeken nur 11 Kilometer von den Externsteinen entfernt liegt, müßte es sich bei der Zerstörung der Irminsul um die Zerstörung des Externsteinheiligtums gehandelt haben. Die Irminsul war eine verzierte Holzsäule, die als symbolische Trägerin des Himmels gedacht war. Da die Annalen berichten, Karl habe für sein Zerstörungswerk zwei bis drei Tage benötigt, muß er weit mehr als nur eine Holzsäule, die er in einer halben Stunde hätte verbrennen können, vernichtet haben. Teudt war sich sicher, daß Karl nicht nur die Holzsäule, sondern auch den Raum, auf dem sie stand, nämlich die „Sonnenwarte" auf den Externsteinen, beseitigte. Den Umbau der gesprengten „Sonnenwarte" in eine christliche Kapelle, die sehr viel mehr Zeit in Anspruch genommen haben muß, da z.B. die Ortung um 7–8° verändert werden mußte, vermutete Teudt im Winter 784/785 als Karl mit seinem Heer im nahe gelegenen Schieder lagerte.

Bei der ältesten Quelle, die die Umwandlung der Externsteine in ein christliches Heiligtum beschreibt, handelt es sich wie bereits erwähnt um Hamelmann, der 1564 schrieb: *„Horn ist berühmt durch ein altes Monument, den Externstein, den die alten Schriftsteller erwähnen. Ich habe es vormals gelesen, daß Karl d. Gr. aus jenem Externstein, der ein heidnisches Volksheiligtum war, einen geheiligten Altar gemacht und ihn mit Apostelbildern geschmückt hat.*"[248] Daß Hamelmann keine Quelle für seiner Behauptung angibt, kann Teudt erklären: In den fränkischen Annalen sei zwar ganz bewußt der Ort der Zerstörung der Irminsul verschwiegen worden, aber ganz in Vergessenheit geriet er nie. In mittelalterlichen Schriften, die Hamelmann noch vorlagen, mittlerweile aber verschollen seien, wäre der Ort, wo Karl sein Zerstörungswerk verübte, noch genannt worden.[249]

Wenden wir uns nochmals dem Relief zu, das nach Meinung Teudts in drei Phasen entstanden ist: *„das Sockelbild ist der älteste Teil; die ‚Apostelbilder' König Karls, die er an Stelle des beseitigten germanischen oberen Bildes setzen ließ; das durch Paderborn im 12. Jahrhundert zur Zeit oder nach der Kapellenweihe hergestellte Bild der Kreuzabnahme in seiner jetzigen Gestalt. Das Apostelbild Karls mag auch eine Kreuzabnahme gewesen sein, aber*

---

[247] Zitat Die Reichsannalen, 27

[248] Übersetzung aus dem Lateinischen nach Teudt, Heiligtümer, 67

[249] Vgl. Teudt, Heiligtümer, 48 und 64–69

wie es scheint so, daß es der späteren Zeit nicht mehr genehm war."[250] Auffällig ist der reich verzierte „Thronsessel" auf dem Josef von Arimathia anstelle der sonst üblichen Leiter steht. Teudt war überzeugt, daß der Bildhauer damit auf die umgeknickte Irminsul, das alte zerstörte Heiligtum, anspielen wollte. „*Ist das richtig, so wurde den ersten Beschauern die Forderung versinnbildlicht, daß das Christentum als siegreich über das zerbrochene Heidentum anzuerkennen sei, und es ist möglich, daß empörte Germanen die Füße des auf das Heiligtum tretenden Mannes zerschlagen haben.*"[251]

In der Diskussion um das Felsenrelief wurde zuweilen die These vertreten, der „Thronsessel" stelle einen gebeugten, „trauernden" Baum dar. So schrieb etwa der Paderborner Kirchengeschichtler Alois Fuchs (1877–1971) im Jahre 1934: „*Der Gegenstand, auf dem Nikodemus steht, ist seit jeher umstritten. Wir können mit Sicherheit feststellen: es ist kein Stuhl oder Thronsessel, sondern ein umgebogener Baum.*"[252] Der Detmolder Bildhauer Ferdinand Seitz († 1975), der wie Teudt die Irminsul-These vertrat, hielt 1962 dagegen: „*Auch die manchmal gehörte Auffassung, das Gebilde sei ein ‚trauernder' Baum, kann nicht überzeugen, denn dem feinfühligen Künstler ist nicht zuzutrauen, daß er die Pietätlosigkeit begeht, ein Symbol der Trauer mit Füßen getreten darzustellen. Auch würde bei ‚Trauer' das Symbol dem Kreuz zugeneigt sein und nicht abgewandt* [...]"[253] – Bemerkt sei noch, daß Mundhenk das Relief ins 12. Jahrhundert datiert; er zählte es zum Bestand der Einsiedelei von 1115. Den „Thronsessel" erwähnt er nur mit einem Satz und deutet ihn als Verzierung: „*An die Stelle der Leiter ist ein baumartiger Sessel getreten, der – im Unterschied zu dem nüchternen Kreuz – ornamental reich geschmückt ist und dabei eine streng gebundene, in sich symmetrische Gestalt annimmt, wodurch er sich von vielen frei wuchernden Ranken auf anderen mittelalterlichen Bildern unterscheidet.*"[254]

Zum Sockelbild schrieb Teudt: „*Das Sockelbild, auf welchem sich das Hauptbild aufbaut, hat allen Erklärern die größte Schwierigkeit bereitet. Es stellt zwei schlangen- oder drachenumwundene kniende Menschen dar, zwei Beine des Drachens sind sichtbar. Die Verwitterung ist erheblich stärker als die des übrigen Bildes. Mit einer Darstellung von Adam und Eva im Paradies, worauf man in der Verlegenheit verfallen ist, oder mit irgendeinem anderen biblischen Vorwurf hat das Bild nichts zu tun. Die Annahme, daß es noch aus der germanischen Zeit stammt, ist durchaus naheliegend. Ihr darf das Vorurteil gegen künstlerische Betätigung der vorchristlichen Zeit nicht gegenübertreten, und die Formen gestatten nach keiner Richtung einen sicheren Schluß. Wenn das Sockelbild vorher dagewesen ist, so*

---

[250] Zitat Teudt, Heiligtümer, 70f
[251] Zitat Teudt, Heiligtümer, 71
[252] Zitiert nach Seitz, 13
[253] Zitat Seitz, 14
[254] Zitat Mundhenk, IV, 37

ist auch ein Hauptbild darüber gewesen.“[255] Auch die ungewöhnliche freie Fläche über der Darstellung der Kreuzabnahme erklärt sich nach Teudt nur, wenn man ein älteres, die ganze Fläche ausfüllendes Bild annimmt, welches später beseitigt wurde.[256]

Interessant sind die Überlegungen, die Ulrich Niedhorn im Jahre 1990 veröffentliche: Niedhorn datierte – im Gegensatz zu Teudt und Mundhenk – die Entstehung des Kreuzabnahmerliefs ins 9. Jahrhundert, in jene Zeit in der nach Matthes der erste Versuch einer Klostergründung an den Externsteinen stattgefunden habe [siehe das Kapitel „Walter Matthes, Kloster Corvey und die Externsteine“]. Das Kompositionsverfahren des Reliefs verweise auf die Elfenbeinschnitzereien, die um das Jahr 830 in der Hofschule Ludwigs des Frommen hergestellt wurden. Und auch das Orthogonalraster (waagerechte und senkrechte Linien) als tragendes Kompositionsprinzip des Gesamtkunstwerkes entstamme dem 9. und 10. Jahrhundert. Zusätzlich bediente sich der Künstler bei seinem Entwurf aber noch gegenläufiger Diagonalscharen. Diese Diagonalscharen seien bereits in der spätantiken griechischen Kunst gebräuchlich gewesen und verwiesen auf die byzantinische Tradition. Nach Niedhorn kann es sich bei dem Künstler nur um einen Fremdling, um einen durch den Bildersturm im byzantinischen Reich arbeitslos gewordenen Bildhauer, gehandelt haben. Auch die eher unförmigen Kunstwerke, die zur gleichen Zeit im karolingischen Reich geschaffen wurden, bestätigten die These, daß der Bildhauer der das Kreuzabnahmerelief schuf, sein Handwerk im Oströmischen Reich gelernt habe.[257] „*So ist dieses Relief* [...] *eindeutig ‚Import', ‚Gastarbeiter'-leistung, und wenn man bei Nachforschungen nach byzantinischen Steinbildwerken nur auf Trümmer, nirgendwo aber auf befriedigende Spolien stößt, so bleibt für das Externstein-Kreuzabnahmerelief nur der Schluß, daß es das wahrscheinlich einzige Großbildwerk in Stein ist, das fern von dem Zugriff der Bilderstürmer in Germaniens Wäldern die Zeiten überdauert hat.*“[258] – Soweit Niedhorn.

Auf Grund umfangreicher Kompositionsanalysen, die hier nicht wiedergegeben werden können, kam Niedhorn zu dem Ergebnis, daß die untere Szene zum Gesamtentwurf des Reliefs gehörte: „*Die Zugehörigkeit dieser unteren Szene zu der Gesamtheit des Reliefs, der Entwurfszusammenhang, konnte mittels der Einfügung dieser Figuren sowohl in das Orthogonalgitter als auch in die Diagonalscharen der oberen Komposition nachgewiesen werden.*“[259] Niedhorn, der über langjährige Erfahrungen als Ausbilder von Bildhauerstudenten verfügte, schrieb über die kaum zu erkennende Darstellung: „*Wie es dazu kommen konnte, daß an diesen zentralen Formen in der unteren Szene eine so stümperhafte Arbeit verrichtet wurde, darüber zu spekulieren, ist müßig. Sicher läßt sich daraus nur erschließen, daß der*

---

[255] Zitat Teudt, Heiligtümer, 70
[256] Vgl. Teudt, Heiligtümer, 71f
[257] Vgl. Niedhorn, 72–77
[258] Zitat Niedhorn, 105f
[259] Zitat Niedhorn, 75

Bildhauer, der den Gesamtentwurf gemacht, die oberen Register vollendet und dort unten begonnen hatte, gewisse Details anzulegen, daran gehindert gewesen sein muß, das Werk zu vollenden, und daß dann jemand, der keine Bildhauerausbildung hatte, ihm aber mindestens zugesehen, eher wahrscheinlich sein Helfer für die Vorarbeiten gewesen ist, den Versuch unternommen hat, an dem Relief weiterzuarbeiten."[260] Aber auch die Versuche des Helfers, das Gesamtwerk zu vollenden seien bald eingestellt worden: „*Bevor die eigentliche Modellierarbeit im unteren Register begonnen worden war, ist dieses Können plötzlich ausgeschaltet, der Bildhauer mit Sicherheit vor der Vollendung seines Werkes abberufen worden. Wenig später sind auch die unzulänglichen Bemühungen, daran weiter zu machen eingestellt worden.*"[261]

Das untere Relief stelle nach Niedhorn zwei kniende Figuren dar, die von einem Basilisken, einem drachenartigen Fabelwesen mit Hahnenkopf, Vogelkörper auf Beinen mit Raubtierkrallen und einem Schlangenschwanz, umschlungen seien. Mit je einer Hand versuchten sie sich des Untieres zu erwehren, während die beiden anderen Hände flehentlich erhoben seien. Die linke Figur, die offensichtlich ein Kleid trägt, wurde immer wieder als Frauengestalt bzw. als Eva gedeutet. Auf Grund des angedeuteten Halsschmuckes, der an skandinavischen Kultschmuck erinnere, deutete Niedhorn die Figur als heidnischen Priester des unterworfenen Sachsenstammes. „*Daß die mit dem Rock bekleidete Figur eine Priesterin darstelle, darf nicht ohne weiteres unterstellt werden, denn in den germanischen Kulten, die schamanenhaftes Geistesgut darstellten, wurde gerade von Priestern ein Rock getragen: Der Priester oder Kultsprecher hatte in seiner Funktion als Schamane geschlechtlos zu erscheinen.*"[262] – So Niedhorn.

Bei genauerer Betrachtung falle auf, daß die rechte Figur einen Helm trage. „*Der Kinnbart an diesem Kopf ist kurz und gerundet, die Nase fehlt, aber die Augen sind eindeutig als* [...] *mandelförmige Konturen vorhanden. Darüber steht eine hohe Stirn, die oben von der Vorderkante des Helms begrenzt wird. Der Kopf ist zurückgeneigt, wodurch der Helm in den Nacken gerutscht ist, wo er einen deutlichen, überstehenden Rand hat, eben den bei Kalottenhelmen üblichen Nackenschutz. Was hornförmig in seiner Kontur von der Ohrpartie bis an den Hals herabgeht, ist kein Backenbart, sondern die zum Helm gehörende linke Wangenklappe. Weil die Wangenklappen geöffnet sind, konnte der Helm in den Nacken rutschen.*"[263] Nach Niedhorn seien Kalottenhelme, wie sie noch von den Römern getragen wurden, zur Zeit Karls des Großen nicht mehr modern gewesen; die Franken hätten Spangenhelme getragen. Allerdings seien eiserne Kalottenhelme mit Nackenschutz im 7. Jahrhundert

---

[260] Zitat Niedhorn, 89
[261] Zitat Niedhorn, 93
[262] Zitat Niedhorn, 99
[263] Zitat Niedhorn, 91f

in Skandinavien, von wo auch die Sachsen eingewandert seien, aufgetreten.[264] Niedhorns Deutung lautete daher: „*Die durch ihren altertümlichen Helm charakterisierte Figur in der Basiliskenszene des Externsteinreliefs dürfte gemeint sein als die Darstellung eines selbst obsolet gewordenen Repräsentanten der militärischen Führung des unterworfenen Sachsenstammes. Zusammenfassend darf man somit Hammersteins Interpretation der unteren Szene variieren: Des unterworfenen sächsischen Heidentums Führergestalten. Für ein christliches Kultbild ist das ein etwas ungewöhnliches Thema. Berücksichtigt man aber die starke Betonung des trennenden Gesimses zwischen Kreuzabnahmedarstellung und der unteren Szene, dann mag man sich in der Erinnerung an die viel späteren Stifterdarstellungen in Bildern aus der christlichen Heilsgeschichte auch in diese Variation des Verbindens von geistlicher Botschaft und politischer Demonstration einzufühlen.*“[265]

Somit beantwortete Niedhorn auch die Frage, ob es sich bei dem Gebilde auf dem Nikodemus steht, um die Irminsul gehadelt habe, positiv: „*Zu einer so unbekümmert aktualisierenden Darstellung der entmachteten, heidnischen Repräsentanten des Sachsenstammes, die den neuen Gott um Erlösung und Errettung aus der Gewalt des Teufels anflehen, gehört geradezu demonstrativ die gebeugte Irminsul ins Bild als ein jetzt für untergeordnete Zwekke dienstbar gemachter Gegenstand: ‚Der Baum, der die Welt trägt', erniedrigt zum Tragen eines Knechtes.*“[266]

Abschließend sei noch Niedhorns Urteil über Mundhenk zitiert: „*Folgt man Mundhenk, so hätten die Externsteine trotz ihrer geologischen Singularität die Jahrtausende in Germaniens Wäldern unbeachtet überdauert, bis Mönche vom Abdinghof-Kloster in Paderborn um das Jahr 1.100 Interesse dafür bekundeten und sich daran machten, in diese abgelegenen Felsen Räume hineinzuhauen, um dort eine Klause mit Kapelle einzurichten, und letztere ganz gegen alle Gewohnheit im damaligen Sakralbau zu gestalten.* [...] *Bei aufmerksamer Lektüre wird man in Mundhenks ‚Forschungen' sehr zahlreiche Fälle finden, in denen er ihm selbst oder seinen Auftraggebern nicht genehme Fakten verschweigt oder wahre Angaben so mit Verdrehungen verquickt, daß ein unentwirrbarer Filz daraus entsteht, daß unter Dreingabe von Entrüstung und Tadel, Suggestionen und abqualifizierenden Bemerkungen* [...] *eine akribisch gemachte Desinformation in diesen ‚Forschungen' vorliegt, ja, daß der Leser damit einer Gehirnwäsche in Sachen Externsteine unterzogen werden soll zur Verdrängung jeglicher Erwägung, es könnte sich in karolinigscher Zeit dort irgendwelche geschichtlich relevanten Ereignisse abgespielt haben – und das heißt logischerweise – daß die Externsteine eine vorchristliche, heidnische Kultstätte gewesen seien.*“[267]

[264] Niedhorn, 99
[265] Zitat Niedhorn, 100
[266] Zitat Niedhorn, 101
[267] Zitat Niedhorn, 107f

Schlußbemerkungen

Ich habe die Thesen Mundhenks und Theudts relativ unkommentiert referiert und mich bisher mit einem eigenen Urteil zurückgehalten. Es kann auch nicht Aufgabe eines Kapitels in einem Reiseführer sein, einen nun schon zweihundert Jahre dauernden Streit der Gelehrten zu entscheiden. – Ich kann mir vorstellen, daß unsere heidnischen Ahnen zumindest zu zwei hohen Feiertagen auch zu den Externsteinen wallten, nämlich den beiden Tagen der Sonnenwende: In der Nacht vor dem Tag der Sommersonnenwende hat sich einst das Volk am Fuß der Externsteine versammelt. Und als am frühen Morgen die aufgehende Sonne direkt durch das Fenster des Sazellums schien, haben die Priester hoch oben auf dem Felsen eine heilige Zeremonie abgehalten. Und sie gaben die göttliche Kraft der Sonne, die an diesem Tag am längsten scheint, an die wartenden Menschen weiter. – Und am Tag der Wintersonnenwende wallten unsere Ahnen wieder zu den Externsteinen, um am Steingrab die Zeremonie des Grablegens zu praktizieren. Am kürzesten Tag des Jahres, an dem die Sonne zu sterben scheint, haben unsere Ahnen in langer Schlange gewartet und einer nach dem anderen hat sich in das Felsgrab gelegt. Wie die Sonne sind sie symbolisch gestorben und wie die Sonne, die nun von Tag zu Tag wieder länger scheint, sind sie aus dem Grab gestiegen und symbolisch wiedergeboren worden. – Ja, so könnte es gewesen sein. Ich möchte es aber dem Leser überlassen, bei einem Besuch der Externsteine für sich selber zu entscheiden, ob an diesem Ort nicht nur christliche Einsiedler lebten, sondern auch schon unsere heidnischen Ahnen ihre heiligen Zeremonien abhielten.

Wegbeschreibung: Die Externsteine erreicht man z.B. von der A 33 Bielefeld–Paderborn, die man an der Abfahrt Nr. 26 „Paderborn/Elsen" verläßt. Auf der B 1 fährt man Richtung Horn. Die Externsteine liegen vor Horn und sind ausgeschildert. Etwa 300 Meter vor den Felsen befindet sich eine gebührenpflichtige Parkplatzanlage mit 750 Stellplätzen, ein Souvenirstand und das Ausflugslokal „Felsenwirt".

Walther Matthes, Kloster Corvey und die Externsteine

Die meisten Touristen, die einen Tagesausflug in den Teutoburger Wald machen, begnügen sich mit dem Besuch der Externsteine und dem nahe gelegenen Hermanns-Denkmal. Wer sich aber intensiver mit den Externsteinen beschäftigen möchte, sollte sich noch einen zweiten oder dritten Tag Zeit nehmen und auch jene Orte in der Umgebung aufsuchen, die von den Forschern, die eine vorchristlich-heidnischen Nutzung der Externsteine annehmen, in die Diskussion eingebracht worden sind. Zu nennen sind hier insbesonders das Kloster Corvey bei Höxter an der Weser, die Steinsetzungen im Leistruper Wald, die Stiftskirche in Obermarsberg und die Iburg bei Bad Driburg.

Kloster Corvey und die Externsteine

Bei Höxter an der Weser, etwa 30 Kilometer Luftlinie östlich der Externsteine, befindet sich die ehemalige Benediktinerabtei Corvey. *„Im Jahre 816 gründeten die Mönche der Benediktinerabtei Corbie bei Amiens nahe Neuhaus im Solling ein Kloster; Wasserarmut und anderes Unheil ließen es nicht gedeihen. Da schenkte Ludwig der Fromme den Klosterleuten die Villa Hugseli (Huxori) an der Weser, und hier wurde 822 das Kloster Corbeia nova (Corvey) gegründet, das sehr bald Mittelpunkt der nordischen Mission wurde.*" So heißt es in einem der üblichen Reiseführer.[268]

Walter Matthes versuchte nun aber in seinem 1982 erschienen Werk „Corvey und die Externsteine" zu beweisen, daß der erste, gescheiterte Versuch, ein großes Missionskloster im unterworfenen Sachsenland zu gründen, nicht im unwegsamen Solling, sondern an der alten heidnischen Kultstätte der Externsteine stattgefunden habe. Walter Matthes wurde in Halberstadt geboren, studierte in Berlin, Marburg und Budapest Vor- und Frühgeschichte, Geschichte und historische Geographie, Kunstgeschichte und Philosophie. Von 1934 bis 1969 war Matthes ordentlicher Professor für Vorgeschichte und germanisch Frühgeschichte an der Universität Hamburg. Nach seiner Emeritierung beschäftigte er sich intensiv mit der Geschichte der Externsteine.[269]

Matthes Werk stellt für mich den überzeugendsten Versuch dar, zu beweisen, daß die Externsteine schon in vorchristlicher Stätte als Kultstätte genutzt wurden. Im folgenden versuche ich, so gut dies auf wenigen Seiten möglich ist, die umfangreiche Argumentation Matthes zusammenzufassen.

---

[268] Zitat Grieben-Reiseführer, 50
[269] Matthes, Buchumschlag

Als maßgebliche Quellen für den ersten Versuch der Klostergründung kommen nach Matthes vor allem drei Werke aus dem 9. Jahrhundert in Frage: Die „Translatio Sancti Viti", die über die Überführung der Reliquien des Heiligen Vitus im Jahre 836 von Paris ins neu gegründete Kloster Corvey berichtet, sowie die beiden Biographien, die über das Leben der ersten Äbte von Corvey, Adalhard und Wala, berichten, die „Ex vita Adalhardi abbatis Coreiebsis" und „Epitaphium Arsenii".[270] Im Vitusbericht hieß es, daß Adalhard, der Abt des Klosters Corbie und Ratgeber Karls des Großen, der die Gründung eines neuen Klosters im eroberten Sachsenland plante, sich während einer Konferenz bei denen, die von sächsischer Abstammung waren, nach einem geeigneten Ort erkundigte: *„Einer von ihnen, der Theodrad hieß, sagte: ‚Ich weiß, daß sich auf dem Besitztum meines Vaters ein Ort befindet, wo an beiden Seiten je eine lebendige Quelle entspringt. Dieser Ort scheint mir für das geplante Unternehmen sehr geeignet zu sein.' Erfreut über seine Antwort schickte der ehrwürdige Abt sofort in jene Gegend."*[271] Der aufmerksame Leser wird sofort fragen: Wer war jener Theodrad? Und wieso war Adalhard von dem genannten Ort so begeistert, obwohl doch nur mitgeteilt worden war, daß sich dort zwei Quellen befänden? Es entsteht der Eindruck, daß der Verfasser des Vitus-Berichtes bewußt etwas verschweigen will.

Zur Verwirklichung der Klostergründung kam es schließlich erst sechs Jahre später; Adalhard befand sich mittlerweile in der Verbannung, da er beim Nachfolger Karls des Großen, Ludwig dem Frommen, in Ungnade gefallen war. Im Jahre 816 begann der Abt Adalhard II. mit Erlaubnis Ludwigs des Frommen und des Paderborner Bischofs das schon lange geplante Werk: *„Er begann aber an dem Orte zu bauen, der Hethis genannt wird. Als sie sich dort sechs Jahre und auch darüber hinaus abgemüht hatten, haben sie nichts anderes zu erreichen vermocht, als daß die reine Lehre in einer Einöd verkündet wurde. Denn der Ort war so unergiebig, daß sie dort weder zu Nahrung noch zu Kleidung kommen konnten, soweit diese nicht auf Veranlassung des genannten Abtes aus seinem Kloster herangeschafft wurden."*[272] Als sich die Mönche dann noch zerstritten und die Gemeinschaft in drei Gruppen zerfiel, drohte das Projekt der Klostergründung endgültig zu scheitern.

Als im Jahre 821 der „rehabilitierte" Adalhard I. wieder die Leitung des Klosters Corbie übernahm, wurde das Hethis-Projekt endgültig aufgegeben. Mit Erlaubnis Ludwigs des Frommen begannen die Vorbereitungen für die Umsiedlung ins Wesertal nahe Höxter, wo das Kloster Corbeia nova (Corvey) gegründet wurde. Im Herbst des folgenden Jahres fand der Umzug statt: Die Mönche verließen die Stätte des ersten Gründungsversuches am 25. September und trafen an der neuerworbenen und kurz vorher geweihten Stätte am 26. Sep-

[270] Matthes, 111
[271] Zitat Vitusbericht, übersetzt von Matthes, 115
[272] Zitat Vitusbericht, übersetzt von Matthes, 116f

tember 822 ein.[273] Die erste Niederlassung muß sich also zwei Tagesreisen, dies entspricht einer Entfernung von 20 bis 40 Kilometer, von Corvey entfernt befunden haben.

Westwerk der Klosterkirche Corvey

Die bereits erwähnte Lokalisierung des ersten Gründungsversuches im Solling geht auf die im Jahre 1590 erschiene „Corbeische Chronik" des Pfarrers Letzner zurück. Letzner berief sich in seinem Werk auf einen Mönch namens Conrad Fontanus, der eine „Corveyer Chronik" verfaßt haben soll. Matthes hielt, wie schon andere vor ihm, den Mönch und seine Chronik für eine Erfindung Letzners. Hans Kiewing schrieb 1930: *„Es ist bisher unwidersprochen nachgewiesen worden, daß Letzner sich diesen Mönch und seine Chronik erfunden hat. Damit tritt Letzner an die Spitze der vier berüchtigten Corveyer Geschichtsfälscher."*[274] Eine Klostergründung im unwegsamen und menschenleeren Solling widersprach – so Matthes – auch der fränkischen Missionspolitik: Die westfränkischen Könige wählten im 8. und 9. Jahrhundert für die Klostergründungen bewußt solche Orte aus, die im Siedlungsraum oder im Verkehrsnetz wichtige Schlüsselstellungen einnahmen. Im frühen Mittelalter

[273] Matthes, 107f und 117f
[274] Zitat Kiewning, nach Matthes, 109

ließ man sich noch nicht von der Absicht leiten, unwirtliches Ödland zu kultivieren; dieses Aufgabe wurde erst später von den Zisterziensern in Angriff genommen.[275]

In den alten Chroniken hieß es aber wie bereits erwähnt nur, daß der erste Gründungsversuch an einem „Hethis“ genannten Ort vorgenommen wurde. Dem altsächsischen Wort „hethi“ entspricht nach Matthes das neuhochdeutsche Wort „Heide“. Es kann sowohl das Heidekraut als auch die Landschaftsform bezeichnen. Da aber in einem Teil des deutschen Sprachraumes auch ein Waldgebiet als „Heide“ bezeichnet wird, z.B. „Schorfheide“, war die urprüngliche Bedeutung allgemein „unbesiedeltes Land“ oder „Wildnis“. Demnach sagt die Bezeichnung „Hethis“ nur aus, daß die erste Klostergründung in einer unbesiedelten Wildnis versucht wurde.[276]

Wenn der erste Gründungsversuch nun aber in einer Gegend stattgefunden hat, die nicht von Menschen besiedelt war, müssen gemäß der westfränkischen Missionspolitik andere Gründe für die Ortswahl ausschlaggebend gewesen sein. Den entscheidenden Hinweis fand Matthes in einem Gedicht Radberts, des Verfassers der beiden oben genannten Biographien, das er in seiner Trauer über den Tod Adalhards geschrieben hat. In diesem Gedicht, das den Titel „Egloga duarum sanctimonialium uno favoris planctu conplosa“ trägt, wird nun der eigentliche Grund für die Wahl des Hethis-Geländes genannt: *„Denn wo damals noch der Götze wütete, wo die feindlich gesinnte Macht und die Verehrung des heidnischen Heiligtums das ganze bebaute Land in Unehre gebracht hatte, hat er die Kultstätte zunichte gemacht und zu Schafställen für die Herde Christi geweiht. Darauf errichtete er, nachdem der heidnische Hain bis auf die Wurzeln beseitigt worden war, für die Mönche weitab von diesem Orte von Grund auf und in vollkommener Weise die geheiligten Klostergebäude.“*[277] In dieser Passage findet sich nach Matthes der sichere Beweis, daß die erste Gründung auf dem Gelände einer alten heidnischen, für das ganze Land der Sachsen wichtigen Kultstätte geschah. Wohl aus Pietät dem Verstorbenen gegenüber verschwieg Radbert das Scheitern der ersten Gründung. – Matthes war übrigens der erste, der die „Egloga“ in die Diskussion um die Externsteine einbrachte. *„Der Inhalt des Gedichtes scheint in der Gegenwart wenig bekannt zu sein. Denn nur so konnte es dahin kommen, daß in der bisherigen Erörterung des Hethis-Problems noch nicht davon die Rede war.“*[278]

Auffällig ist, daß der Plan, das alte zentrale Heiligtum der Sachsen durch die Gründung eines Klosters zu christianisieren, nur in dem Trauergedicht, nicht aber in den Biographien und dem Vitusbericht erwähnt wurde. Der oben erwähnte Vitusbericht erweckt ja den Eindruck, daß der von Theodrad vorgeschlagene Ort für die Klostergründung den anderen

[275] Matthes, 108–111
[276] Matthes, 221–225
[277] Zitat Radbertus, 51–55, übersetzt von Matthes, 159
[278] Zitat Matthes, 158f

Mitgliedern des in Corbie beratenden Kreises vorher völlig unbekannt gewesen sei. Wieso aber habe man sich für einen Ort entscheiden sollen, von dem nur bekannt war, daß sich dort zwei Quellen befänden? Matthes ist der Meinung, daß das Gedicht, das nach dem Tode Adalhards verfaßt wurde, eigentlich nur für einen kleinen Kreis von Hörern bestimmt war, hauptsächlich wohl für die trauernde Mönchsgemeinschaft.[279] Der Vitusbericht und die Biographien aber wurden Jahre später für ein breiteres Publikum verfaßt: „*In dieser Zeit hatte sich schon insofern eine neue Situation herausgebildet, als es inzwischen unerwünscht geworden war, die nunmehr heranwachsende Generation noch ausdrücklich mit der heidnischen Vergangenheit des Hethis-Geländes und mit den Plänen, die Wala dort hatte verwirklichen wollen, bekannt zu machen. Das vorgesehene Unternehmen war ja beim ersten Versuch der Ausführung gescheitert.*“[280]

Da es im Radbert-Gedicht hieß, die Verehrung des heidnischen Heiligtums habe das <u>ganze Land</u> in Unehre gebracht, muß es sich bei dem Ort der Hethis-Gründung um das für das ganze Sachsenland zentrale Heiligtum gehandelt haben. Damit kann es sich aber nur um das in den fränkischen Annalen erwähnte Irminsul-Heiligtum gehandelt haben. In den Annalen hieß es, daß der Westfrankenkönig an der Stelle des heutigen Obermarsberg ins Sachsenland einfiel, die dort befindliche Erisburg eroberte und dann weiterzog zum Kultbezirk der Irminsul. Nachdem er diesen zerstört hatte, rückte er bis an die Weser vor, wo sich die Sachsen versammelt hatten. Der Irminsul-Bezirk und die dort später versuchte Hethis-Gründung müssen sich also westlich der Weser befunden haben und zwar wie oben erwähnt in einem Umkreis von 20 bis 40 Kilometern um die Neugründung Corvey. Da der erste Gründungsversuch in einem unbesiedelten – aber doch an das Verkehrsnetz angebundenen – Gebiet stattfand, kommt Matthes nach ausführlichen geographischen Erörterungen zu dem Ergebnis, daß sich sowohl das Irminsul-Heiligtum als auch die Hethis-Gründung an den Externsteinen befunden haben müssen.[281]

Offen bleibt schießlich noch die Frage, wer jener Theodrad war, der den Ort für den ersten Gründungsversuch vorschlug und anscheindend auch über diesen Ort verfügen konnte. Im Vitus-Bericht hieß es nur, daß er sächsicher Abstammung war. Matthes ist der Meinung, es könne sich nur um den Sohn jenes sächsischen Adeligen gehandelt haben, den Karl nach dem Ende des Feldzuges mit der Verwaltung der zerstörten Kultstätte des Externsteine beauftragt hat. Es ist anzunehmen, daß der Sohn jenes Adeligen – wie seinerzeit üblich – von Karl als Geisel genommen und ins Kloster Corbie gebracht wurde.[282]

---

[279] Matthes, 164–170
[280] Zitat Matthes, 170f
[281] Matthes, 180–185
[282] Matthes, 167f

Matthes sah im Gebiet der Externsteine einen riesigen germanischen Kultbezirk: Im Westen lag in vorchristlicher Zeit das Paderborner Quellenheiligtum und im Nordwesten der Leistruper Wald mit seinen Steindenkmälern. Im Norden sorgte die Groten- oder Teutoburg und im Süden die Iburg für Schutz. In der Mitte des heiligen Bezirks aber stand die auffallende Felsformation der Externsteine.[283] Matthes faßte die Gründe, die für ein vorchristliches Heiligtum an den Externsteinen sprechen zusammen: „*Wenn in einigen Veröffentlichungen zuweilen Zweifel an der Existenz eines vorchristlichen Externstein-Heiligtums laut geworden sind, so konnte dabei kein Argument geltend gemacht werden, welches zwingend bewiesen hätte, daß es ein derartiges Heiligtum niemals gegeben hat* [...] *Man berief sich lediglich darauf, daß es in der schriftlichen Überlieferung jener Zeit nicht erwähnt worden sei.* [...] *Ein vorchristliches Heiligtum dieser Gegend war ja eine Einrichtung, die in den Bereich einer schriftlosen Kultur gehörte. So konnte es überhaupt keine bodenständige Schriftüberlieferung geben, die darüber berichtet hätte. Als dann das betreffende Gebiet im frühen Mittelalter durch Eroberung und Christianisierung in den Gesichtskreis der fränkischen Chronisten kam, waren diese sorgsam darauf bedacht, möglichst wenig von einer heidnischen Kultstätte mitzuteilen.*“[284]

Wegbeschreibung: Kloster Corvey bei Höxter erreicht man von den Externsteinen über Horn, Bad Meinberg, Schieder und Schwalenberg oder von der Abfahrt „Echte“ der A 7 Hannover–Göttingen über Bad Gandersheim und Holzminden. Die alten Klostergebäude liegen am Ostrand von Höxter und sind ausgeschildert („Schloß Corvey“). Das Westwerk der alten Klosterkirche ist mit – Ausnahme einiger geringfügiger Änderungen aus dem 12. Jahrhundert – noch im ursprünglichen, karolingischen Zustand erhalten. Die Klostergebäude wurden nach der Säkularisation im Jahre 1803 in ein Schloß umgewandelt, das man heute besichtigen kann. Gezeigt werden der Kreuzgang, eine Galerie der Corveyschen Äbte, verschiedene Wohnräume, die Bibliothek mit 60.000 Bänden und der Sommersaal der Äbte.

Die Steinsetzungen im Leistruper Wald

Im Leistruper Wald, in dem sich einst der zum heiligen Bezirk der Externsteine gehörende heilige Hain befunden haben soll, erreicht man nach kurzer Wanderung den nördlichen der beiden 500 Meter voneinander entfernt liegenden „Opfersteine“. Außer einigen kleinen Mulden und Einbohrungen finden sich keinerlei Bearbeitungsspuren, wie Bilder oder Schriftzeichen, an den Steinen. Teudt schrieb: „*Mulden und unverständliche Einbohrungen sind an ihnen zu bemerken, aber sonst nichts, so daß die meisten Besucher mit den Achseln zucken.*“[285] Für Teudt schloß dies aber eine kultische Nutzung nicht aus, da es in grauer Vorzeit geboten war, die Altarsteine „unbehauen“, also im Naturzustand zu lassen. Teudt

[283] Matthes, 19
[284] Zitat Matthes, 201
[285] Zitat Teudt, Heiligtümer, 217

verwies auf das Buch Josua im Alten Testament: „*Damals errichtete Josua auf dem Berg Ebal für den Herrn, den Gott Israels, einen Altar aus unbehauenen Steinen, die noch kein eisernes Werkzeug berührt hatte, so wie Mose, der Knecht des Herrn, es den Israeliten geboten hatte* [...] *Auf diesem Altar brachte man dem Herrn Brandopfer dar und schlachtete Heilsopfer.*“[286] Teudt hielt es für legitim, auch das Alte Testament zur Deutung der germanischen Kultstätten heranzuziehen: „*Solche Zeugnisse sind uns auch für die Erkundung unserer germanischen Verhältnisse um so wichtiger, je mehr wir es lernen, in der Bibel und auch im Alten Testament die ehrwürdigen Bestandteile religiöser Urvorstellungen, Urempfindungen und Urbräuche der Menschheit* [...] *herauszuerkennen.*“[287]

Der südliche der beiden Opfersteine im Leistruper Wald

Wenn man vom südlichen „Opferstein“ Richtung Südwesten weiterwandert, erreicht man nach etwa 300 Metern die bescheidenen Reste von zwei parallel verlaufenden, ca. 500 Meter langen Steinreihen. Die aus in gerader Linie aus Steinbrocken gesetzten Steinalleen laufen fast parallel zur Linie der beiden „Opfersteine“. Leider haben die Steinreihen durch Steinabfuhr am Ende des letzten Jahrhunderts erheblich gelitten. Die noch von Schierenberg, auf den Teudt sich bei seinen Ausführungen über den Leistruper Wald stützte, gebrauchte Bezeichnung „Zyklopenmauer“ scheint heute unpassend. Wenn man sich aber die z.T. sehr großen Abstände mit Steinen gefüllt denkt, bekommt die Anlage eine überraschende Ähnlichkeit mit den Steinalleen der Bretagne und Südenglands.[288]

[286] Zitat Josua, 8,30–31 nach der Einheitsübersetzung
[287] Zitat, Teudt, Heiligtümer, 217f
[288] Zu den Steinsetzungen vgl. auch Matthes, 216f

Etwa 150 Meter westlich des nördlichen Endes der zweiten Steinallee, im Forstbereich Brennelse, finden sich die Reste eines Hügelgrabes. Teudt berichtete, daß in einem unmittelbar daneben befindlichen Hügel Reste einer Brandstätte gefunden worden seien, die so kräftig gewesen sein muß, daß das tonige Erdreich ziegelartig gebrannt worden sei und durch geschmolzenes Gestein an dem gebrannten Ton Glasurflächen entstanden seien. Hier habe es sich um die Unterlage eines dauernd unterhaltenen, starken Feuers handeln können.[289]

Teudt war überzeugt, daß sich im Leistruper Wald, der zwischen den Stammesgebieten der Cherusker und Angrivarier lag, einst eine riesige germanische Malstätte, eine Kultstätte, befunden hat. Bei seinen Ausführungen stützte er sich auf E. v. Wecus: „*Nach ihm umfaßt eine Malstatt (auch Ding, Tum, Weichtum, Wichhus genannt): 1. Das Mal (eine Eiche, Esche, Buche, Linde oder Birke, stellenweise eine Säule) darin das Malkreuz* X *gehauen ist, in dem heiligen Ring. 2. Die Hundmühle. 3. Den blauen oder blutigen Stein, den Opferstein. 4. Den aus verschiedenen Hölzern bestehenden Brandstapel oder Opferstoß. 5. Den heiligen Bronn (Sonnborn). 6. Den Hammer des Tor oder das Rechtszeichen, das im Malkreuz aufgehängt wurde. Die Walstatt war umgeben mit einer hölzernen Umhegung* [...] *sowie einer Umwallung.*[...] *Zum Ganzen gehörte der Hain und weiterhin: die Kampfwiese.* [...]“[290] In den beiden Steinalleen sah Teudt die Reste der Begrenzung der Malstätte und in den zahlreichen Erdwällen Umhegungen in denen die verschiedenen Volksteile, Gaue und Hundertschaften während ihres Aufenthalts ihren angewiesenen Platz gehabt haben.[291]

Meines Wissens wurden bisher keine umfangreichen wissenschaftlichen Untersuchungen des Leistruper Waldes vorgenommen. Graichen schrieb in ihrem archäologischen Reiseführer nur kurz: „*Steinreihen, hufeisenförmige Steinsetzungen und im Volksmund ‚Opfersteine' genannte Gesteinsbrocken, an denen man Spuren von Bearbeitung erkennt, sind in ihrer Bedeutung noch ungeklärt.*“[292] – Wenn man selber durch den Wald geht und die Reste der alten Steinreihen betrachtet, kann man sich mit etwas Phantasie vorstellen, daß sich hier einst eine große Kultstätte befunden haben könnte.

Wegbeschreibung: Zum Leistruper Wald fährt man vom Parkplatz an den Externsteinen links Richtung Detmold, biegt rechts nach Hornoldendorf ab und folgt der Straße über Remmighausen nach Diestelbruch. In Diestelbruch fährt man rechts die „Leistruper-Wald-Straße“ bis zum Parkplatz am Waldcafé. Zu Fuß folgt man hinter dem Café dem Wegweiser „Opfersteine“ und erreicht auf einem schmalen Weg, der am Waldrand entlangführt, nach etwa 400 Meter den nördlichen „Opferstein“. Der südliche „Opferstein“ und die bescheidenen Reste der beiden Steinreihen liegen weiter südlich.

[289] Teudt, Heiligtümer, 223
[290] Zitat Teudt, Heiligtümer, 221f
[291] Teudt, Heiligtümer, 220
[292] Zitat Graichen, 263

Die Gegend um Oesterholz

Daß die Gegend um die Externsteine schon in der Jungsteinzeit und der Bronzezeit besiedelt war, kann man bei einem Besuch des Archäologischen Lehrpfades bei Oesterholz erfahren. Der Rundweg führt über ein Hügelgräberfeld, das die ersten seßhaften Bewohner der Sennelandschaft in der Zeit von 3.000 bis 1.000 v. Chr. errichtet haben. Interessant ist die Rekonstruktion eines Hügelgrabs, das im Jahre 1937 ausgegraben wurde: Der Plaggenhügel, in dem der Leichnam in einem eingestuften „Totenhaus“ beigesetzt worden war, war mit einem Pfostenkranz und zwei einzeln stehenden Pfosten, die in Nord-Süd-Richtung orientiert waren, umgeben.

Teudt glaubte in der Oesterholzer Gegend noch weitere heilige Stätten aus vorchristlicher Zeit gefunden zu haben. Die Umwallungen des Gutshofes Oesterholz bzw. Hauses Gierke deutete er auf Grund ihrer astronomischen Ausrichtungen als Überreste einer germanischen Schule für Himmelskunde. An diesem Ort hat für Teudt auch der erste, gescheiterte Gründungsversuch der Abtei Corvey stattgefunden.[293] Leider sind die Reste der Wallanlagen in Privatbesitz und nicht zugänglich. Über den Zaun hinweg kann man nur einen der Wälle sehen. – Auch die Langelau, auf deren Oval nach Teudt einst kultische Reiterwettkämpfe stattgefunden haben[294], ist nicht zugänglich. Seit Ende des Krieges ist die Gegend militärisches Sperrgebiet; erst übten hier die Engländer, heute die Bundeswehr.

Besuchen kann man aber die Kohlstädter Ruine bzw. Hünenkirche. Die Beschilderung bezeichnet den Turmrest als Ruine einer Wohnburg nach fränkisch-normannischem Muster, die Anfang des 11. Jahrhunderts errichtet wurde. Teudt jedoch schrieb: *„Die auf der Externsteiner Mondlinie liegende Kohlstädter Ruine liegt am Südende des Dorfes, wo die Straße nach Oesterholz abzweigt. Ihr Fuß ist von der Strote bespült. Es ist eine mächtige Turmruine mit zwei Meter dicken Mauern, z.T. noch 10m hoch über dem Wasser, die einen Turm von ganz erheblicher Höhe getragen haben können. Der innere, jetzt mit Schutt angefüllte Raum hat nur etwa 5m im Geviert. Tür- und Fensteröffnungen sind bis zu dieser Höhe nicht vorhanden gewesen, ähnlich dem Turm im Grimmschen Märchen von der Jungfrau Maleen.* [...] *Die Sachverständigen der verschiedenen Zweige sagen, daß der Bau zu keinem wirtschaftlichen Zwecke (Kalk-, Metall- oder Glasofen) dienen konnte, daß er als militärischer Stützpunkt oder Straßenschutz in dieser Ausführung sinnlos war. Die Nachforschungen in den Paderborner Archiven ergaben, daß er niemals zu kirchlichen Aufgaben benutzt worden ist, – was ja auch schon aus baulichen Gründen ausgeschlossen erscheint. Der Gedanke an eine Wohnburg oder sonstige menschliche Wohnstätte muß ebenfalls fallen gelas-*

293 Teudt, Heiligtümer, 110–126
294 Teudt, Heiligtümer, 176–190

sen werden, weil der Befund jeglicher Erfahrung auf diesem Gebiete widerspricht und keine Vernunft in diesen Gedanken zu bringen ist. [...] *Ihrem alten Name Hünnenkirche, Heidenkirche oder alte Kirche, den man in der Neuzeit fallen zu lassen und durch den farblosen Namen Kohlstädter Ruine ersetzen zu müssen geglaubt hat, entspricht die Satanisierung durch die Sage. Man soll hier Kinder geschlachtet haben, und die Mütter haben sie auf dem nahen ‚Weinberge' beweint.*"[295]

Den Einwand, daß ein Mörtelbauwerk nicht in heidnisch-germanischer Zeit errichtet worden sein konnte, nahm Teudt vorweg: „[...] *waren die Väter und Großväter jener Männer, die schon im 9. und 10. Jahrhundert die geistige Führung der Christenheit in die Hand bekamen, im 8. Jahrhundert und vorher so maßlos dumm, träge und ungeschickt, daß sie nicht einmal den ihnen vor Augen liegenden Kalk ihrer eigenen Berge brennen, löschen und mit dem Sennesand mischen konnten, ja daß sie (im Falle allzu großer eigener Verblödung) auch obendrein sich jeder Belehrung durch ihre Vettern im Auslande und ihre aus der Fremde zurückkehrenden Söhne entgegenstemmten?*"[296] [Zum Problem des Mörtelbaus siehe auch das Kapitel „Die Drüggelter Kapelle: Heidentempel oder Katharerkirche"]

Wegbeschreibung: Von den Externsteinen fährt man zurück zur B 1 und auf dieser Richtung Paderborn bis Schlangen. Der Lehrpfad liegt links der „Fürstenallee", die von Schlangen Richtung Detmold führt, und ist ausgeschildert. – Zu Haus Gierke fährt man zurück zur Fürstenallee und auf dieser einige hundert Meter Richtung Schlangen. Man biegt in die nächste Straße rechts ein und fährt durch das Wohngebiet bis zur S-Kurve. Die Wälle liegen hinter dem Zaun an der linken Seite der S-Kurve. (Hinweisschilder gibt es nicht.) – Zur Kohlstädter Ruine fährt man zurück zu Fürstenallee, fährt weiter Richtung Schlangen, biegt links nach Kohlstädt ab und durchfährt den Ort Richtung Schlangen. Die Ruine liegt kurz vor dem Ortsausgangsschild rechts der Straße, direkt neben einem modernen Wohnhaus.

Die Erisburg

In den alten fränkischen Annalen hieß es, daß Karl der Große 772 mit seinem Heer von Mainz aus ins Land der Sachsen zog und die Erisburg bei Obermarsberg an der Diemel, die größte sächsische Volksburg, zerstörte. Anschließend wandte sich der Westfrankenkönig dem Heiligtum der Irminsul zu.[297] Die sächsische Wallanlage, von der heute nichts mehr zu sehen ist, stand einst an der Stelle des heutigen Obermarsberg. Nach der Eroberung der Burg im Jahre 772 ließ Karl der Große durch Sturmius, den Abt von Fulda und Schüler Bonifatius, innerhalb der Wallanlage eine hölzerne Kapelle errichten. Im Jahre 780 kam der Westfrankenkönig nochmals auf die Erisburg und ließ durch die Ordensbrüder des inzwischen

---

[295] Zitat Teudt, Heiligtümer, 148
[296] Zitat Teudt, Heiligtümer, 149
[297] Vgl. Matthes, 181

verstorbenen Sturmius eine Benediktinerabtei gründen. Es handelte sich dabei um die erste christliche Abteigründung im heidnischen Sachsenland. Im Jahre 785 wurde die kleine Holzkirche durch eine steinerne Basilika, die heutige Stiftskirche (nicht zu verwechseln mit der später gebauten Bürgerkirche St. Nikolai), ersetzt.[298] Wahrscheinlich wurden auch für diesen Kirchenbau die Steine der alten Ringwallanlage verwendet.

Gedenktafel und Irminsul-Nachbildung in Obermarsberg

Im Jahre 799, als Papst Leo III. vor seinen Gegnern von Rom nach Paderborn zu Karl dem Großen flüchtete, führte dieser ihn auch zur Eresburg.[299] Etwas versteckt, an der Wand hinter dem linken Seitenaltar, sieht man noch heute zwei kleine Köpfe, die den Papst und den Westfrankenkönig darstellen. Vom Alter der Köpfe zeugt die Tatsache, daß der Papst noch die Mitra und nicht die erst um 1300 aufgekommene Tiara trägt. Die Darstellungen wurden

[298] Vgl. Stadelmaier, 11–16
[299] Vgl. Stadelmaier, 18

wohl beim Umbau der Kirche im Jahre 1250 angebracht, können aber auch aus noch früherer Zeit stammen.[300]

Ludwig der Fromme, der Nachfolger Karls, schenkte im Jahre 826 die Kirche und die angeschlossenen Klostergebäude dem Kloster Corvey. Im Jahre 1250 wurde die Kirche, die wohl mittlerweile etwas baufällig und zu klein geworden war, umgebaut und vergrößert. Auffällig ist an der im Stil der Übergangszeit zwischen Romanik und Gotik erbauten Kirche, daß die Seitenschiffe breiter als das Mittelschiff sind. Denkbar ist, daß die alte Basilika nicht vollständig abgerissen sondern soweit wie möglich erhalten wurde. Es könnte sein, daß die Kerne der Pfeiler des Mittelschiffs noch aus der Zeit Karls stammen.[301] – Im Dreißigjährigen Krieg wurde die Kirche ausgeplündert und schwer beschädigt; der Wiederaufbau mit barokker Innenausstattung dauerte bis 1689.[302]

Besondere Beachtung verdient eine etwa 50 cm große Steinmetzarbeit, die versteckt im linken Seitenschiff steht und eine Nachbildung der Irminsul darstellen soll. In der eingemeißelten Inschrift heißt es, daß das Kunstwerk 1938 bei der Anlage eines Schießplatzes gefunden wurde. Erwähnt sei noch eine moderne Metalltafel im Vorraum der Kirche, die Karl und Leo zu Seiten der Irminsul stehend zeigt. Man versucht in Obermarsberg den Eindruck zu erwecken, daß sich hier nicht nur die Erisburg, sondern auch noch die Irminsul befunden habe. In Rupert Stadelmaiers Führer heißt es: „*König Karl zerstörte die Burganlage und ein auf der höchsten Stelle des Berges stehendes Heiligtum, eine Irminsul. Auf dem Platz der zerstörten Irminsul ließ König Karl von dem Benediktinermönch Sturmius* [...] *eine erste kleine christliche Kirche bauen.*“[303] – Es mag auch auf der Erisburg eine sächsische Kultstätte gegeben haben, sie war aber niemals Standort des zentralen sächsischen Heiligtums, da es

[300] Vgl. Stadelmaier, 49
[301] Vgl. Stadelmaier, 31–36
[302] Vgl. Stadelmaier, 19
[303] Zitat Stadelmaier, 14

in den bereits erwähnten fränkischen Reichsannalen heißt, daß der Westfrankenkönig nach der Eroberung der Erisburg zum Bezirk der Irminsul weiterzog.

Wegbeschreibung: Obermarsberg erreicht man z.B. von der A 44 Kassel–Dortmund, die man an der Abfahrt „Marsberg/Meerhof“ verläßt. Auf der B 7 fährt man nach Marsberg und biegt dann nach Obermarsberg ab.

Die Iburg

Zusammen mit der Groten- oder Teutoburg diente – nach Matthes – die Iburg bei Bad Driburg dem Schutz des Irminsul-Heiligtums. Um das Jahr 700 wurde hier eine sächsische Volks- und Fluchtburg errichtet, die Karl der Große im Jahre 772 zerstörte. Innerhalb der alten Wallanlagen wurde ein Petruskirchlein errichtet, dessen Grundmauern noch heute zu sehen sind. Im Jahre 799 schenkte der Westfrankenkönig auf Bitten des Papstes Leo III. die Iburg dem Bistum Paderborn. Im Jahre 1189 ließ der Paderborner Bischof Bernhard II. auf dem Gelände der alten Wallanlage eine Burg bauen, die im Jahre 1444 vom Herzog von Braunschweig zerstört wurde.[304]

Beachtung verdient ein auf einer Holztafel angebrachtes Gedicht von Friedrich Wilhelm Weber (1813–1894), das zeigt, daß man auch in der Iburg den Standort der Irminsul zu finden glaubte.

„Rings der Wälder tiefes Schweigen!
Aus des Tales Nebelhülle
Hob die Iburg ihren Scheitel.

Alter Hain auf dessen Wipfeln
Sonst die Irminsäule ragte
die zum Schmerz und Schreck der Sachsen
König-Karl zu brennen wagte.

Lieblich war die Nacht, die kurze,
Vor dem Tag der Sonnenwende,
Auf der Iburg stumpfem Kegel
Flackerten die Opferbrände.

Auf der Iburg stumpfem Kegel
Hatten sich zum Balderfeste

---

[304] Hinweistafel an der Iburg

Fromm geschart die Heidenleute
Gaugenossen, fremde Gäste

Unter Eichen auf dem Rasen
Stand der Opferstein, der graue ..."

Wegbeschreibung: Vom Parkplatz an den Externsteinen fährt man über Horn nach Bad Driburg und folgt den Wegweisern „Iburg" auf die Höhen westlicher über dem Kurort.

Karl der Große und Herzog Widukind

Mit der Eroberung der Erisburg und der Zerstörung der Irminsul im Jahre 772 [siehe die beiden vorangegangenen Kapitel] war der Feldzug gegen die Sachsen noch lange nicht beendet. Die Sachsenkriege sollten sich zur schwersten und längsten militärischen Auseinandersetzung in der Regierungszeit Karls des Großen entwickeln. Einhard, der Berater und Biograph Karls, schrieb: „*Mord, Raub und Brandstiftung nahmen dabei auf beiden Seiten kein Ende. Schließlich waren die Franken derart verbittert, daß sie es für richtig hielten, nicht länger Gleiches mit Gleichem zu vergelten, sondern mit den Sachsen in offenen Kampf einzutreten. Der Krieg begann also und wurde ununterbrochen dreiundreißig Jahre lang mit großer Erbitterung auf beiden Seiten geführt: aber die Sachsen erlitten im Laufe dieser Zeit viel größere Verluste als die Franken.*“[305]

Wolfgang Braunfels bezeichnete in seiner Biographie Karls des Großen die Sachsenkriege als „Drama in drei Akten mit einem Vorspiel“[306]: „*Das Vorspiel fiel zeitlich vor den Langobardenfeldzug von 773/74 und war eine Strafexpedition, wie sie auch Karl Martell und Pippin zur Sicherung ihrer Grenzen immer wieder unternehmen mußten. Die Sachsen drängten weiterhin zum Rhein. Als Gewinn konnte Karl die Eroberung der Eresburg südlich von Paderborn aufzeichnen lassen; der dramatische Höhepunkt war die Zerstörung eines sächsischen Baumheiligtums, der Irminsul* [...] *Es kam nicht zu einer offenen Feldschlacht; an eine Gebietseroberung wurde noch nicht gedacht.*“[307] Während Karl in Italien Krieg führte, nutzten die Sachsen die Gelegenheit und erhoben sich. Drei Sommer lang dauerten die Kämpfe, bei denen es Karl nun um das Land selbst ging. Den Höhepunkt des „ersten Aktes“ stellte der Reichstag von Paderborn im Jahre 777 dar, auf dem viele der sächsischen Großen dem Frankenkönig huldigten. Die Reichsannalen erwähnten jedoch nur den Namen jenes Fürsten, der nicht erschienen war: Widukind.

Im „zweiten Akt“ führte Herzog Widukind den Kampf für die Freiheit seines Volkes und den alten Glauben gegen Karl und jene sächsischen Fürsten, die sich ihm unterworfen hatten. Das harte Gesetz, das der Westfrankenkönig den Sachsen mit der „Capitulatio de partibus Saxoniae“ aufzwang, und die Hinrichtung von 4.500 Aufständischen gaben Widukind im Jahre 783 die Möglichkeit, zwei große Feldschlachten zu führen. Doch die Franken siegten in Detmold und an der Haase. Der „zweite Akt“ schließt mit der Taufe und Unterwerfung Herzog Widukinds im Jahre 785. Die siebenjährige „Pause zwischen dem zweiten und dem dritten Akt“ nutzte Karl zur Organisation der neuen Provinz durch den Bau von Bischofsstätten, Missionsklöstern und Burgen. Im „dritten Akt“, in den Jahren von 793 bis

---

[305] Zitat Einhard, 19

[306] Braunfels, 43–48, vgl. auch Kaldewei, 26–28

[307] Zitat Braunfels, 43

804, gab es im Norden und Nordosten des Sachsenlandes immer neue Erhebungen. Drei Maßnahmen waren es, die nach Braunfels die Sachsenkriege schließlich beendeten: „*Karl milderte die alte Capitulatio de partibus Saxoniae von 782 zum Capitulare Saxonium von 797, ja er ließ wenige Jahre später die sächsischen Volksrechte selbst als die maßgebliche Rechtsordnung aufzeichnen und ins Lateinische übertragen. Er verbündete sich außerdem mit den slawischen Stämmen, denen er das Land östlich der Elbe überließ, aus dem damals die Sachsen verdrängt wurden, die erst Jahrhunderte später zurückkehren konnten. Daneben verfügte er die Deportation ganzer Bevölkerungsgruppen; es sollen über 10.000 Menschen gewesen sein, die um- und ausgesiedelt wurden, viele von ihnen um in streng bewachten Lagern ihre Tage zu verbringen. Sachsenhausen bei Frankfurt soll damals entstanden sein.*“[308]

Der „Sachsenhain“ in Verden

Eine der blutigsten Episoden der Sachsenkriege stellte das Strafgericht von Verden an der Aller dar: Nach dem Verlust eines fränkischen Heeres am Süntel ließ der Westfrankenkönig im Jahre 782 4.500 Sachsen, die ihm von den ihm hörigen sächsischen Edlen ausgeliefert worden waren, hinrichten. Da von verschiedenen Autoren behauptet wurde, die Zahl 4.500 sei übertrieben, bzw. die 4.500 Sachsen seien nicht enthauptet, sondern nur deportiert worden, gilt es die zeitgenössischen Quellen ausführlich zu zitieren: In seiner „Vita Karoli Magni“ deutete Einhard, der den Westfrankenkönig als einen harten, aber in seinen Augen gerechten Herrscher beschrieb, das Gemetzel nur an: „*Karl aber ließ sich durch ihre dauernden Wortbrüche weder von seinem hohen Ziel und von seiner im Glück wie im Unglück festbleibenden Standhaftigkeit abbringen* [...] *wenn sie auf diese Weise etwas erreicht hatten, gestattete er niemals, daß sie unbestraft blieben, sondern zog entweder persönlich gegen sie ins Feld oder schickte ihnen seine Grafen mit einer Armee, um Rache für ihr treuloses Verhalten zu nehmen und gerechte Sühne zu fordern.*“[309] Deutlicher wurde Einhard in den von ihm verfaßten fränkischen Annalen: Karl berief „*alle sächsischen Großen vor sich und forschte nach den Rädelsführern der letzten Emphörung. Da nun alle den Widukind als Anstifter angaben, ihn aber nicht ausliefern konnten, weil er nach Ausführung jener Tat sich zu den Normannen begeben hatte, so wurden auf seinen Befehl hin von den Übrigen, die dessen Rat befolgend die schwere Tat vollbracht hatten, bis zu 4.500 ausgeliefert und zu Ferdi an der Aller alle an einem Tag enthauptet.*“[310]

Und in den fränkischen Reichsannalen heißt es: „*782.* [...] *Und als er wieder umgekehrt war, erhoben sich sofort die Sachsen wieder in der gewohnten Weise auf Betreiben des Wido-*

[308] Zitat Braunfels, 47
[309] Zitat Einhard, 19–21
[310] Annales Einhardi, zitiert nach Fleckenstein, 60

chind [...] *Als das König Karl hörte, zog er mit den Franken, die er in Eile zusammenraffen konnte, dorthin und gelangte an die Mündung der Aller in die Weser. Dort versammelten sich wieder alle Sachsen und unterwarfen sich der Gewalt des obengenannten Königs und lieferten alle die Übeltäter aus, die diesen Aufstand vor allem durchgeführt hatten, zur Bestrafung mit dem Tode, 4.500, und dies ist auch so geschehen, ausgenommen den Widochind, der ins Gebiet der Normannen entfloh.*“[311]

In seinem Roman „Mein Kaiser – Mein Herr“ schilderte Siegfried Obermeier das Gemetzel aus der Sicht des königlichen Sekretärs und Sonderbotschafters Gerold von Regensburg: *„Die gefesselten Knaben und Männer wurden auf ein freies Feld geführt, das ein schmaler Bach im Halbkreis umfloß und an dessen Rand eine kleine Mühle stand. Ein paar Dutzend Franken hatten sich freiwillig zum Vollzug des Strafgerichts gemeldet und begannen unverzüglich ihr blutiges Werk. Ich glaube, die wenigsten von uns hatten damit gerechnet, daß der König sämtliche Gefangenen enthaupten ließ. Ich dachte, er würde als warnendes Beispiel dreißig oder vierzig von ihnen hinrichten und die anderen – vor allem die Kinder – laufen lassen. Doch diesmal war es ihm blutiger Ernst und es wurde keiner verschont, kein einziger. Hoch erhobenen Hauptes knieten sich die meisten hin, einige spuckten sogar in Richtung auf den König, dann das Sausen des Schwertes und der aufquellende, schnell versiegende Blutstrom aus dem durchtrennten Nacken.* [...] *Die blutbespritzten und erschöpften Henker mußten mehrmals ausgewechselt werden, während sich die kopflosen Leichen der Sachsen schon zu Hügeln türmten. Das strömende Blut war in mehreren Rinnsalen in den kleinen Bach geströmt und färbte das Wasser rot. Mir wurde so schlecht, daß ich mich hinter einem Busch übergab.* [...] *Ich verstand den König nicht mehr. Daß er nach so vielen Treubrüchen Rache übte – üben mußte –, sah ich ein. Daß er es aber in einem solchen Maß tat, erregte meinen Abscheu. Wieviele Unschuldige mögen unter den viertausend gewesen sein?*“[312]

Noch im 16. Jahrhundert sollen Schädel der Hingerichteten gefunden worden sein. So schrieb Peter von Kobbe in seiner im Jahre 1824 erschienenen „Geschichte und Landesbeschreibung der Herzogtümer Bremen und Verden“: *„Die gemeine Sage nennt die Halsmühle, wo sonst eine Kapelle der heiligen Anna zum Denkmal eines Sieges über die Heiden stand, als den Ort, wo die Hinrichtung geschehen; als einst (1576) der Bischof Eberhard Holle mit dem Holsteinischen Statthalter Heinrich Rantzau ritt, sahen sie an dem Orte, wo die Aller in die Weser fällt, zwölf Menschenschädel, die der Wind vom Sande entblößt hatte; die Neigung beider Herren Altherthümer zu finden, nahm von dem Ereignisse einen Grund, hier eine Spur des 700 Jahre früher Geschehenen zu erkennen, und so ist dies in ältere Chroniken übergegangen.*“[313] In einer Fußnote bemerkte von Kobbe aber: „[...] *Andre glaubten*

[311] Zitat Die Reichsannalen, 45
[312] Zitat Obermeier, 230f
[313] Zitat von Kobbe, Band 2, 54f

doch eher, die Schädel stammten aus des Seeräubers Störtebeckers Zeit, der hier einen Hauptsitz hatte."[314]

Im Jahre 1935 wurden in Verden an der Aller zum Gedenken an die ermordeten Sachsen 4.500 Findlinge, die von allen Gemeinden Niedersachsens gespendet wurden, aufgestellt. Auf beiden Seiten eines etwa zwei Kilometer langen Rundwegs reiht sich Stein an Stein, darunter auch einige in vorgeschichtlicher Zeit von Menschenhand bearbeitete Kultsteine.[315] Unter direkter Leitung Himmlers wurden Ausgrabungen durchgeführt[316] und mit der Errichtung eines Freilichtmuseums mit niedersächsischen Bauernhäusern begonnen. Die Nationalsozialisten verloren aber schon bald das Interesse am „Sachsenhain", da der Eroberer Karl für die Darstellung der eigenen aggressiven Außenpolitik weit besser geeignet war, als der seine Heimat verteidigende Herzog Widukind. Es ist bezeichnend, daß Hitler sich kurz nach Abschluß des Flottenvertrages, den er als Einleitung der Aufteilung der Welt zwischen Deutschland und Großbritannien betrachtete, in Nürnberg eine Nachbildung des Schwertes Karls des Großen überreichen ließ.[317] Und als Himmler nach der Besetzung Frankreichs eine aus französischen Freiwilligen bestehende Einheit der Waffen-SS aufstellte, nannte er diese „Charlemagne".

Interessant ist in diesem Zusammenhang auch Carl Schuchhardts im Jahre 1928 erschienenes Werk „Vorgeschichte von Deutschland", das es bis Kriegsende auf fünf Auflagen brachte. Im Streit der Historiker, der bereits vor dem Ersten Weltkrieg entbrannte, gehörte Schuchhardt zu den Anhängern der sogenannten „westdeutschen Richtung", die – im Gegensatz zu den streng germanozentrischen Thesen der „Ostdeutschen" – der Geschichte der Kelten und Römer in Deutschland große Bedeutung zumaßen. Schuchhardt verfügte über langjährige Erfahrungen auf dem Feld der römischen Archäologie und war einer der Initiatoren der im Jahre 1902 gegründeten „Römisch-Germanischen Kommission", die die alte „Reichslimeskommission" ablöste.[318]

Schuchhardt verschwieg in seiner „Vorgeschichte von Deutschland" nicht nur das Blutbad von Verden, sondern er stellte auch den Westfrankenkönig als großen Retter des Deutschtums dar: „*Das Reich, das Pipin hinterließ, umfaßte Frankreich nebst Hessen, Thüringen und Süddeutschland* [...] *Nur der untere Rhein und Mitteldeutschland war in diesem Frankenreich altgermanischer Boden. Wenn das Schicksal dem Deutschtum eine Zukunft sichern wollte, mußte notwendig jetzt Sachsen hinzukommen. Das Germanentum gebot in Norddeutschland nur noch vom Rhein bis zur Elbe, die östliche Hälfte von der Elbe bis zur*

---

314 Zitat von Kobbe, Band 2, 55
315 Vgl. Graichen, 243f
316 Vgl. Kater 81 und 90
317 Fest, 676
318 Vgl. Kater, 22

Weichsel war bereits den Slawen verfallen, die nach der Abwanderung der Goten, Burgunder, Semnonen, Langobarden vom Osten her sich ohne kriegerisches Geräusch, aber mit festem Tritt vorgeschoben hatten und auch die Elbgrenze bereits zu überschreiten drohten. Karl hatte eine große Mission erfüllt, indem er das für die künftige Entwicklung wichtigste Glied Sachsen rechtzeitig an seine richtige Stelle brachte. Sachsen allein hätte sich gegen die Slawen nicht halten können.“[319]

Wegbeschreibung: Den „Sachsenhain“, der sich heute im Besitz der evangelischen Kirche befindet, die hier eine Jugendbildungsstätte betreibt, erreicht man von der A 27 Dreieck Walsrode–Bremen, die man an der Ausfahrt „Verden-Nord“ verläßt. Auf der B 215 erreicht man Verden und folgt den Hinweisschildern zur „Evangelischen Jugendbildungsstätte“.

Das Grab Widukinds in Enger

Das Grab Widukinds kann man in der ehemaligen Stiftskirche von Enger, die heute der evangelischen Gemeinde als Pfarrkirche dient, besuchen. Der Kirchenbau stammt aus dem 12. bis 14. Jahrhundert; an gleicher Stelle befand sich aber eine um das Jahr 800 errichtete Eigenkirche eines sächsischen Edlen. Von 948 bis 1414 gehörte die Kirche zum Kanonikerstift, das Mathilde, die Urenkelin Widukinds und Gattin König Heinrichs I., in Enger gegründet hatte.[320]

Die sterblichen Überreste des Sachsenherzogs befinden sich unter dem monumentalen Sarkophag, der hinter dem gotischen Hochaltar der Stiftskirche steht. Anfang der 70er Jahre wurden in und vor der Kirche umfangreiche Ausgrabungen durchgeführt. Die Grabungen bestätigten, daß sich an Stelle der heutigen Kirche eine frühkarolingische Eigenkirche befand.[321] Wie auch an anderen Orten wurde die christliche Kirche an einer schon den Heiden wichtigen Stelle errichtet. Bei Grabungen auf dem Kirchhof, der von 800 bis 1871 als christlicher Friedhof diente, wurden auch Gräber aus der heidnischen Zeit zwischen 210 bis 290 n. Chr. nachgewiesen.[322] Unter dem Quadratchor der frühkarolingischen Saalkirche wurden die Gebeine eines kräftigen, etwa mit 60 Jahre verstorbenenen männlichen Individuums gefunden. Ob es sich bei dem Toten aber um Widukind handelte, konnte nicht bestätigt werden; allerdings spricht von archäologischer Seite auch nichts dagegen.[323]

Seit dem hohen Mittelalter wurde Widukind von einer blühenden Legendenbildung zum Heiligen stilisiert. In Anlehnung an die Geschichte des Saulus, der sich zum Paulus wandel-

---

[319] Zitat Schuchhardt, Vorgeschichte, 332f
[320] Vgl. Ev.-luth. Kirchengemeine Enger, 15f
[321] Vgl. Kaldewei, 40f
[322] Vgl. Ev.-luth. Kirchgemeinde Enger, 10
[323] Vgl. Kaldewei, 41f

te, wurde der bekehrte Sachsenherzog zum großen Förderer der christlichen Kirche. Um das Jahr 1200 wurden die angeblichen Gebeine Widukinds ausgegraben und in einem gotischen Schrein, der heute an der Rückwand des Chorraums hängt, zur Schau gestellt; zeitweise wurde Enger sogar zum Wallfahrtsort. Heute gilt es als gesichert, daß diese Knochen nicht von Widukind stammen.[324] – Beachtung verdient auch eine Metalltafel im linken Querschiff der Kirche, die die Unterwerfung und Taufe des Sachsenherzogs im Stil der im 19. Jahrhundert üblichen Historienmalerei darstellt.

Das Widukind-Museum in Enger

In den ersten Jahren des Dritten Reichs wurde Widukind zum großen Symbol des heldenhaften Widerstandes gegen fremde Unterdrückung. Zur Eröffnung der Widukind-Gedächtnisstätte in Enger am 8. Juni 1939 schrieb Joseph Otto Plaßmann in der Zeitschrift „Germanien“: „*Es ist wenig, was wir von diesem großen Vorkämpfer des Germanentums wissen, der nach 800 Jahren den Freiheitskampf des Arminius erneuerte, der aber weniger glücklich als jener, an der veränderten Zeit und daran scheiterte, daß es germanische Waffen waren, gegen die er zu kämpfen hatte. Daß er trotz des ungünstigen Ausganges seines Kampfes in seinem Wesen als germanischer Freiheitskämpfer begriffen wurde und als solcher in die volkshafte Sage überging, das zeigt, daß dies Volk sich mit seinem Kampfe einig*

[324] Vgl. Kaldewei, 41 und 57

fühlte; daß es zwar mit dem Ausgange sich abfand, aber das Wollen unverändert teilte, das den großen Führer jahrzehntelang zum Widerstand getrieben hat. Es beweist auch, daß es ihm die Aufgabe dieses Widerstandes nie und nimmer als Verrat oder als Aufgabe seines Wollens angerechnet hat, sondern als ein Weichen vor der übermächtigen Notwendigkeit, den Kern seines Volkes vor völliger Vernichtung zu bewahren.“[325] – Nach dem Krieg wurde die Gedächtnisstätte zum Widukind-Museum umgewandelt; in einem der Räume sind noch Relikte aus der Zeit der Gedächtnisstätte ausgestellt.

Relikt aus dem Jahre 1939

Alljährlich am 6. Januar, dem Todestag Herzog Widukinds, feiert man in Enger noch heute das sogenannte „Timkenfest“. Am 5. Januar wird von 12:00 bis 13:00 Uhr die Totenglocke geläutet; mit diesem „Königsgeläut“ wird die Nachricht vom Tode Widukinds verbreitet. Am 6. Januar zwischen 10:00 und 10:30 Uhr läuten die Glocken „zur Senke“ des Sarges in das Grab. Nach dem Gottesdienst, zu dem vor allem die Kinder eingeladen sind, werden von den „Provisoren“ (geistliche und weltliche Beamte) an den Kirchentüren sogenannte „Timken“ (dreieckige Weißbrotstücke) verteilt. Anschließend folgt das Essen der „Provisoren“ und die Verteilung von Schwarzbrot und Mettwurst an Bedürftige. – Beim Timkenfest, das bis in die Mitte des 16. Jahrhunderts nachweisbar ist, handelt es sich um ein Memorialfest, das liturgisches Totengedenken, gemeinschaftliches Mahl und caritatives Engagement miteinander verbindet.[326]

Wegbeschreibung: Enger erreicht man von der A 2 Hannover–Dortmund, die man an der Abfahrt „Herford-Bad Salzuflen“ verläßt. Über Herford fährt man nach Enger und folgt den Wegweisern „Stiftskirche“.

[325] Zitat Plaßmann, Widukind, 320

[326] Vgl. Ev.-luth. Kirchengemeinde Enger, 14f und Kaldewei, 43–45

Die karolingische Pfalz Paderborn

Abschließend sei noch die Paderborner Pfalz, die Karlsburg, erwähnt die der Westfrankenkönig im Jahre 776 zur Sicherung des eroberten Sachsenlandes errichten ließ. Karl der Große und sein Hofstaat hielten sich hier zwischen 776 und 799 neunmal auf. Die Anlage war Schauplatz von Reichs- und Heeresversammlungen, Synoden und Massentaufen; auch der aus Rom geflohene Papst Leo III. war Gast auf der Karlsburg. – Die karolingische Karlsburg und die späteren ottonisch-salischen Bauten wurden in den Jahren 1964–70 ausgegraben und anschließend rekonstruiert. Die Räumlichkeiten dienen heute hauptsächlich dem „Museum in der Kaiserpfalz“.[327]

Wegbeschreibung: Die Pfalz liegt direkt hinter dem Paderborner Dom.

[327] Vgl. Kaldewei, 31f

Hans Schleif und der Kriemhildenstuhl

Auf den Höhen nordwestlich über dem Kur- und Weinort Bad Dürkheim in der Pfalz findet sich die steil aufragende Sandsteinkulisse des Kriemhildenstuhl. Der ehemalige römische Steinbruch wurde in der Zeit des Dritten Reiches als germanisches Heiligtum gedeutet. Zeitweise wurde sogar der Bau einer riesigen Thingstätte [zu den Thingstätten siehe das Kapitel „Einleitung: Eine kurze Reise durch die Geschichte"] erwogen.

Der Kriemhildenstuhl über Bad Dürkheim

Die etwa 150 Meter über der Talsohle liegenden Buntsandsteinfelsen mit ihren rechtwinkligen Ecken und Kanten ragen über zwanzig Meter aus dem Wald auf. Die heute am Fuß der Felswand sichtbaren Terrassen aus nicht abgebautem Sandstein waren bis zu den Ausgrabungen der Jahre 1934/35 mehrere Meter hoch mit Schutt und Geröll bedeckt. Schon beim ersten Anblick ist klar, daß diese Felskulisse durch den Abbau quaderförmiger Steine entstanden sein muß. Etwas unpassend wirkt die auf der rechten Seite der Felsen eingemeißelte Gedenktafel für die Gefallenen des Ersten Weltkrieges. Über die ganze Felswand verteilt finden sich außerdem eingehauene Buchstaben, Symbole und Bilder; heute werden diese nicht mehr als germanische Runen, sondern als Zeichen der Steinbrucharbeiter gedeutet. –

Wenn man dann den Felsen den Rücken zukehrt, bietet sich einem vom Plateau eine herrliche Aussicht auf Bad Dürkheim und die weite Rheinebene. Über einen schmalen Wanderweg an der rechten Seite der Felsen steigt man zu einem zweiten Plateau oberhalb der Felsen und den Resten einer alten keltischen Ringwallanlage auf, die im Volksmund „Heidenmauer“ oder „Teufelsmauer“ genannt wird. [zu den Ringwällen siehe das Kapitel „Die Ringwallanlagen: Keltische Fluchtburgen oder Germanische Kultstätten?]

Menschendarstellung am Kriemhildenstuhl

Krummholzerstuhl, Brunholdisstuhl oder Kriemhildenstuhl?

In der zweiten Hälfte des 19. und in der ersten Hälfte des 20. Jahrhunderts wurden die Felsen über Bad Dürkheim heftig diskutiert. Naumann listete bis zum Jahr 1960 220 Veröffentlichungen auf, die dem Streit der Heimatforscher und der Fachgelehrten entsprangen.[328] Zu mancher Verwirrung führten auch die verschiedenen Bezeichnungen der Felsen: Der Ort wurde Krummholzer-, Brunholdis-, Brünhilden- und schließlich Kriemhildenstuhl genannt.[329]

[328] Vgl. Naumann, 83–94
[329] Vgl. Naumann, 37

Der älteste Hinweis auf den Kriemhildenstuhl findet sich in dem 1834 erschienenen Buch „Das Dürkheimer Thal“ von Pfarrer Johann Georg Lehmann : *„Auf der Südseite der Ringmauer befindet sich der sogenannte krummholzene Stuhl, ein Felsen, wo sich auf Fastnacht die Jugend Dürkheims mit einem, wahrscheinlich aus einem heidnischen Gebrauche herrührenden, Freudenfeuer belustigt. Sonst ist jedoch nichts merkwürdiges an diesem Felsen zu sehen und er scheint früher zu einem Steinbruch gedient zu haben.“*[330] Im Jahre 1867 aber bezeichnete Lehmann, nachdem er eine Urkunde über den Dürkheimer Burgfrieden aus dem Jahre 1360 fand, die einen „brûnoldes stúl“ bei Bad Dürkheim erwähnt, die Felsen als „Brunholdisstuhl“. Lehmann brachte zwei mögliche Deutungen des Namens: Entweder habe der Fels seinen Namen von der merowingischen Königin Brunichilde († 613) oder von der Königin Brünhilt aus dem Nibelungenlied erhalten. Während Lehmanns erste Deutung schon bald in Vergessenheit geriet, wurde die Nibelungenthese in den folgenden Jahrzehnten immer wieder aufgegriffen.[331]

Im Jahre 1894 veröffentliche F. Ohlenschlager eine ausführliche Interpretation der Urkunde aus dem Jahre 1360: Das überraschende Ergebnis seiner Untersuchung war, daß die Bezeichnung „brûnoldes stúl“ sich nicht von dem Frauennamen Brünhilt, sondern sich von dem Männernamen „Brunold“ herleite. Außerdem sei der in der Urkunde erwähnte Ort garnicht der Steinbruch, sondern ein Felsen an der Südspitze der Ringmauer – unterhalb des heutigen Sanatoriums „Sonnenwende“.[332] Seit 1894 gab es nun zwei Orte, die je nach dem Standpunkt des Verfassers den Namen „Brunholdisstuhl“ führten.

Erst im Jahre 1934, als Ernst Christmann die „Kallstädter Urkunde“ aus dem Jahre 1414, die einen „wingarten an kriemhelde stule am felse“ bezeugt, veröffentlichte, setzte sich für den Felsen an der Südspitze der Name „Brunholdisstuhl“ und für den Steinbruch an der Ostseite der Name „Kriemhildenstuhl“ durch. Seitdem nun hat jede der beiden Königinnen aus dem Nibelungenlied ihren eigenen Stuhl über Bad Dürkheim.[333]

Römischer Steinbruch und/oder germanische Kultstätte?

Während sich die Diskussionen in der zweiten Hälfte des 19. Jahrhunderst hauptsächlich um die Bezeichnung der Felswand drehten, beschäftigten sich die Gelehrten in der ersten Hälfte unseres Jahrhunderts vor allem mit seiner Funktion. Als im Jahre 1917 zum ersten Mal die Vermutung geäußert wurde, der Kriemhildenstuhl sei eine germanische Thing- oder Malstät-

---

[330] Zitiert nach Naumann, 40f
[331] Vgl. Naumann, 40–42
[332] Vgl. Naumann, 44f
[333] Vgl. Naumann, 51

te gewesen, trat der Archäologe und Leiter des Speyrer Museums Friedrich Sprater in die Diskussion ein. In den folgenden dreißig Jahre beschäftigte sich Sprater mit den Felsen und war nach Naumann *„in den Zeiten, die der Versuchung zur kritiklosen Schwärmerei erlagen, Hüter der wissenschaftlichen Vernunft.“*[334]

In den Jahren 1934/35 wurden von der Stadt Bad Dürkheim und dem Historischen Museum der Pfalz unter Leitung von Sprater Ausgrabungen am Fuß der Felswand durchgeführt und die Schutt- und Geröllmassen, die die Felsterrassen bedeckten, entfernt. Sprater ging es bei den Grabungen vor allem darum, seine Thesen vom römischen Steinbruch, der auch als Stätte eines Sonnenkultes genutzt wurde, zu belegen. Zum erbitterten Gegner Spraters wurde der Dürkheimer Arzt und Heimatforscher Adolf Stoll, dem die Ansicht, der Kriemhildenstuhl verdanke seine Entstehung der römischen Fremdherrschaft, unzumutbar erschien. Während Stoll von der Lokalpresse unterstützt wurde, hatte Sprater die Fachorgane auf seiner Seite.[335]

Schließlich schaltete sich Wilhelm Teudt in die Diskussion ein. [zu Teudt siehe die Kapitel „Keltische Fluchtburgen oder germanische Kultstätten“ und „Wilhelm Teudt und die Externsteine“] Als Teudt am 25. März 1934 in Bad Dürkheim eintraf, wurde ihm ein großartiger Empfang bereitet. Teudt, der schon in seinem 1929 erschienenen Buch „Germanische Heiligtümer“ die keltischen Ringwallanlagen als germanische Kultstätten deutete, bezeichnete nun auch den Dürkheimer Ringwall als alte germanische Kultstätte. Da Teudt allgemein annahm, daß in den Kultstätten auch astronomische Beobachtungen stattfanden, erklärte er den Kriemhildenstuhl zur Sternwarte. Im Juni 1934 schrieb Teudt in „Germanien“: *„Unser Fragen nach einer altgermanischen Kultstätte wird hier* [...] *schon durch diesen Namen angeregt, mehr aber noch durch die Sage, daß der an der Heidenmauer* [...] *hausende Teufel den Bau des Klosters Limburg stören wollte* [...] *und vor allem durch die als Jugendfeste bis heute erhaltene Volkssitte, an dieser Stelle die Fastnachtfeuer abzubrennen und dabei kleine Sonnenräder zu tragen. Das ist* [...] *ein Überrest der Sonnwendfeier der Alten. Dies weckt mit anderen Anzeichen in uns die Frage nach einer himmelskundlichen Betätigung, die an dieser Stelle eine Pflegstätte gehabt haben mag, und zwar mit besonderer Bedeutung, weil die Riesenarbeit der Heidenmauer uns auf das Anteilrecht einer weit umher wohnenden Bevölkerung schließen läßt. Hier werden wir uns den Steinturm für die Signalfeuer zu denken haben, der das Bauwerk der inneren Fläche der Heidenmauer überragte und die schon vorhandene prächtige Rundsicht auch nach Nordwesten zum Peterskopf hin, der einst ein Donarkopf gewesen ist, ergänzt und so die Ortung nach allen Seiten ermöglichte.“*[336]

---

[334] Zitat Naumann, 48
[335] Vgl. Naumann, 53
[336] Zitat Teudt, Heidenmauer, 164

Der bereits erwähnte Heimatforscher Stoll glaubte nun ein ganzes System von Ortungslinien, die die ganze oberrheinische Tiefebene überzogen und in die auch der Kriemhildenstuhl einbezogen war, zu entdecken: *„Der Sonnwendlinie (A) über den Peterskopf (Kultstätte Donars) entspricht nach Prof. Riem auf 139,3° die Mondwendlinie (B) um 1.000 vor Chr., welche nach Nordosten vom Brunholdisstuhl über den Michaelsberg und durch die Standorte der Kirchen von Ungstein und Freinsheim läuft. Sie geht durch Worms, nahe der im 10. Jahrh. erbauten Paulskirche, wo zuvor die alte Gaugrafen-Burg der Salier stand, die also wie die Limburg einem Kirchbau weichen mußte* [...][337] Und an anderer Stelle hieß es: *„Es ist mir wohlbekannt, in welcher Weise gegen die Ortungssysteme Sturm gelaufen wird.* [...] *Nur eine Ortungslinie ist in dem Gewirr der Meinungen unbeanstandet geblieben, und das ist die Ortungslinie aus der Himmelsrichtung des allgemeinen Aufgangs der Gestirne, die erst seit christlicher Zeit allgemein als die Segensspendende gilt. Diese Auffassung der Ostrichtung war aber kein Allgemeingut der Indogermanen, als die christliche Kirche anfing, ihre Bauten mit dem Chor als der allerheiligsten Stätte nach Osten gerichtet anzulegen* [...] *Ich halte also dafür, daß der ungeklärte Grundriß des Ringwalls vom Brunholdisstuhl her aufgezogen wurde, wie etwa vom Chor alter Kirchen der westwärts sich erstreckende Bau orientiert wurde. Der Bedeutung der Stätte, die erst in der Neuzeit den Namen Brunholdisstuhl führt, entspräche dann deren Ausgestaltung zu Beginn der Anlage, die in der römischen Besatzungszeit der ersten 3 Jahrhunderte unserer Zeitrechnung bereits auf ein über 1.000 jähriges Bestehen zurückblicken konnten.* [...]"[338]

Im Oktober 1935 veröffentliche Sprater in den „Mannheimer Geschichtsblättern" einen vorläufigen Abschlußbericht der Ausgrabungen: *„Die am ‚Brunholdisstuhl' geübte Steinbruchtechnik ist durchaus nicht auf die römische Zeit beschränkt, sie wird vielmehr in vollständig gleichartiger Weise auch heute noch angewendet. Dagegen fehlt jeder Beweis dafür, daß diese Steinbruchtechnik bei uns auch schon in vorrömischer Zeit angewendet worden sei.* [...] *Die am ‚Brunholdisstuhl' geübte Steinbruchtechnik wird nur dann angewendet, wenn es gilt, große Quader zu gewinnen. Derartige Quadern in den verschiedensten Größen haben sich bei den Aufräumungsarbeiten in großer Menge gefunden. Dr. Stoll behauptet, daß die Erbauer der Heidenmauer wenigstens einen Teil der benötigten Steine am Brunholdisstuhl gebrochen hätten. Nun wird doch niemand im Ernste behaupten wollen, daß man schöne, große, zum Mauerbau geeignete Quadern gebrochen, sie dann zerschlagen und als Brocken zum Bau der Heidenmauer verwendet hat.*"[339] Zu den Felszeichnungen am Kriemhildenstuhl schrieb Sprater: *„Ich nehme an, daß sich an dieser Stelle vor Anlage des römischen Steinbruchs eine weit nach Osten vorspringende Felsnase befand, die sich ausgezeichnet zur Beobachtung der aufgehenden Sonne eignete. Von hier aus dürften unsere Vorfahren den Jahreslauf der Sonne beobachtet, hier und in der benachbarten Heidenmauer*

---

[337] Zitat Stoll, 34

[338] Zitat Stoll, 20f

[339] Zitat Sprater, 220f

die damit zusammenhängenden Feste gefeiert haben. An diesen Festen dürften die Steinbrucharbeiter nach Anlage des römischen Steinbruchs teilgenommen und in Erinnerung an das Erlebte einen großen Teil der Felszeichnungen eingemeißelt haben.“[340] Zu den angeblichen Ortungslinien schrieb Sprater nur: „*Zu der Frage der Ortungslinien möchte ich nicht Stellung nehmen, so lange nicht die für die Beurteilung dieser Frage erforderlichen wissenschaftlichen Unterlagen vorliegen.*“[341]

In den Jahren 1937 bis 1939 wurden von der SS unter Leitung des Professors und SS-Führers Hans Schleif erneut Ausgrabungen am Kriemhildenstuhl durchgeführt. Sprater wurde an den Grabungen nicht beteiligt.[342] Auffällig sind die beiden äußerst zurückhaltend und streng wissenschaftlich formulierten Grabungsberichte, die Schleif in der Zeitschrift „Germanien“ veröffentlichte. Michael H. Kater, der Verfasser des wissenschaftlichen Standardwerkes „Das Ahnenerbe der SS“, schrieb, die Arbeit Schleifs zeichnete sich „*durch Zurückhaltung in der Formulierung der Hypothesen und durch Abgewogenheit in der Darstellung selbst aus, beides Manifestationen wahrer Wissenschaftlichkeit.*“[343] Im ersten Bericht, der im September 1938 erschien, berichtete Schleif ausführlich über die Ausgrabungen an der Wallanlage. Die Stein-Holz-Konstruktion der Trockenmauer datierte er auf die Zeit um 500 v. Chr. und sah in ihr eine Art Vorläufer der von Caesar beschriebenen „murus gallicus“[344]. Auf Grund der Verwendung von Holz für die Pfosten und als Füllmaterial habe die Mauer höchstens ein bis zwei Generationen bestanden.[345] Äußerst zurückhaltend sind Schleifs Ausführungen über die Erbauer der Wallanlage: „*Die Völkerbewegungen jener Zeit sind noch nicht so genau bekannt, daß man schon sicher sagen könnte, wer diese Burg gegen wen errichtet hat. Es ist die Zeit, in der sich die Kelten* [...] *nach Westen und Norden ausbreiten und in der Zone der deutschen Mittelgebirge auf den Widerstand der dortigen, bereits stark germanisch bestimmten seßhaften Bevölkerung stoßen, die man im Rhein-Main-Gebiet vorläufig mit ‚Urkelten' bezeichnet. Möglicherweise haben also diese ‚Urkelten' sich zu ihrer Verteidigung bei Dürkheim eine Volksburg gebaut.*“[346]

Der zweite Grabungsbericht, der im August 1938 in „Germanien“ veröffentlicht wurde, beschäftigt sich hauptsächlich mit der Ausgrabung eines großen Tors in der Wallanlage. Nur kurz wird am Schluß ein weiteres kleines Tor in der Nähe des Kriemhildenstuhls erwähnt: „*Wenn sich so dicht bei dem großen Tor das Vorhandensein eines kleineren Durchlasses zur Gewißheit erheben läßt, dürfte damit allein schon ein bedeutsamer Hinweis auf außerge-*

---

340 Zitat Sprater, 224
341 Zitat Sprater, 223
342 Vgl. Naumann, 53–55
343 Zitat Kater, 118
344 Siehe Anmerkung 139
345 Schleif 1, 292–295
346 Zitat Schleif 1, 295f

wöhnliche Zusammenhänge zwischen dem Burgwall und dem Felsen vor einer Ostecke gegeben sein."[347] – Bei den weiteren Abtragungen der Schuttmassen am Fuß der Felswand konnte nur eine Pferdedarstellung gefunden werden.[348]

In den 60er Jahren führte Josef Röder nochmals umfangreiche Untersuchungen am Kriemhildenstuhl durch. Er kam zu dem Ergebnis, daß die Anlage im 2. und 3. Jahrhundert von den Römern als Steinbruch genutzt wurde. Auf Grund der Inschriften müßte es sich um einen Steinbruch der 22. Legion gehandelt haben, die den Sandstein für Baumaßnahmen in Mainz nutzte. Die zum Teil vertretene Meinung, daß es sich beim Kriemhildenstuhl um den größten römischen Steinbruch nördlich der Alpen gehandelt habe, wies Röder zurück. Die Menge des abgebauten Buntsandsteins sei mit $20.000 m^3$ eher bescheiden gewesen; sie habe allenfalls für ein größeres Gebäude ausgereicht.[349]

Inschrift der 22. römischen Legion

An der Freilegung des Kriemhildenstuhls in den Jahren 1933/34 und 1937–39 übte Röder scharfe Kritik, da es den Steinbruch in einem Zustand präsentiere, wie ihn die Römer nie gesehen hätten. Ein Steinbruch sei eben kein Bauwerk, das sich mit seinem Wachsen immer klarer präsentiere. Durch den Abtrag unbrauchbarer Deckschichten, den Anfall minderwertigen Materials während des Abbaus und durch das Aushauen der Quader falle selbst in ergiebigen Steinbrüchen bis zu 50 % Schutt an. Da es zu arbeitsaufwendig sei, den Schutt fortzuschaffen, würde er im allgemeinen an der Basis der Abbaufläche liegengelassen. Am Kriemhildenstuhl sei dieses Verfahren eindeutig zu erkennen. Hier sei nach der Ausbeute einer Abbaubahn das nächste Wandstück angegangen und bis in die Tiefe abgebaut worden. Durch den Anfall der Schuttmengen sei die folgende Bahn aber nicht ganz so tief abgebaut worden. Im Laufe der Zeit seien Abbausohle und Schutt einander immer näher gekommen und der Steinbruch schließlich im eigenen Schutt erstickt. Nur so ließe sich erklären, daß die Felsterrassen am Fuß der Wand nicht abgebaut wurden; sie seien seinerzeit mit Abraum bedeckt gewesen.[350]

---

[347] Zitat Schleif 2, 345

[348] Schleif 2, 340

[349] Vgl. Röder, Kriemhildenstuhl, 110f

[350] Vgl. Röder, Kriemhildenstuhl, 112–117

Aus den in den Felsen eingehauenen Schriftzeichen würde nach Röder deutlich hervorgehen, daß der Kriemhildenstuhl über vier Abbaubahnen und damit wahrscheinlich für die gesamte Dauer seiner Ausbeute im Besitz der 22. Legion war. Aus Inschrift Nr. 2 ginge hervor, daß der einzelne Arbeitskopf „angulus" genannt wurde. Jeder angulus habe einen Vorarbeiter, dessen Name bzw. eine Abkürzung der Bezeichnung beigefügt worden war. Zum Teil seien auch die Namen der einzelnen Arbeiter erwähnt.

Bei den in den Stein eingehauenen Symbolen und Schriftzeichen, die man heute auf einer Tafel am Fuß der Felsen betrachten kann, handle es sich nach Röder nicht um germanische Runen, sondern um Zeichen der Steinbrucharbeiter und Soldaten. Die dargestellten Menschen deutete Röder als Waffen- bzw. Lanzenträger, also als Soldatendarstellungen. Aus der Verbindung von Inschriften mit Kopfdarstellungen interpretierte Röder letztere als karikaturhafte oder selbstironische Bilder der Soldaten. Die verschiedenen Tier- und Symboldarstellungen hätten die Arbeitsbereiche der einzelnen Arbeitsgruppen markiert: So habe es eine Pferde- und eine Radgruppe gegeben.[351]

Wegbeschreibung: Man erreicht Bad Dürkheim z.B. von der A 6 Viernheimer Dreieck–Kaiserslautern, die man an der Abfahrt „Grünstadt" verläßt. Über die B 271 fährt man nach Bad Dürkheim und folgt den Wegweisern zur „Klinik Sonnenwende". Vor der Klinik, an der Bushaltestelle „Bau 2000", parkt man den Wagen und steigt in etwa 15 Minuten auf dem mit einem Eichensymbol markierten Naturlehrpfad zum Fuß des Kriemhildenstuhls auf.

---

[351] Vgl. Röder, Kriemhildenstuhl, 125–131

Otto Rahn und die Katharer

Am 12. Mai 1939 fanden die Kinder des Bergbauern Josef Mayer im tauenden Schnee des Wilden Kaisers eine schon leicht verweste männliche Leiche. Der Tote, der wie es hieß „sitzend, mit friedlichem Antlitz“ gefunden wurde, wurde von der Gendarmerie als der Schriftsteller Otto Rahn[352] aus Berlin identifiziert. Als Todestag wurde der 13. März 1939 festgestellt.

Otto Rahn, der 1933 nach dreijähriger Forschung in Südfrankreich sein Buch „Kreuzzug gegen den Gral – Die Tragödie des Katharismus“ veröffentlichte, wurde 1935 von dem fast siebzigjährigen Gotenforscher und SS-Standartenführer Karl Maria Wiligut-Weisthor, der bis zu seiner Entlassung aus der SS im Jahre 1938 großen Einfluß auf Himmler hatte, in die SS geholt. Rahn arbeitete als Referent im Rasse- und Siedlungshauptamt und schrieb sein zweites Buch „Luzifers Hofgesind – Eine Reise zu den guten Geistern Europas“, eine Ketzergeschichte in Form eines Reiseberichts.

Da es Rahn nach Meinung seiner Vorgesetzten an der nötigen „Härte“ fehlte, wurde er auf direkten Befehl Himmlers am 1. Oktober 1938 zu den SS-Herbstübungen eingezogen und mußte Dienst im Lager Buchenwald leisten. Was Rahn in und nach der „Reichskristallnacht“ im völlig überfüllten Lager erlebte, muß ihn zutiefst schockiert haben. Freunden gegenüber soll Rahn geäußert haben, er sei entsetzt über das, was er gesehen habe. Am 28. Februar 1939 schrieb Rahn einen handschriftlichen Brief an den Chef des Persönlichen Stabes SS-Gruppenführer Wolf: *„Leider muß ich Sie bitten, bei dem Reichsführer-SS meine sofortige Entlassung aus der Schutzstaffel zu befürworten. Die Gründe, die mich zu diesem Entschluß und zu dieser Bitte treiben, sind so schwerwiegender Natur, daß ich Sie Ihnen nur mündlich darlegen kann.“*[353]

Eine Rolle für Rahns Austritt aus der SS mögen auch Gerüchte über seine angebliche Homosexualität gespielt haben. Im August 1937 wurde ein Karl Mahler in einem Parteigerichtsverfahren wegen „ehrenrührigem Verhalten“ angeklagt. Im Rahmen dieses Verfahrens wurde auch Rahn belastet. In einer „Ehrenerklärung“ verpflichtete Rahn sich zwei Jahre keinen Alkohol mehr zu trinken und unter Ablegung seines Dienstgrades vier Monate Dienst im Lager Dachau zu leisten. Rahn schien die Flucht nach vorne antreten zu wollen und teilte Himmler mit, daß er beabsichtige zu heiraten. Himmler antwortete am 27. Juni 1938 mit einem privaten Schreiben: *„Mein lieber Rahn! Über ihren Brief vom 17.6.1938 habe ich mich sehr gefreut. Ich finde Ihren Entschluß, heiraten zu wollen, durchaus richtig* [...] *Die*

[352] Zur Biographie Rahns vgl. Lange, Rahn , 30–37 und Rittersbacher, 303–305
[353] Zitiert nach Lange, Rahn , 69

Formalitäten zur Verlobung werden ja rasch erledigt sein, so daß von unserer Seite keinerlei Hindernisse bestehen und Sie im Laufe dieses Jahres heiraten können.“[354] Auch wenn von Seiten des „Reichsführers“ einer Heirat keine Hindernisse entgegenstanden, kam es nicht zur Hochzeit, da die von Rahn auserwählte Anna Dachs anscheinend nichts von einer geplanten Heirat wußte.

Rahn fuhr Anfang März 1939 nach Kufstein und wanderte in die Berge des Wilden Kaisers. Ob Rahn freiwillig aus dem Leben schied oder ob er sich auf einer Wanderung verirrte und erfror, wird im Ungewissen bleiben, da fast alle seine persönlichen Briefe und Aufzeichnungen am Ende des Krieges von seiner Mutter verbrannt worden sind. – Rahn wurde postum wieder in die SS aufgenommen und in der Liste der verstorbenen SS-Führer geführt, da er mit seinem Freitod seine Verfehlungen gesühnt habe. Im „Schwarzen Korps“ erschien eine Todesanzeige von SS-Gruppenführer Wolf: *„Bei einem Schneesturm in den Bergen kam im März dieses Jahres der SS-Obersturmführer Otto Rahn auf tragische Weise ums Leben. Wir bedauern in diesem toten Kameraden einen anständigen SS-Mann und den Schöpfer ausgezeichneter, geschichtlicher-wissenschaftlicher Werke.*“[355]

Was erhalten blieb, ist das Werk, das Otto Rahn 1933 nach dreijähriger Forschung in Südfrankreich veröffentlichte: „Kreuzzug gegen den Gral – Die Tragödie des Katharismus“. Es zeigt dem Leser einen jungen Forscher, der voller Emotion über die Tragödie einer ketzerischen Gemeinschaft des Mittelalters schrieb. Von der etablierten Wissenschaft wurde und wird Rahn jedoch nicht ernst genommen. In Arno Borsts 1953 erschienenem Buch „Die Katharer“, das noch heute als das wissenschaftliche Standardwerk zum Thema Katharismus gilt, wird Rahn nur kurz im Rahmen der Quellen- und Forschungsgesichte erwähnt: „... *der deutsche Dichter Otto Rahn († 1939), hat dann 1933 auf den Spuren Richard Wagners die katharische Minnekirche entdeckt: diese ‚durch manichäische Missionare christianisierten Druiden', Nachfahren von Iberern, Persern und Phönikern, sind die Troubadours, die Hüter des heiligen Grals.*“[356]

Die Katharer, eine mittelalterliche Sekte

Im Languedoc, der Provence und den Pyrenäen, den Ländern der Troubadoure und der Minnedichtung, breitete sich im 12. und 13. Jahrhundert der Katharismus aus. Als strenge Dualisten fühlten sich die Katharer, die nach der Stadt Albi auch „Albigenser“ genannt werden, in dieser Welt nicht zu Hause; die diesseitige Welt war für sie das Werk Luzifers.[357] Die

---

[354] Zitiert nach Lange, Rahn, 66
[355] Zitiert nach Lange, Rahn , 71
[356] Zitat Borst, 49
[357] Vgl. Rahn, Kreuzzug, 68f

Hauptursache für die rasche Ausbreitung dieser Lehre war das vorbildliche, reine und fromme Leben der Katharer, welches im krassen Gegensatz zur Lebensweise des katholischen Klerus stand.[358] Viele Adelige sympathisierten mit den Ketzern und unterstützten sie.[359] Auf der Burg von Foix sammelte die „Ketzerpäpstin" Esclarmonde Troubadoure und Katharer um sich. Esclarmonde stellte den Katharern auch die Burg Montségur zur Verfügung. Toulouse war unter Graf Raimond VI. Hochburg der Ketzerei[360]; aus dieser Zeit stammt noch die romanische Basilika St-Sernin.

Die katholischen Sakramente lehnten die Katharer ab; für sie gab es nur ein Sakrament: das Consolamentum, die Geisttaufe. Rahn schrieb: „*Es ist oft vorgekommen, daß die Cathari nach Empfang des Consolamentums, während der Endura, Freitod begingen. Ihre Lehre gestattete wie die der Druiden den Selbstmord, verlangte aber, daß man nicht aus Lebensüberdruß, Angst oder Schmerz, sondern in vollkommenem Losgelöstsein von der Materie seinem Leben ein Ende machte.*"[361] Kirchengebäude brauchten die Katharer nicht; ihre Gottesdienste hielten sie, wie auch die Druiden vorher, in Wäldern und Höhlen ab: So z.B. in der „Kathedrale" der Höhle von Lombrives oder in den Höhlen über Ornolac/Ussat-les-Bains.[362]

Im Jahre 1209 rief die katholische Kirche zum Kreuzzug gegen die Katharer auf. Die französische Krone witterte die Chance, auch Südfrankreich unter ihre Kontrolle zu bringen.[363] Otto Rahn beschrieb den Kreuzzug, der sich in Lyon zusammenscharte: „*Ihr voran reitet der finstere unversöhnliche Erzabt von Cîteaux, der ‚Führer der christlichen Streitmacht gegen die albigensischen Ketzer'. Einem apokalyptischen Reiter gleich jagt er in flatternder Mönchskutte in das Land, das seinen Gott nicht anbetet. Ihm folgt das ‚dies irae' singende Heer von Erzbischöfen, Bischöfen, Äbten, Priestern und Mönchen. Neben den Kirchenfürsten reiten die weltlichen Fürsten in ihren gleißenden Rüstungen aus Stahl, Silber und Gold. Dann kommen die Raubritter mit ihren verwahrlosten Reisigen: Robert Ohnehabe, Guy Trinkkeinwasser und wie ihre Namen alle hießen. Und dann die Städter und Bauern, und dann zu tausenden und abertausenden Europas lichtscheues Gesindel: die ribautz (Hurenknechte), die truands (Leichenfledderer) und, in den Venustempeln auf vier Rädern, die Dirnen aus aller Herren Länder* [...]"[364]

---

[358] Vgl. Rahn, Kreuzzug, 103f
[359] Vgl. Rahn, Kreuzzug, 138
[360] Vgl. Rahn, Kreuzzug, 143
[361] Zitat Rahn, Kreuzzug, 110
[362] Vgl. Rahn, Kreuzzug, 70f
[363] Vgl. Rahn, Kreuzzug, 154f
[364] Zitat Rahn, Kreuzzug, 154

Das erste Opfer des Kreuzzuges war am 22. Juli 1209 Béziers. Da die Bewohner der Stadt sich weigerten, die Ketzer auszuliefern, befahl Erzabt Arnold von Cîteaux: „Tötet sie alle, Gott wird die Seinen schon herausfinden!“[365] Nikolaus Lenau, mit dessen Zitaten Rahn sein Werk ausschmückte, dichtete in seinem im Jahre 1842 erschienen Werk „Die Albigenser“ über das Gemetzel von Béziers:

„Abt Arnald ruft ins Fechten, wo es stockt:
‚Haut ein! der Ablaß und die Beute lockt!'
Den Priester reitet Simon [von Montfort (s. u.)] *an, zu fragen:*
‚Herr, sollen wir auch Katholiken schlagen?
Der Unsern viele sind in diesen Mauern,
Ist hier gestattet Mitleid und Bedauern?'

Der Abt entgegnet: ‚Dessen ist nicht Not,
Schlagt Ketzer, Katholiken, alle tot!
Wenn sie gemengt auch durcheinander liegen,
Gott weiß die Seinen schon herauszukriegen.'“[366]

Wegbeschreibung: Man verläßt die A 9 Montpellier–Perpignan an der Abfahrt „Béziers-Est“. Sehenswert sind insbesondere die Kathedrale St-Nazaire und die Église de la Madeleine, an der eine Gedenktafel an die Tragödie von 1209 erinnert. Einen herrlichen Blick auf die Kathedrale hat man von der Pont-Vieux.

Nach dem Fall Béziers begann die Belagerung Carcassonnes. Nachdem Ramon-Roger, Vicomte von Carcassonne durch Verrat gefangengenommen wurde, flohen in der Nacht vom 14. auf den 15. August 1209 die Bewohner durch unterirdische Gänge. Die Stadt wurde von den Kreuzfahrern besetzt. Nach dem Dankgottesdienst rief Abt Arnold die Prälaten und Adeligen zusammen, um einen neuen weltlichen Herren für die eroberten Gebiete zu bestimmen. Rahn schrieb: *„Der Herzog von Burgund, die Grafen von Nevers und von Saint-Paul, denen Arnold die Vizegrafschaft Béziers und Carcassonne zuerst anträgt, lehnen unwillig den Vorschlag ab. Sie seien ausgezogen, die Ketzer zu züchtigen und nicht um Ge-*

365 Vgl. Rahn, Kreuzzug, 155–157
366 Zitat Lenau, Die Albigenser, 2523–2532

biete zu rauben, auf die ihnen kein Recht zustehe.“[367] Schließlich wählt ein Gremium unter Vorsitz von Arnold einen kleinen Adeligen von der Île-de-France, Simon von Montfort, zum weltlichen Herren der unterworfenen Gebiete.[368] *„Dieser rauhe Krieger, der nicht lesen noch schreiben konnte, wurde der wahre und unerbitterliche Zerstörer Romaniens. Diesen Fanatiker, der zehn Jahre lang ungerecht und grausam in einer der friedlichsten und schönsten Gegenden des Abendlandes wütete, betrachtet die Kirche bis zum heutigen Tage als den ‚Streiter Jesu-Christi', den ‚Retter Roms'.*“[369] – So Rahn.

Wegbeschreibung: Man verläßt die A 61 Narbonne–Toulouse an der Abfahrt „Carcassonne-Est“ und folgt den Wegweisern „La Cite“. Die Oberstadt von Carcassonne ist die größte Festung Europas; sie ist mit einem doppelten Mauerring und 38 Türmen umgeben. Im Inneren liegt das Château Comtal, in dem einst Ramon-Roger residierte und die Kathedrale St-Nazaire, deren Bau den Sieg des Katholizismus symbolisieren sollte. Da sich der Touristenrummel, der in der Cite veranstaltet wird, kaum noch überbieten läßt, kann man Carcassonne eigentlich nur am frühen Morgen besuchen.

Die heiligen Stätten der Katharer

Über Béziers, Carcassonne, Toulouse, Albi, Cordes, etc. berichten alle gängigen Reiseführer; wer aber wirklich auf den Spuren der Katharer wandeln will, sollte sich an diesen Stätten, die von Scharen von Touristen besucht werden, nur kurz aufhalten und die weniger bekannten Orte aufsuchen. Im Frühjahr 1997 fuhren wir erstmals – anregt durch Rahns „Kreuzzug gegen den Gral – Die Tragödie des Katharismus“ – nach Südfrankreich. Der teilweise etwas schwärmerische Stil Rahns mag nicht jedem gefallen; in dieser Mischung aus Geschichte, Legenden, Mythen und Reiseberichten finden sich aber für den, der auf den Spuren der Katharer wandeln möchte, eine Vielzahl von Anregungen, die die gängigen Reiseführer verschweigen. Rahn zog es besonders ins Sabarthès, jener Gegend der ehemaligen Grafschaft Foix (jetziges Departement Ariège), die an Spanien und Andorra grenzt. In Foix sieht man hoch über dem Ort und der Ariège die Burg mit den auffälligen drei Türmen. Es waren glückliche Tage für die Katharer, als sich im Jahre 1204 die edle Esclarmonde von Foix bekehrte und sich von Guilhabert von Castres das Consolamentum spenden ließ; durch die orthodoxe Welt jedoch ging ein Sturm der Entrüstung.[370]

Wegbeschreibung: Foix liegt an der N 20 Toulouse–Andorra.

Antonin Gadal († 1962), der französische Prähistoriker und väterliche Freund Rahns, bezeichnete das Sabarthès mit seinen unzähligen Höhlen und Grotten, in denen die Katharer

---

[367] Zitat Rahn, Kreuzzug, 162
[368] Vgl. Rahn, Kreuzzug, 157–162 und Borst, 93
[369] Zitat Rahn, Kreuzzug, 162f
[370] Vgl. Rahn, Kreuzzug, 121und 130

ihre Gottesdienste abhielten, als „Hafen des Katharertums“. In Gadals Buch „Auf dem Weg zum Heiligen Gral“ heißt es: *„Einige dieser Grotten dienten als Einweihungsstätten für die lange, strenge, harte Einweihung der Katharer-Priester, die Purs (Reine), Parfaits (Perfekte), Bonshommes (Gutleute), genannt wurden. Sie bewohnten besonders diese unterirdischen Höhlen, die in ihrer Weiträumigkeit für sie sichere und angenehme Wohnstätten bildeten, Orte der Begegnung mit der allmächtigen schöpferischen Essenz.“*[371]

„Bethlehem“, eine heilige Stätte der Katharer

Die größte Ansammlung von Katharergrotten findet sich in der steilen Felswand hoch über dem ehemaligen Kurort Ornolac/Ussat-les-Bains im Tal der Ariège. Die Höhlen und Grotten sind nicht leicht zu finden; Wegweiser sucht man vergeblich und auch der Blick in die Wanderkarte hilft nicht weiter. Orientieren kann man sich allenfalls an einigen kleinen Steintürmchen, die Gleichgesinnte aufgestellt haben. Einen Besuch der „Republik der Grotten des Sabarthez“ (Gadal) sollte man jedoch nicht versäumen. Das Erlebnis, an diesen heiligen Stätten stehen zu dürfen, entschädigt für viele Mühen.

[371] Zitat Gadal, Gral, 17

Nach kurzem steilen Aufstieg steht man vor der äußeren Mauer der Spulga von Ornolac, einer einst mächtigen Höhlenfestung. In der Mauer befindet sich eine hölzerne Tür mit einem alten, verwitterten Schild: „Bethleem – Sanctuaire Cathare". Man durchschreitet das Tor, steigt zur zweiten Mauer auf und erreicht ein Plateau. Der Platz wird an drei Seiten durch steil aufragende, z.T. überhängende Felswände begrenzt; die vierte Seite gewährt freien Blick hinab ins Tal der Ariège. In der Mitte liegt ein Findling, um den sich einst die Bonshommes versammelten. An den Versammlungsplatz schließt sich eine dritte Mauer an, durch die man „Bethlehem", das Allerheiligste, betritt. In der Höhle findet sich eine Felsplatte, die auf drei Steinen ruht, ein Altar. Gadal schrieb über „Bethlehem": *„Wenn sie sprechen und all das wiedergeben könnte, was sie gehört hat; wenn wir die erhabenen Fragen kennen könnten, die unter dem Schutz des Felsens besprochen wurden: Gott, das Universum, die Schöpfung, der Fall, die Rettung durch Christus, die ewige Verdammnis, die Bekehrung des Satans, das Auslöschen der Höllenfeuer, das siderische Fegefeuer, die Wanderung der Seelen von Stern zu Stern – wenn wir den Meditationen folgen könnten, deren Zeuge der Platz so oft und während einer so langen Zeit war."*[372]

Außer der Spulga von Ornolac kann man noch zwei weitere Katharer-Grotten besuchen. In die „Höhle des Eremiten" gelangt man durch einen schmalen, hohen Gang. Interessant ist insbesondere das natürliche Wasserbecken im ersten Raum. Der Name der Höhle läßt darauf schließen, daß hier einst ein katharischer Trevrizent [siehe das Kapitel „Albert Schreiber, Gotthilde Güterbock und die „Deutsche Gralsburg""] gelebt hat. Die „Kapelle" (oder „Las Gleysos"[373]) ist ein kreisrunder Raum, der vom Tageslicht gerade noch erhellt wird. In der Mitte des Raums liegt ein Findling, der den Bonshommes als Altar gedient hat. Zu den anderen von Gadal beschriebenen Höhlen führen heute keine Wege mehr und der Aufstieg durch die Geröllfelder wäre lebensgefährlich.

„Der Dreibund des Lichtes,
Gral, Katharer und Kreuz mit Rosen,
5. Mai 1957"

So lautet die deutsche Übersetzung der französischen und holländischen Inschriften am Monument „Galaad" in Ornolac. Besonderes Interesse am Sabarthès entwickelte die im Jahre 1925 gegründete neugnostische Gemeinschaft Lectorium Rosicrucianum (Internationale Schule des Rosenkreuzes). Am 5. Mai 1957 errichteten die Großmeister der Lectorium Rosicrucianum, Jan von Rijckenborgh und Catharose de Petri, zusammen mit Antonin Gadal die kleine, cromlechartige Anlage.[374] In der Rosenkreuzer-Schrift „Sabarthez" heißt es: *„Das Monument vergegenwärtigt sichtbar in Raum und Zeit die Verbindung der Bruderschaft des*

---

[372] Zitat Gadal, Erbe, 91 - Zu „Bethlehem" vgl. auch Lectorium Rosicrucianum, 12–17
[373] Vgl. Rahn, Kreuzzug, 248
[374] Vgl. Lectorium Rosicrucianum, 6–10

Heiligen Grals, der Bruderschaft der Katharer und der Bruderschaft des Rosenkreuzes zum Dreibund des Lichtes.“ An der Eingangstür der Anlage findet sich der Schriftzug „GALAAD“. „*Der Name ‚Galaad' bedeutet ‚Steinhaufen des Zeugnisses'. Es ist das sichtbare Zeichen der Verbindung zwischen zwei Gliedern der Universellen Bruderschaftskette, nämlich zwischen der vorangegangenen und der jetzt wirksamen jungen gnostischen Bruderschaft.*“[375] – „GALAAD“ kann, wie mein Begleiter bemerkte, freilich auch als Anagramm von „A. Gadal“ gedeutet werden.

Wegbeschreibung: Im Tal der Ariège fährt man auf der N 20 von Tarascon-sur-Ariège Richtung Ax-les-Thermes. Nach dem Ortsausgangsschild von Ornolac/Ussat-les-Bains biegt man links ab (Wegweiser Campingplatz). Nach Überqueren der Bahnlinie und der Ariège biegt man links in die erste Straße und nochmals links auf einen befestigten Feldweg, der zum Monument „Galaad“ führt, ab. – Zu den Höhlen fährt man den Feldweg zurück zur Straße, biegt links ab und parkt an der Einmündung der nächsten Straße von links. Der Fußpfad rechts führt zur Spulga von Ornolac und zur „Höhle des Eremiten“. An der ersten Weggabelung geht man links und gelangt an eine Linkskehre des Pfades, die von einer Telefonleitung überspannt wird. Von hier geht man rechts aufwärts zur Spulga. Zur „Höhle des Eremiten“ geht man von der Gabelung an der Kehre geradeaus bis zum Lawinenzaun, kriecht durch diesen hindurch und geht (immer am Zaun entlang) geradeaus weiter. Zur „Kapelle“ steigt man wieder zur Straße ab, fährt geradeaus weiter bis zu den alten Kuranlagen, parkt und steigt nach den Kolonnaden auf. Über einen schmalen Pfad, der ein Geröllfeld quert, erreicht man die Höhle. (Taschenlampen nicht vergessen!)

Im Tal der Ariège liegt auch die Höhle von Lombrives mit der riesigen „Kathedrale“. Rahn stützt sich bei seinen Ausführungen über die Höhle von Lombrives auf Gespräche, die er mit Bauern und Hirten der Gegend geführt hatte: „*Die größte Höhle des Sabarthès ist die Höhle vom Lombrives. Vor uralten Zeiten, deren Nacht von unserer Geschichtswissenschaft kaum erhellt ist, war sie ein Tempel des iberischen Sonnengottes Ilhomber. Die schlichten Hirten und Bauern des unweit davon gelegenen Dörfchens Ornolac nennen sie auch die ‚Kathedrale'.* [...] *Ein 107 Meter hoher Saal war die eigentliche Ketzerkathedrale. Die Erde, das Machwerk Luzifers, hatte ihnen den schönsten Raum hergeben müssen, damit sie die Schönheit vorausahnen konnten, die der wahre Bildner jenseits der Sterne geschaffen hat.* [...] *Von der Ketzerkathedrale führt eine steineren Treppe in den zweiten Teil der Höhle vom Lombrives, bis der menschliche Fuß nach stundenlangem Wandern vor einer hunderte von Metern tiefen Schlucht zurückschreckt. Dort liegt ein riesiger Felsblock, auf den das tropfende Wasser einen Stalagmiten in Form einer Keule gezaubert hat, und den die Bauern von Ornolac das ‚Grabmal des Herakles' nennen.*“[376] – Man sollte nicht versäumen, an einer Führung durch die riesigen unterirdischen Gänge und Hallen teilzunehmen, auch wenn dort, wie uns der Führer auf unsere Frage nach den Katharern antwortete, nach Auffassung des Nationalen Katharer-Instituts in Carcassonne niemals Katharer gewesen seien.

---

[375] Zitat Lectorium Rosicrucianum, 7

[376] Zitat Rahn, Kreuzzug, 70f – vgl. auch Lectorium Rosicrucianum, 23–25

Wegbeschreibung: Im Tal der Ariège fährt man auf der Straße von Tarascon-sur-Ariège Richtung Ax-les-Thermes und folgt den Wegweisern zur Höhle von Lombrives.

Der Kreuzzug und der Widerstand des okzitanischen Adels

Als 1209 der Kreuzzug der Katholischen Kirche und des nordfranzösischen Königs in Südfrankreich einfiel, leisteten die okzitanischen Ritter über 40 Jahre lang verzweifelten Widerstand. An jene okzitanischen Ritter, die einst die Freiheit ihrer Heimat und die Freiheit ihres Glaubens verteidigten, erinnert heute ein monumentales Denkmal an der Autobahn: Auf einem Hügel stehen drei riesige aus Beton gegossene Ritter, die nach Osten spähen, in jene Richtung, aus der einst der Kreuzzug kam.

Denkmal für die okzitanischen Ritter

Wegbeschreibung: Wenn man von Lyon kommend bei Narbonne auf die Autobahn nach Toulouse abbiegt, befindet sich das Denkmal am nächsten Parkplatz.

Man sollte nicht versäumen, einige der Burgen, in denen die okzitanischen Ritter einst lebten und kämpften, zu besichtigen.[377] Die Burgen sind heute touristisch bestens erschlossen und in der Vor- oder Nachsaison auch nicht überlaufen. Allerdings ist an jeder Ruine ein Eintrittsgeld von umgerechnet 8–10,- DM zu entrichten. (Den Eintritt kann man umgehen,

[377] Zu den Katharerburgen vgl.: Macher, Blatz und Anhäuser, Katharer

wenn man die Burgruinen zeitig am Morgen besucht, da die Kassen dann noch nicht besetzt sind.)

Tief in den Bergen der Corbières liegt die Ruine der Burg von Termes. Die Herren von Termes waren Vasallen der Trencavel, die in Carcassonne regierten. Im Jahre 1210 mußte Raimund von Termes, ein gläubiger Katharer, vor den Katholischen kapitulieren. Er wurde in Carcassonne eingesperrt, wo er im Jahre 1213 starb. Sein Sohn Oliver lieferte noch zahllose Schlachten im okzitanischen Lager, bevor er sich im Jahre 1245 dem nordfranzösichen König Ludwig IX. unterwarf. Am 12. August 1275 starb Oliver auf einem Kreuzzug ins Heilige Land. Manche meinen, er wäre in der Abtei von Fontferoide (etwa 20 Kilometer südwestl. Narbonne) beerdigt.[378]

Wegbeschreibung: Termes erreicht man z.B. von Carcassonne auf der D 118 Richtung Quillan, die man in Couiza verläßt. Auf der D 613 fährt man über Arques und Mouthoumet zur Abzweigung nach Termes.

Daß zwischen Katharismus und Troubadourkultur eine enge Beziehung bestand, zeigt sich an der Geschichte der Burg von Puivert. Die heutige Burg stammt aus dem 14. Jahrhundert. In der ersten Burg, die im 12. Jahrhundert errichtet wurde, wurde einst ein glänzender Hofstaat abgehalten und im Jahre 1170 fand hier eine Versammlung von Troubadouren statt. Im „Saal der Musiker" erinnern acht Skulpuren an die alte Tradition: Sie stellen Musiker dar, die alte Musikinstrumente spielen. Man sieht einen Dudelsack, ein Tamburin, zwei Drehleiern, ein Psalterium, eine Laute und eine Cister. Zur Zeit des Kreuzzuges gehörte die Burg der ketzerischen Familie Congost. Alpais, die Mutter des Burgherren Gaillard, hatte im Jahre 1208 das Consolamentum empfangen. Die Burg Puivert fiel im Jahre 1210, die Cousins von Alpais aber kämpften weiter für die katharische Sache: Im Jahre 1242 nahmen sie am Inquisitorenmord in Avignonet [s. u.] teil und im Jahre 1244 gehörten sie zu den Verteidigern Montségurs.[379]

Wegbeschreibung: Château Puivert liegt direkt an der D 117 Quillan–Lavelanet.

Die nördlich von Carcassonne auf einem Hügelkamm liegenden vier Burgen von Lastours gehörten den Herren von Cabaret. Pierre Roger de Cabaret war ein glühender Anhänger der Katharer und Vasall der Trencavels. Lange Jahre war Lastour Treffpunkt der Katharer und Zentrum des Widerstandes. Im Jahre 1229 mußte er seine Burgen aufgeben, kehrte aber im Jahre 1240, als er Trencavel bei seiner letzten Offensive begleitete, für einige Wochen zurück.[380]

[378] Vgl. de la Viera, 11 und d´Andoque, 10f
[379] Vgl. Serrus, 24f und de la Viera, 13
[380] Vgl. de la Viera, 14f und Michelin, 232f

Wegbeschreibung: Von Carcassonne fährt man auf der D 101 nach Conques-s-Orbiel und dann auf der D 101 nach Lastour. Bevor man die Burgen besichtigt, sollte man den Wegweisern zum Aussichtspunkt auf dem Nachbarberg folgen, von dem man einen herrlichen Blick auf die vier Ruinen hat. In der Saison werden hier an zwei Abenden Freilichtspiele über das Schicksal der Herren von Cabaret aufgeführt.

1240 unternahm Okzitanien unter Raimund Trencavel von Carcassonne, dem Sohn Raimund Rogers, eine letzte, vergebliche Offensive. Die Burg Aguilar, die zum Besitz derer von Termes gehörte, war wahrscheinlich einer der Sammelpunkte der okzitanischen Ritter.[381]

Wegbeschreibung: Die Burg erreicht man von der D 117 Quilan–Perpignan, die man in Estagel verläßt. Auf der D 611 fährt man über Tuchan nach Aguilar. Die Burg liegt auf einem kleinen Hügel inmitten des Weinbaugebietes von Tuchan.

Die beeindruckendste, aber leider auch überlaufenste Katharer-Burg ist Peyrepertuse. Schon von weitem sieht man die auf einem steil aufragenden Felskamm der Corbières errichteten zwei Burgen. Aus der Zeit der Katharerkriege stammt allerdings nur die untere Burg, die sich im Jahre 1240, nachdem Trencavels Offensive gescheitert war, den Kreuzfahrern ergab. Im Jahre 1250 wurde Peyrepertuse zur französischen Grenzfestung umgebaut und auch die neue obere Burg errichtet.[382]

Wegbeschreibung: Für die Anfahrt sollte man die Strecke durch die wilde Galamus-Schlucht wählen: Man verläßt die D 117 Perpignan–Quillan in St-Paul-de-Fenouille und folgt den Wegweisern zur „Gorges de Galamus“. Hinter dem Parkplatz am Eingang der Schlucht verläuft die nur 2 Meter breite Straße in schwindelerregender Höhe an der steil aufragenden Felswand. Nach der Schlucht folgt man den Wegweisern zur Burg.

Das Ende der Katharer

Antonin Gadal beschrieb, wie sich Roger-Bernhard, der Graf von Foix., am 16. Juli 1229 ergab: „*Dieser unbeugsame Fürst aus den Bergen des Sabarthez empfing den Vize-Legaten Pierre de Colmieux* [...] *und gab folgende Antwort auf die gegen ihn erhobenen Beschuldigungen: ‚Der Papst? Womit habe ich gegen ihn gesündigt? Durch den Krieg? Aber wir wurden doch angegriffen. Etwa durch meine Religion? Er hat kein Recht, sich da einzumischen. Jedermann muß in dieser Hinsicht frei sein! Mein Vater hat mir stets ans Herz gelegt, diese Freiheit zu bewahren* [...] *Es ist nicht die Furcht, die mich vor der Willkür Ihrer Leidenschaft wanken läßt und mich zwingt, meinen Willen zu beugen und ihn damit voll-*

[381] Vgl. de la Viera, 10
[382] Vgl. de la Viera, 19 und Michelin, 277f

kommen Ihrer Lust und Laune preiszugeben, sondern es ist die gütige und hochherzige Furcht vor dem Elend meiner Untertanen und dem Zerfall meines ganzen Landes, die mich zu diesem äußersten Schritt zwingt."[383]

Es war Esclarmonde, die Tante Roger-Bernhards, die schon im Jahre 1209 den Katharern Montségur als letzte Zufluchtsstätte zur Verfügung gestellt hatte; den Fall der Burg erlebte sie nicht mehr.[384] Den Besuch Montségurs auf dem 1.200 Meter hohen Pog darf man auf keinen Fall versäumen, allerdings sollte man die Hauptsaison möglichst vermeiden. Von der Ruine blickt man auf den 2.348 Meter hohen Pic de St-Barthélemy, den heiligen Berg der Katharer, den „Tabor". Wer genug Zeit hat und über ausreichende Kondition verfügt, kann über die alte „Straße der Katharer" vom Montségur über den Druidensee und den Gipfel des Tabor zu den Höhlen des Sabarthès wandern.[385]

Montségur im Nebel

Den Anlaß für die Belagerung Montségurs bildete die Ermordung von elf Inquisitoren am Himmelfahrstag des Jahres 1242. Als die Inquisition in Avignonet, einem kleinen Städtchen

[383] Zitat Gadal, Erbe, 114
[384] Vgl. Rahn, Kreuzzug, 149f und 199
[385] Vgl. Rahn, Kreuzzug, 65–67

etwa 40 Kilometer südöstlich von Toulouse, erschien, schickten die besorgten Bürger einen Eilboten nach Montségur und baten um Hilfe.[386] Rahn schrieb: „*Am späten Abend verließen die Ritter von Montségur – zwölf bis an die Zähne bewaffnete Männer – den Wald und schlichen sich bis zum Schloßtor.* [...] *Die Inquisitoren waren in der großen Halle des Schlosses geblieben und hatten sich dort verbarrikadiert, als hätten sie die drohende Gefahr geahnt. Die Ritter von Montségur, zu denen sich Graf Alfar, fünfundzwanzig Bürger von Avignonet und ein im Dienst der Inquisition stehender Knecht gesellt hatten, wurden ungeduldig. Sie sprengten kurzerhand die Türe, drangen in die Halle ein und mordeten die Inquisitoren.* [...] *Als die Nachricht von dem Inquisitorenmord nach Rom gelangte, erklärte das Kardinalskollegium, die Ermordeten seien als Märtyrer der Sache Christi gestorben. Im Jahre 1866 wurden sie von Papst Pius dem Neunten kanonisiert, da sie inzwischen mittels zahlreicher Wunder ihre Heiligkeit offenbart hatten.*“[387] – In der Kirche kann man heute ein riesiges Ölgemälde betrachten, das die Aufnahme der ermordeten Inquisitoren in den Himmel zeigt. Die Gebeine der Inquisitoren befinden sich allerdings nicht mehr in Avignonet; sie wurden im Jahre 1643 in die Kathedrale von St-Etienne überführt.

<u>Wegbeschreibung:</u> Avignonet erreicht man auf der Autobahn Narbonne–Toulouse, die man an der Abfahrt „Avignonet-Lauragais“ verläßt.

Den Inquisitorenmord mußte <u>Montségur</u> teuer bezahlen: Im Frühling des Jahres 1243 errichteten die Kreuzfahrer ihr Lager auf einem westlich der Burg gelegenen Höhenrücken, der noch heute als „Campis“ bezeichnet wird. Verräterische Hirten zeigten in der Nacht zum 1. März 1244 den Katholischen einen geheimen Pfad zum Gipfel. Das Kommando mußte nachts aufsteigen, um nicht vom Schwindel gepackt in die Tiefe zu stürzen. Die Wachen wurden ermordet und die Kreuzfahrer drangen in die Burg ein. Die Belagerten erklärten sich bereit, beim Morgengrauen zu kapitulieren.[388] Bei Rahn lesen wir: „*Obwohl sie das ihrer wartende Los kannten, ließen sich viele Ritter vor der Kapitulation von dem greisen Ketzerbischof Bertan En Marti, Guilhabert von Castres' Nachfolger, das Consolamentum erteilen und in die Gemeinschaft der Minnekirche aufnehmen. Keiner dachte an Flucht, keiner beging Endura, als wollte ein jeder einzelne der Welt ein Beispiel geben, wie man für seine Heimat und seinen Glauben zu sterben hat.*“[389] Auf dem „camp des crémats“, dem „Scheiterhaufenacker“ am Fuß des Berges wurden 205 Katharer, die sich weigerten, ihrem Glauben abzuschwören, verbrannt. Im Jahre 1960 wurde an dieser Stelle ein Gedenkstein aufgestellt; oft werden hier Blumen niedergelegt. Walter Nigg schrieb in seinem im Jahre 1949 erschienen Werk „Das Buch der Ketzer“: „*Die Albigenser waren Christen, die zu sterben verstanden. Ohne sich je über ihr hartes Schicksal zu beklagen, hielten sie sich an den*

[386] Vgl. Rahn, Kreuzzug, 196f
[387] Zitat Rahn, Kreuzzug, 197
[388] Vgl. Rahn, Kreuzzug, 200–202
[389] Zitat Rahn, Kreuzzug, 201

Ausspruch Jesu: ‚Selig sind die, welche um der Gerechtigkeit willen verfolgt werden, denn ihres ist das Himmelreich.' Gerade in ihrem Leiden fühlten sie sich von Gott gerechtfertigt, und das vergossene Blut erwies sich auch hierin als der beste Samen ihrer Lehre."[390]

Wegbeschreibung: Château Montségur ist ohne Probleme zu finden; die Burg ist ab Foix ausgeschildert.

Nach dem Fall Montségurs war nur noch die Burg von Quéribus am Südrand der Corbières in den Händen der Katharer. Die Belagerung der auf einem 728 Meter hohen Felsvorsprung stehenden Burg Quéribus im Jahre 1255 war die letzte militärische Operation des Kreuzzuges. Nach dem Fall der Burg, in der sich viele geflohene Katharer versteckt hielten, wurde diese zur französischen Grenzfestung gegen Aragon umgebaut.[391] Von Quéribus hat man – den Reiseführern nach – einen herrlichen Ausblick auf die Ebene des Roussillon, die Berge der Corbières, die Burg von Peyrepertuse und das Mittelmeer. Als wir die Burg besuchten, konnte man allerdings wegen Nebels keine 20 Meter weit schauen.

Wegbeschreibung: Château Quéribus erreicht man von der D 117 Perpignan–Quillan, die man in Maury verläßt. Auf der D 19 erreicht man die Burg.

Nachdem Peyrepertus, Montségur und Quéribus gefallen waren, verschanzten sich die letzten Katharer und die sie unterstützenden Ritter in den Spulgas des Sabarthès. Im Tal der Ariège sieht man auf dem Weg von Tarascon nach Ax auf der rechten Talseite die Höhleneingänge und die halbverfallenen Wehrmauern der Spulgas von Bouan.[392] Am Beginn des Fußweges zu den Spulgas (befestigte Höhlen) ist kaum Platz zum Parken. Die Spulgas von Bouan gehören zum Glück aber nicht zu den überlaufenen Touristenzielen. Es ist einer jener Orte, über den Karl Rittersbacher, der im Jahre 1963 Rahns Werk neu herausgab, schreibt: „*Die Katharerlandschaft in Südfrankreich kann auch heute mit ihren Tälern, Flüssen, Bächen* [...] *mit ihren Höhlen und Grotten, sowie den Bergen und Burgtrümmern dem Einzelgänger oder kleinen Gruppen noch immer zum besonderen Erlebnis werden.*"[393]

Obwohl man die Spulgas vom Tal sieht, sind sie nicht leicht zu finden. Bei unserem ersten Versuch am frühen Abend verloren wir bei Regen und Nebel zwischen Geröllfeldern und Dornenhecken die Orientierung. Bei einbrechender Dunkelheit gaben wir schließlich die Suche auf. Zwei Tage später bei sonnigem Wetter starten wir einen zweiten Versuch und erreichten nach einigem Suchen die Spulgas von Bouan. Der etwas mühevolle Aufstieg hatte sich gelohnt. Man durchschreitet den äußeren Festungswall, von dem nur noch Reste erhal-

390 Zitat Nigg, 227
391 Vgl. de la Viera, 27f und Michelin, 289f
392 Vgl. Rahn, Kreuzzug, 119f
393 Zitat aus dem Nachwort von Rittersbacher in Rahn, Kreuzzug, 302

ten sind. Auch der mittlere Wall ist durchbrochen. Dann befindet man sich auf einem Plateau. Der Blick hinab und zu den Bergen auf der anderen Seite des Ariège-Tals ist faszinierend. Im Berg befinden sich die Eingänge einiger kleinerer Grotten. Nachdem man einen Kamin hinaufgeklettert ist, steht man vor der beeindruckenden inneren Mauer, die man auch von der Straße aus sehen kann. Hinter dieser Mauer verliert sich die Höhle in der Tiefe des Berges. Heute weiß keiner mehr, wohin die Gänge führen.

Spulga von Bouan

Man sollte sich die Zeit nehmen, hier zu verweilen und die Gedanken in die Vergangenheit schweifen zu lassen: Nachdem die Burgen gefallen waren, verschanzten sich die letzten Katharer und die sie unterstützenden Ritter in den Spulgas des Sabarthès. Rahn beschrieb den aussichtslosen Kampf: „*Nach dem Sturz Montségurs blieben den Geächteten – faydits nannte man sie – nur noch die Wälder und Höhlen. Hier gewährten die Bergtiefen und die undurchdringlichen Dornenhecken sicheres Asyl. Um ihrer habhaft werden zu können, machten die Inquisitoren den Versuch, das Brombeer- und Stechginstergestrüpp zu beseitigen. Diese Aufgabe überließen sie einem gewissen Bernhard, mit dem Beinamen Espinasser oder Dornenschneider* [...] *Um die Ketzer in ihren Schlupfwinkeln leichter ausfindig machen zu können, richteten die Dominikaner Hunde auf Ketzer ab. Wie Raubwild wurden die Faydits durch ihre Heimatberge gejagt, bis ihnen nur noch der Weg in die Fremde oder, falls sie zu Hause sterben wollten, hinter die festen Mauern der Spulgas übrig blieb.* [...]

Auch sie, die sich hinter den festen Mauern der Spulgas verschanzt hatten, glaubten kaum noch an Rettung. Und doch kämpften sie bis zum letzten Atemzug.“[394]

Und das Ende kam: Peter Autier, ein Notar aus Ax und das letzte Oberhaupt der Ketzer, wurde im Jahre 1309 gefangengenommen und verriet unter der Folter das Geheimnis der Spulgas.[395] Lesen wir weiter bei Rahn: „*Jaques Fournier war es, der den bewaffneten Predigermönchen zeigte, wo sie die Mauerbrecher ansetzen mußten, um sich den Eingang in die Spulgas zu erzwingen. Von seinem Manoir bei Tarascon aus leitete er diesen heiligen Höhlenkrieg.* [...] *Eines Tages brannten die Spulgas, und verbrannten alle Cathari, die nicht mehr hatten fliehen können.*“[396] Jaques Fournier ging als Papst Benedikt XII. in die Geschichte ein.

Wegbeschreibung: Zu den Spulgas von Bouan fährt man auf der N 20 von Tarascon-sur-Ariège Richtung Ax-les-Thermes. Am Ende des vierspurig ausgebauten Stücks sollte man langsam fahren, um den Wegweiser zu den Spulgas nicht zu verpassen. Leider ist der Fußpfad nur am Anfang beschildert; man sollte sich also etwas Zeit nehmen. – Besuchen kann man auch eine zweite Befestigungsanlage, die ziemlich versteckt einige hundert Meter links der ersten liegt.

Mit der Verbrennung des letzten Katharers war nicht nur eine Sekte endgültig vernichtet worden, sondern eine ganze blühende Kultur. Nigg schrieb: „*In die Hunderttausende gingen die Opfer in den mörderischen Albigenserkriegen, welche zu den furchtbarsten Tragödien der abendländischen Geschichte gehören, wie Lenau sie in seinen schwermütigen Versen besang. Nur auf diese bestialische Weise gelang es, das Katharertum zu ersticken. Die lange Dauer dieses blutigen Krieges verwandelte die hohe geistige Kultur der Provence in einen rauchenden Trümmerhaufen. Die herrlichen Troubadourlieder verstummten, und das blühende Romanien versank in Schutt.*“[397]

Die Thesen von Arno Borst

Rahns Werk ist für den, der sich mit der Geschichte der Verfolgung und Vernichtung der Katharer beschäftigen möchte, ein Reisebericht, der sich zu lesen lohnt. Wenn Rahn jedoch über die Entstehung des Katharismus schreibt, wird er mehr als spekulativ: „*Um das Jahr Vierhundert waren die provencalischen Ebenen bereits christianisiert. Allenthalben wurden Klöster und Basiliken auf Trümmern heidnischer Tempel und aus deren Steinen und Säulen erbaut.* [...] *Nur in den Pyrenäen opferten Druiden noch ihrer lichten Gottheit Abellio, die mit Verfolgung und Grausamkeit nichts zu tun hatte.* [...] *Die Kirche, die das Heidentum*

[394] Zitat Rahn, Kreuzzug, 204f
[395] Vgl. Rahn, Kreuzzug, 212
[396] Zitat Rahn, Kreuzzug, 213
[397] Zitat Nigg, 228f

nicht bekehrte, sondern ausrottete und die mit zunehmender Macht materieller und üppiger wurde, stieß diese Asketen ab. [...] *Und dann kamen doch Christen in die Pyrenäen.* [...] *Die Priscillianer, so nannte man diese gnostisch-manichäischen Sektierer, wurden von den Druiden gastlich aufgenommen und ihnen im Massiv des Pic du Saint-Barthelemy der Wald von Sarralunga zwischen dem Sabarthès und dem Olmès als neue Heimat angewiesen. Den Priscillianern gelang es, die Druiden zum Christentum zu bekehren. Aus den Druiden und Vaten wurden Cathari. Aus den Barden wurden Troubadoure ...*“[398]

Im Gegensatz zu Rahn, der behauptete, der Katharismus sei in Südfrankreich durch die Synthese gnostisch-manichäischen und druidischen Gedankenguts entstanden, sah Arno Borst im Katharismus kein spezifisches Phänomen Südfrankreichs, sondern eine europäische Bewegung, die sich von den Bogomilen in Bulgarien über Bosnien, Deutschland und Italien auch nach Südfrankreich ausgebreitet habe. Borsts im Jahre 1953 erschienenes Buch „Die Katharer“ gilt noch heute als das wissenschaftliche Standardwerk. Den Katharern selbst aber stand Borst distanziert gegenüber; im Kapitel „Die Geschichte der Katharer“ fehlt jegliche Emotion. Zuweilen kann man denken, Borst befürwortete die Vernichtung der Katharer: *„Im März 1232 wird endlich die Ketzerverfolgung Reichsgesetz.*“[399] Und an anderer Stelle heißt es: *„Es ist letzten Endes das lebendige Abendland, das die stagnierende Lehre der Bogomilen und die reine, aber geruhsame Moral der Katharer niederzwang.*“[400]

Die Suche nach dem Todesort Otto Rahns

Bezüglich des Orts an dem Otto Rahn im März 1939 verstarb finden sich nur spärliche Hinweise, die sich zudem noch widersprechen. Nach Hans-Jürgen Lange starb Rahn bei Stockach, einem kleinen Weiler bei Söll am Fuß des Wilden Kaisers. Der Katharerforscher sei eine halbe Stunde in einem Bachbett aufwärts gewandert, um keine Spuren im Schnee zu hinterlassen. Dann habe er sich hingelegt und sei erfroren. Als Beleg führte Lange eine schriftliche Aussage von Peter Maier, einem der Kinder, das Rahn fand, an.[401]

Einen anderen Ort nannte der Wiener Esoteriker „Kadmon“ (G. Petak). In der im Jahre 1991 erscheinenen Broschüre „Katharsis – Auf den Spuren Otto Rahns“ schrieb „Kadmon“ über eine Wanderung zum Fuß des Totenkirchl (2.190m ü. NN), jenem Ort, an dem seiner Meinung nach Rahn verstarb. „Kadmon“ berichtete von einem Treffen mit einem Einheimischen, der im März 1939 zur Suchmannschaft gehört haben soll, die Rahn fand. *„Ich fühlte mich noch immer fiebrig, und mein Herz klopfte, als würde ich in wenigen Minuten dem*

---

[398] Zitat Rahn Kreuzzug, 92f
[399] Zitat Borst, 101
[400] Zitat Borst, 104
[401] Lange, Rahn, 36

lebenden oder toten Otto Rahn gegenüberstehen. Wir näherten uns dem Totenkirchl. Gewaltig und schier senkrecht waren seine Wände. Unmittelbar am Fuß des Berges blieb der Einheimische stehen und zeigte auf einen kleinen Hügel, auf dem einige Tannen standen. ‚Hier ist es geschehen', sagte er und deutete auf eine kleine Mulde zwischen den Bäumen. ‚Hier haben wir ihn gefunden.' [...] *‚Wir suchten mehrere Tage nach ihm', sagte der alte Mann. ‚Es hatte geschneit, und als wir ihn fanden, ragte nur noch sein Oberkörper aus dem Schnee. Schnee lag auch auf seinem Haar und seinen Schultern. Es war etwas Heiliges an ihm, die Heiligkeit eines Einsiedlers, eines Weisen.' Es sprach leise. Ich hatte den Eindruck, daß er vor seinen Augen jenes Bild aus dem März 1939 hatte. ‚Stimmt es, daß er ein Lächeln auf seinen Lippen hatte?' fragte ich nach einer Weile. ‚Das ist eine Legende', antwortet er. ‚Aber sein Gesicht strahlte eine große Sanftheit und Milde aus, es trug keine Zeichen einer Agonie. Ich erreichte ihn zuerst, und einen Moment lang schien mir, als sei er nur in einer Andacht. Seine Augen waren geschlossen. Als ich mich über ihn beugte, um zu sehen, ob noch Leben in ihm war, hatte ich das Gefühl, als würde er die Augen aufmachen und mich anblicken. Er fand einen stillen Tod.' ‚Ihr habt ihn dann nach Kufstein mitgenommen?' Er nickte. ‚Es tat mir weh. Als wir ihn auf die Bahre legten, entweihten wir seine Andacht, zerstörten wir sein Gleichgewicht. Am liebsten hätte ich ihn in seiner Einsamkeit zurückgelassen.'“*[402]

Als wir nach fast vierstündiger Wanderung durch das Kaisertal erschöpft am Fuß der steil aufragenden Felswand des Totenkirchls standen, waren wir überzeugt, daß Otto Rahn hier gestorben ist. Rahn war ein geübter Bergwanderer, wenn er sich einen Platz zum Sterben ausgesucht hat, dann sicher nicht zwischen den Bauernhöfen im Tal bei Söll, sondern hier, hoch oben in den geliebten Bergen. Auch der hohe Schnee im März wird ihn von diesem Gang nicht abgehalten haben, denn eine Rückkehr hatte er nicht geplant. Und welchen passenderen Berg kann es für ihn gegeben haben als den Totenkirchl, die Kirche für die Toten. Das stärkste Argument für diesen Ort aber ist der Anblick des Totenkirchls. Mein Bruder entdeckte es zuerst: An dieser einen Stelle hat der Berg eine frappierende Ähnlichkeit mit dem Pog von Montségur. Hier wird Rahn sich in den Schnee gesetzt haben. Er hat an sein geliebtes Sabarthès gedacht und und an die Reinen, die am Fuß des Montségurs lieber in den Tod gegangen sind, als ihrem Glauben abzuschwören. Und hier ist er friedlich eingeschlafen und er hat diese Welt, die ihn nie verstanden hat, verlassen.

<u>Wegbeschreibung:</u> Man verläßt die Autobahn Rosenheim–Innsbruck (A 93 bzw. A 12) an der Abfahrt „Kufstein-Nord“ und fährt nach Eichelwang am nordöstlichen Stadtrand von Kufstein. Vom Parkplatz „Kaisertaleinstieg“ aus wandert man in etwa 2½ Stunden zum Hans-Berger-Haus. Nun steigt man etwa eine ¾ Stunde steil auf Richtung Stripser-Joch bis zur Abzweigung des Steiges zum Gaudeamus-Haus. Man geht weiter auf dem Steig zum Gaudeamus-Haus. Nach gut zehn Minuten lichtet sich der Wald. Der Totenkirchl hat von dieser Stelle aus eine frappierende Ähnlichkeit mit dem Pog von Montségur. Im Sommer 1999 haben wir hier ein kleines Schild aufgestellt: „Otto Rahn / 1904–39 / Der letzte Ka-

[402] Zitat „Kadmon“, 23

tharer“ – Die Strecke beträgt einfach ca. 12 Kilometer, der Höhenunterschied etwa 800 Meter. Eine gewisse Kondition, gutes Schuhwerk und eine Wanderkarte sind für diese Tour notwendig.

Der Totenkirchl bei Kufstein, der Todesort Otto Rahns

Albert Schreiber, Gotthilde Güterbock und die „Deutsche Gralsburg“

„Von Troyes der Meister Christian
Hat der Märe Unrecht angetan:
Mit Fug beklagt das Herr Kyot,
Der uns die wahre Mär' entbot.
Aus der Provence in deutsches Land
Ward uns die rechte Mär' entsandt
Und kam zu rechtem End' und Ziel.
Ich Wolfram von Eschenbach
Nicht mehr davon hier sprechen will,
Als dort der Meister vor mir sprach.“[403]

Wolfram von Eschenbachs Parzival-Epos endet mit dem Vorwurf, daß Chrétien de Troyes der wahren Märe vom Gral Unrecht angetan habe. Wolfram stützte sich zwar im ersten Teil seines Parzival auf das unvollendete Werk Chrétiens, den um das Jahr 1180 geschriebenen „Perceval le gallois“, brachte aber ab dem neunten Buch eine völlig andere Geschichte. Als zweite Quelle gab Wolfram einen Kyot an, der die wahre Märe aus der Provence ins deutsche Land gesandt habe. Die Spur führt also nach Südfrankreich, nach Okzitanien, wo am Ende des 12. und am Anfang des 13. Jahrhunderts nicht nur der Minnegesang, sondern auch der Katharismus [siehe das Kapitel „Otto Rahn und die Katharer“] blühte.[404] Rahn entdeckte *„die schnurgerade Straße, die von Montségur, dem romanischen ‚Tempel der höchsten Minne', nach Wildenberg bei Amorbach, der Burg des größten deutschen Minnedichters, Wolfram von Eschenbach führt.“*[405]

Eine Graldichtung mit einem Kyot als Verfasser ist heute nicht mehr bekannt; eventuell stammte sie von dem französischen Dichter Guiot von Provins, der Ende des 12. Jahrhunderts als fahrender Minnesänger die Adelshöfe bereiste. Rahn hielt es für möglich, daß die Guiotsche Urfassung des Parzivals durch das Wüten von Kreuzzuges und Inquisition in Südfrankreich verloren ging: *„Die von den Kreuzfahrern des ‚Albigenserkreuzzuges' und von den Inquisitoren angewandte Zensur war wirksam. Man warf alle der Ketzerei verdächtigen Bücher auf einen Scheiterhaufen und ließ sie die Feuerprobe bestehen. Nur die Bücher, die*

[403] Zitat von Eschenbach, XVI. Buch, V 827 (Neuhochdeutsche Übertragung nach Rahn, Kreuzzug, 234)
[404] Vgl. Rahn, Kreuzzug, 11f
[405] Zitat Rahn, Kreuzzug, 219

unversehrt gen Himmel flogen, wurden als unketzerisch anerkannt. Da blieb nicht viel übrig.“[406]

Fest steht, daß der Parzival im ersten Jahrzehnt des dreizehnten Jahrhunderts – also kurz vor Beginn des Kreuzzuges gegen Okzitanien – entstand. Rahn vermutet, daß Wolfram, der im dritten Viertel des 12. Jahrhunderts geboren wurde, Guiot („Kyot“) anläßlich des von Friedrich Barbarossa im Jahre 1184 in Mainz veranstalteten Ritterfestes getroffen hat. Möglich ist auch, daß die beiden sich auf der Wartburg kennengelernt haben; der Hof Landgraf Hermanns von Thüringen war zu jener Zeit ein beliebter Treffpunkt der Minnesänger und Wolfram hielt sich dort im Jahre 1203 auf.[407]

„*Nach Gottes Willen soll der Stein*
In reiner Jungfraun Pflege sein;
Die wandeln dienend vor dem Gral.
Der aber trifft nur hohe Wahl.
Auch sollen Ritter für ihn streiten,
Die strenger Zucht ihr Leben weihten.
[...] *Die aber seine Waffen tragen,*
Die müssen Frauenlieb' entsagen.“[408]

Die Minnesänger Südfrankreichs, die Troubadoure, sah Rahn in enger Beziehung zum Katharismus: „*Diese betenden Dichter waren keine törichten Reimer mehr. ‚Reine' waren sie fortan: ‚Cathari'! Die Cathari übertrugen* [...] *die leys d'amors auf geistiges Gebiet. Statt Frauengunst suchten sie Erlösung in Gott. Statt Minne suchten sie den Tröster. Dichten und Beten sollten eins sein.* [...] *Da sie, wie alle Poeten, sich im Diesseits fremd fühlten, erstrebten sie das bessere Jenseits, wo ihrer Mythologie nach der Mensch einst ein Engel war, und wo seine wahre Heimat ist.*“[409] Über Guiot gelangten – nach Rahn – sowohl inhaltliche Vorstellungen der Katharer als auch Anspielungen auf okzitanische Persönlichkeiten in die Parzival-Dichtung Wolframs.[410]

„*Dann kam die Königin herein;*
Ihr Antlitz gab so lichten Schein:
Sie meinten all, es wolle tagen.
[...] *Auf einem grünen Achmardei* [ein Edelstein]

[406] Zitat Rahn, Kreuzzug, 12
[407] vgl. Rahn, Kreuzzug, 52–55
[408] Zitat von Eschenbach, IX. Buch, VV 493f (Dies und die folgenden Parzival-Zitate sind der neuhochdeutschen Übertragung von Wilhelm Hertz aus dem Jahre 1912 entnommen.)
[409] Zitat Rahn Kreuzzug, 64
[410] Vgl. auch Veltman, 28

Trug sie des Paradieses Preis,
Des Heiles Wurzel, Stamm und Reis.
Das war ein Ding, das heißt der Gral,
Ein Hort von Wundern ohne Zahl.
Repanse de Schoye sie hieß,
Durch die der Gral sich tragen ließ.
Die hehre Art des Grales wollte,
Daß, die sein würdig pflegen sollte,
Die mußte keuschen Herzens sein,
Von aller Falschheit frei und rein."[411]

Die edle Esclarmonde von Foix, die Ketzerpäpstin [siehe das vorherige Kapitel], habe Guiot als Vorlage für die Gralskönigin Repanse de Schoye gedient. Esclarmonde verteilte nach dem Tode ihres Mannes, Jourdain II. von Lille-Jourdain, ihr Erbe unter ihre sechs Söhne und kehrte in ihre Bergheimat zurück. Nach Empfang des Consolamentums nahm sie ihren Wohnsitz in Parmiers und stellte den Katharern die Burg Montségur – Wolframs Munsalvaesche – zur Verfügung.[412] Der jungen Ramon-Roger Trencavel von Carcassonne, der später von den Kreuzfahrern durch List gefangengenommen und in seinem Verlies ermordet wurde, diente – nach Rahn – Kyot als Vorbild für die Figur des Parzival: „*Bei Wolfram von Eschenbach ist die Gralskönigin Repanse de Schoye eine Tante Parzivals. Esclarmonde von Foix war die Base des jungen Trencavel von Carcassonne. Repanse de Schoye verheiratete sich mit Feirefiz, einem Halbbruder Parzivals. Esclarmonde vermählte sich mit dem Vizegrafen Jordan von Lille und Gimoez, den man insofern einen Halbbruder des Trencavel nennen könnte, als die Häuser Carcassonne und Comminges im zehnten Jahrhundert unter dem Zepter Asnars, eines kantabrischen Fürsten vereint gewesen waren.*"[413]

Und auch die Weltverachtung der Katharer fände sich bei Wolfram wieder:

„*Weh dir, Welt, wie tust du so?*
Du gibst uns Trübsal und Beschwer,
Du gibst uns Kummers Pein viel mehr
Als Freuden."[414]

Im Einsiedler Trevrizent, der nach Rahn in der „Höhle des Eremiten" [siehe das vorherige Kapitel] – gegenüber der Höhle von Lombrives – gelebt habe, sah Rahn einen „Reinen".

---

[411] Zitat von Eschenbach, V. Buch, V 235
[412] Vgl. Rahn, Kreuzzug, 122 und 130
[413] Zitat Rahn, Kreuzzug, 130
[414] Zitat von Eschenbach, IX. Buch, V 475

„Hier hauste Trevrizent, der weise;
Den nährte täglich schlechte Speise:
Auf Wein, auf Brot tat er Verzicht;
Was Blut hat, das berüht' er nicht.
So stand sein heil'ges Leben.
Wie's Gott ihm eingegeben,
War er bemüht, sich zu bereiten
Für seines Himmels Herrlichkeiten,
Indem er fastend Mangel litt
Und keusch den Teufel überstritt.
Nun hört der Held aus seinem Munde
Des Grals geheimnisvolle Kunde."[415]

Rahn schrieb: „*Trevrizent war Ketzer, denn nie aß er ,von blutgen Speisen, Fleisch und Fisch'. Jeder Christ, der im zwölften und dreizehnten Jahrhundert des Fleischgenusses sich enthielt, war des catharischen Irrglaubens verdächtigt. Oft ist es vorgekommen, daß päpstliche Legaten, mit der Ausrottung von Ketzerei und Ketzern beauftragt, des Catharismus Verdächtge vor die Wahl stellten, Fleisch zu essen oder den Feuertod zu erleiden.* [...] *Wenn jemand ,fastend Kummer leidet', so ist anzunehmen, daß er aussieht wie eben ein solcher Asket: hager und bleich. Vom vierten Jahrhundert bis zum Ende des zwölften galt der römischen Kirche bleiche Farbe als Kennzeichen für Ketzerei.*"[416]

Die These, daß sich im Parzival Anspielungen auf Esclarmonde von Foix befänden, ist schon auf Grund Rahns eigener Zeitangaben nicht haltbar. Fest steht, daß der Parzival im ersten Jahrzehnt des 13. Jahrhundert entstand, also vor Beginn des Kreuzzuges im Jahre 1209. Fest steht weiter, daß sich Esclarmonde, nachdem ihre sechs Söhne das Mannesalter erreicht hatten und ihr Mann verstorben war, im Jahre 1204 das Consolamentum spenden ließ und im Jahre 1208 – in weiser Voraussicht der folgenden Ereignisse – den Katharern die Burg Montségur zu Verfügung stellte. Somit kann Wolfram von diesen Ereignissen nicht bei dem Mainzer Rittertreffen im Jahre 1184 oder bei seinem Aufenthalt auf der Wartburg im Jahre 1203 erfahren haben. – Möglich dagegen ist, daß für die Figur des Trevrizent ein „Reiner", der in einer der Sabarthez-Höhlen lebte, als Vorbild diente. Und wahrscheinlich ist, daß Wolframs zweite Quelle aus der Provence stammte, da es kaum zu erklären wäre, warum der Dichter einen zweiten Gewährsmann erfunden haben sollte.

Fest steht jedenfalls, daß die Gralsgeschichte keine kirchliche war; kein Kirchenlehrer hat je über den Gral berichtet. Nur am Rande der Kirche wurde der Gral, der bei Wolfram ein wundersamer Stein – ein „lapis ex coelis" oder ein „lapis electrix" – war, im christlichen

[415] Zitat von Eschenbach, IX. Buch, V 452
[416] Zitat Rahn, Kreuzzug, 114f

Sinne umgedeutet. Rahn schrieb in seinem zweiten Buch: „*Einige Jahre nach des Nazareners Jesu Tod auf Golgatha strebte ein Schiff dem Marseiller Hafen zu. Es hatte jüdische, uns aus der Bibel bekannte Flüchtlinge an Bord: Joseph von Arimathia, Maria Magdalena und deren Schwester Martha. Sie sollen, wie kirchliche Legenden behaupten, den Gral mit sich geführt haben. Er sei aber kein Stein gewesen, sondern jene Schüssel, in welcher Jesus am Gründonnerstag mit seinen Jüngern das Opferlamm aß* [...] *Diese Schüssel habe, so heißt es, am folgenden Tage, dem Karfreitag, eine noch blutigere Verwendung gefunden: in ihr sei auf Golgatha das rinnende Blut des Gekreuzigten aufgefangen worden.* [...] *Titurel baute, so heißt es weiter, für die Reliquien, vor allem für den Gral, eine Burg von unvergleichlicher Pracht und Schönheit. Das Benediktinerkloster Montserrat bei Barcelona im Katalanischen will diese Burg gewesen sein, – war es aber nicht. Die Kirche hat, ihrer Taktik entsprechend, den Mythos vom Gral in jüdischem und christlichem Sinne umgedeutet.*“[417]

„Die Deutsche Gralsburg“: Burg Wildenberg im Odenwald

Im Gegensatz zu Otto Rahn, der sich in Südfrankreich auf die Suche nach den Orten machte, die der Parzival-Dichtung als Vorlage gedient haben mögen, lokalisierte Albert Schreiber in Süddeutschland jene Orte, an denen Wolfram weilte und die ihn zu seinem Epos inspirierten. In seinem im Jahre 1922 erschienen Werk „Neue Bausteine zu einer Lebensgeschichte Wolframs von Eschenbach“ versuchte Schreiber zu beweisen, daß Wolfram Teile des Parzival auf der Burg Wildenberg im Odenwald verfaßte. Nach dem Tode Schreibers im Jahre 1943 setzte seine Tochter Gotthilde Güterbock das Werk mit großem Engagement fort.

„*Drei Marmorherde stehn im Rund*
Viereckig kunstvoll aufgerichtet;
Drauf liegt ein seltnes Holz geschichtet,
Geheißen Lignum Aloe.
Wer sah so großer Feuer je
Hier bei uns in Wildenberg.“
(Im Original: „*sô grôziu fiwer sît noch ê*
sach niemen hie ze Wildenberc.“)[418]

Die Ortsangabe „Wildenberg“, die sich im fünften Buch des Parzival findet, war Schreibers und Güterbocks stärkstes Argument für einen Aufenthalt Wolframs auf der Burg Wildenberg. Als Parzival zum ersten Mal die Gralsburg besuchte, verglich der Dichter das Feuer im riesigen Kamin der Burg Wildenberg mit den noch viel größeren Feuern auf der Gralsburg. Güterbock schrieb: „*‚Hie ze Wildenberc‘ – diese Ortsangabe steht unverrückbar im*

---

[417] Zitat, Rahn, Luzifers, 74f
[418] Zitat von Eschenbach, V. Buch, V 230

‚Parzival'; sie besagt, daß der Dichter während seiner Arbeit am fünften Buch der Dichtung auf einer Burg gleichen Namens gelebt hat. Zusammen mit der Namensgebung der Gralsburg Munsalvaesch, was altfranzösisch ebenfalls ‚Wilder Berg' heißt, bedeutet sie darüber hinaus eine Geste der Dankbarkeit gegenüber dem Burgherren, der dem Dichter eine Aufgabe gestellt und ihre Durchführung ermöglicht hat."[419] Erbauer der Burg Wildenberg und Förderer Wolframs waren die Herren von Durn. In der Diskussion um einen Aufenthalt Wolframs auf der Burg wurde zuweilen behauptet, die Burg wurde erst im Jahre 1225 – also Jahre nach Vollendung des Parzivals – von Konrad von Durn erbaut. Güterbock verwies dagegen auf eine Ausführung des Abtes Gottfried Bessel vom Kloster Göttweig, der im Jahre 1732 den Großvaters Konrads, Rupert als Erbauer der Burg bezeichnete.[420] Auch Alexander Antonow datierte in seinem Werk über die Burgen im Main-Viereck den Kernbestand der Burg in die Zeit Ruperts: Der Bergfried, die Schildmauer auf der Feldseite, die Ringmauer, das Untergeschoß und erste Obergeschoß des Palas und damit auch der noch heute sichtbare riesige Kamin seien in der Zeit von 1180 bis 1200 errichtet worden. Die Bemerkung der Amorbacher Klosterchronik, daß Konrad von Durn um das Jahr 1216 mit dem Bau der Burg begonnen habe, bezog Antonow auf die zweite Bauphase, in der ein neuer Torturm mit einer Kapelle errichtet wurde.[421]

Der riesige Kamin der Burg Wildenberg

Zu den Herren von Durn sei noch bemerkt, daß sie zu den großen des Stauferreiches gehörten. Rupert kam häufig im Gefolge der Hohenstauferkaiser vor: Über zwanzigmal findet sich

---

[419] Zitat Güterbock, Wolfram, 6
[420] Güterbock, Wolfram, 6
[421] Vgl. Antonow, 111–113

sein Name als Zeugen auf Urkunden Friedrich I. und gar über 130 Mal auf Urkunden Heinrich VI. Schreiber schrieb: „*Einer der Treuesten der Treuen war Rupert v. Durne. Er begleitete seine königlichen Herren in Krieg und Frieden auf ihren mannigfachen Reisen innerhalb und außerhalb Deutschlands.* [...] *nahezu überall, wo Friedr. I. und Heinr. VI. machtvoll auftraten, weilte Rupert in ihrer unmittelbaren Umgebung.* [...] *Manche glänzende Fürstenversammlung, auf der wichtige Beschlüsse gefaßt wurden, sah ihn unter den Vertrauten seiner kaiserlichen Gebieter. Beispielsweise auf dem Reichstag zu Speier Ende März 1193, wo K. Heinrich über Richard Löwenherz Gericht hielt, weilte Rupert unter dem kaiserlichen Gefolge.*“[422] Wann und wo Rupert verstorben ist, ist nicht bekannt; die letzte Urkunde, die Rupert unterzeichnete, stammte aus dem Jahre 1197.[423]

Zum Abschluß sei noch kurz die weitere Geschichte der Burg Wildenberg berichtet: Nach dem Tode Konrads kam es unter seinen Söhnen zu wirtschaftlichen Schwierigkeiten und die Burg wurde an den Mainzer Erzbischof verkauft. Burg Wildenberg diente in den folgenden Jahrhundert den Mainzer Amtsmännern als Sitz. Um das Jahr 1445 wurde die Burg durch eine noch heute bestehende Mauer in zwei Burgen geteilt; möglicherweise residierten in der folgenden Zeit zwei Amtsmänner auf Wildenberg. Während der Bauernkriege wurde die Burg im Jahre 1525 von den Aufständischen besetzt und niedergebrannt. In den Jahren 1935 bis 1939 wurden Teile der Burg aus originalem Baumaterial wieder aufgemauert.[424]

Wegbeschreibung: Burg Wildenberg erreicht man z.B. von der A 3 Würzburg–Frankfurt, die man an der Abfahrt „Stockstadt“ verläßt. Auf der B 469 fährt man nach Amorbach und dann weiter Richtung Mudau. In Buch folgt man den Wegweisern „Wildenburg“ bis zum Parkplatz und steigt dann steil zur Burg auf oder man fährt durch Buch hindurch und biegt nach einigen Kilometern rechts nach Preunschen ab, wo man den Wagen am Waldmuseum parkt. Vom Waldmuseum erreicht man auf einem Wanderweg (Markierung: roter Punkt auf weißem Feld), der dem alten Zugang folgt, die Burg in etwa 15 Minuten.

Burgruine in Wertheim am Main

Etwa 30 Kilometer nordöstlich von Wildenberg liegt hoch über dem Zusammenfluß von Main und Tauber die Burgruine von Wertheim. Daß Wolfram Lehnsmann des Grafen von Wertheim war, geht aus dem Parzival eindeutig hervor. So heißt es z.B. bei der Beschreibung der Hungersnot in Pelrapeire, in die Pazival im vierten Buch gelangt:

„*Mein Herr, der Graf von Wertheim, traun,*
Wär' ungern Söldner hier im Haus;

[422] Zitat Schreiber, 44
[423] Vgl. Schreiber, 44 und 46
[424] Vgl. Antonow, 113 und Hotz

Mit ihrem Sold käm' er nicht aus.
Denn sie verzehrte des Hungers Not.
Da war nicht Käse, Fleisch und Brot.
Das Zähnestochern ließ man sein.
Fettig wurde da kein Wein
Von ihrem Munde wenn sie getrunken."[425]

Daß der Graf von Wertheim Wolframs Herr war, ergibt sich nach Schreiber schon aus der Art und Weise, wie der Dichter das üppige Lebens des Grafen mit seinem eigenen, armseligen Dasein verglich.[426] Im Parzival heißt es weiter:

„*Doch wollt' ich sie darob verlachen,*
Würd' ich mich selbst zum Toren machen.
Denn wo ich oft bin eingekehrt,
Und wo man mich als Herren ehrt,
Daheim in mein eigen Haus
Erlabt sich selten eine Maus.
Die müßte ihre Speise stehlen;
[...] *Nur gar zu häufig ist's geschehn,*
Daß ich, Wolfram von Eschenbach,
Erdulde solch Ungemach."[427]

Bemerkt sei noch, daß der Dichter ausdrücklich betont, daß er nicht zuhause war, als er den Parzival verfaßte. – Wolfram von Eschenbach, der zwar adeliger Herkunft, aber als nachgeborener Sohn ohne Erbe ausgegangen war, arbeitete als Lehnsmann für den Grafen von Wertheim. Graf Boppo von Wertheim war einer der drei Hochadeligen, die die Vollendung des Parzival förderten. Güterbock schrieb: „*Alle Dichter jener Tage bedurften der Förderung mächtiger Gönner:* [...] *auch Chrestien besaß in dem Grafen Philipp von Flandern einen einflußreichen Förderer* [...] *Dieser Graf Philipp nun gehörte wie Graf Boppo von Wertheim und Herr Ruprecht von Durn zum engsten Ratgeberkreis der Stauferkaiser* [...] *Mit großer Wahrscheinlichkeit darf angenommen werden, daß diese drei Hochadeligen entscheidend die Vollendung des Gralsepos beeinflußt haben: Philipp übergab das unfertige Manuskript an Ruprecht, Boppo beurlaubte seinen Lehnsmann Wolfram, der in Tagliedern bereits Proben seines Können gegeben hatte, und Ruprecht verschaffte dem Dichter auf seiner Burg Wildenberg nicht allein die notwendige Unabhängigkeit und Ruhe zur Arbeit,*

[425] Zitat Wolfram, IV. Buch, V 184
[426] Vgl. Schreiber, 21
[427] Zitat Wolfram, IV. Buch, VV 184f

sondern auch sprach- und schriftkundige Helfer bei der Übertragung aus dem Französischen.“[428]

Die hoch über der Stadt liegende Burgruine von Wertheim wurde übringens erst unter Graf Boppo II. ab dem Jahre 1235 erbaut. Von der Burg Boppos I., die sich im Bereich der heutigen Altstadt befand, ist heute nichts mehr zu sehen.[429]

Wegbeschreibung: Wertheim erreicht man von Wildenberg über Amorbach und Miltenberg.

Kloster Amorbach

„*Ich hörte seither sagen,*
Klausner und Klausnerinnen sollten meiden Amurschaft.“[430]

Einige Kilometer nördlich von Wildenberg liegt das im Jahre 713 gegründete Benediktinerkloster von Amorbach; es wurde im Jahre 1803 säkularisiert. Im Parzival findet sich – nach Gotthilde Güterbock – eine Anspielung auf das Kloster mit dem ungewöhnlichen Namen: „*Und doch findet der Dichter immer wieder Gelegenheit, besondere Züge von Land und Leuten rund um den Wildenberg (seinen Hörern natürlich verständlich) einzuflechten. Daß die Amorbacher Benediktiner-Mönche und Nonnen ausgerechnet einen heiligen Amor als Schutzpatron verehren, entlockt Wolfram Spott.*“[431] – Das Kloster wurde seinerzeit freilich nicht nach dem römischen Liebesgott Amor, sondern nach einem Abt mit gleichem Namen benannt. – Der ursprünglich romanische Stil der Klosterkirche ist heute leider nur noch an den Türmen zu erkennen.

Kapelle Amorsbrunn

„*Der König sprach zu seinen Mannen:*
‚Vorzeiten kam ich hier im Tann
Zu einer Klause: die durchrann
Eilig eine lautre Quelle.
Wenn ihr sie wißt, weist mich zur Stelle!'
‚Wir kennen sie', ward ihm gesagt,

---

428 Zitat Güterbock, Wolfram, 8
429 Vgl. Antonow, 94
430 Zitat von Eschenbach, IX. Buch, V 439
431 Zitat Güterbock, Wolfram, 8

‚Es wohnt in Klagen eine Magd
Auf ihres Freundes Grabe dort.' [...]"[432]

Als Parzival seine Base Sigune das dritte und vierte Mal trifft, wohnt sie in einer nur mit einem Fenster versehenen Klause, die über einer Quelle erbaut ist. Nach Schreiber sei es möglich, daß Wolfram von der Amorsbrunner Einsiedelei zu diesen Versen inspiriert worden wäre.[433] – Die von einem kleinen Bächlein umflossene Kapelle von Amorsbrunn, an der sich einst eine Einsiedelei und zuvor ein im Jahre 734 vom Heiligen Amor christianisiertes Quellheiligtum befunden haben soll, wird als Wiege des Klosters Amorbach bezeichnet.

Die Kapelle von Amorsbrunn

Wegbeschreibung: Von der Klosterkirche fährt man zur Bundesstraße Richtung Miltenberg und biegt nach dem Ortsausgang links auf die B 47 Richtung Michelstadt ab. An der ersten Kreuzung biegt man links nach „Amorbach-West" ab und sieht die Kapelle in einiger Entfernung auf der rechten Seite.

[432] Zitat von Eschenbach, XVI. Buch, V 804
[433] Vgl. Schreiber, 54f

„Ruine Eberhardsburg"

Heute würde man den Grafen Franz I. zu Erbach-Erbach (1754–1823) als Kunsträuber bezeichnen und zu einer jahrelangen Gefängnisstrafe verurteilen: Im Jahre 1802 ließ Franz gegenüber seinem Eulbacher Jagdhaus einen Englischen Garten errichten, den er mit allen Altertümern, die er nur finden konnte, ausschmückte. Die Grundmauern der Römerkastelle von Eulbach und Würzberg ließ er demontieren und in seinem Park wieder aufbauen. Römische Grabsteine, mittelalterliche Bildstöcke und Grenzsteine der Umgebung wurden herangeschafft und in Eulbach aufgestellt. In einer zweiten Bauphase, die im Jahre 1818 begonnen wurde, ließ Franz drei künstliche Teiche anlegen und auf dem Aushub eine künstliche Burgruine errichten. Die Ruine, die er nach seinem Enkel „Eberhardsburg" nannte, schmückte er mit Fenstern und anderen Architekturteilen, die auf Burg Wildenberg entfernt wurden.[434]

Erwähnt sei noch, daß im Jahre 1935 geplant war, die entwendeten Architekurteile auf die Burg Wildenberg zurückzubringen. Zwar wurde ein reich skulptiertes Fenster in Eulbach demontiert, aber nicht in Wildenberg wieder eingesetzt. Das Fenster steht heute im Vorraum der Amorbacher Abteikirche.[435]

Wegbeschreibung: Den Englischen Garten von Eulbach, der heute ein beliebtes Ausflugsziel ist, erreicht man von Amorsbrunn auf der B 47 Richtung Michelstadt nach etwa zehn Kilometern.

Die Kritik Günther Eberolds

Im Vorwort seines im Jahre 1988 erschienen Buches „Wildenberg und Munsalvaesch" beklagte sich Ebersold, daß die Zeitschrift „Der Odenwald" die Veröffentlichung seiner Arbeiten ablehnte: „*Als ich vor ungefähr zwei Jahren der führenden Zeitschrift für die Geschichte des Odenwalds einen Artikel über die ‚Gralsburg' Wildenberg anbot, der nicht auf Schreibers Linie lag, lehnte der Herausgeber ab. Der Tenor eines langen Telefongesprächs war, man könne das Frau Güterbock, der Tochter Schreibers, nicht antun.*"[436] Aus den vielen Argumenten, die Ebersold gegen Schreiber und Güterbock auflistet, seien hier nur zwei herausgegriffen und zur Diskussion gestellt.

Erst die Übersetzung von Munsalvaesch mit „Wildenberg", habe die Wildenburg zur Gralsburgfrage ausgeweitet. Für die alten Germanisten sei die Herleitung von „salvaesch" vom lateinischen „salvatio" (Heil, Rettung) keine Frage gewesen; sie übersetzten „Munsal-

[434] Vgl. „Der Englische Garten", Antonow, 113 und Kunis 22f
[435] Vgl. Güterbock, Noch einmal, 12
[436] Zitat Ebersold, 9

vaesch“ mit „Heilsberg“. Es war Karl Bartsch, der im Jahre 1875 „salvaesch“ als Adjektiv vom mittellateinischen „silvaticus“ bzw. provencalischen „salvatge“ auffaßte, es aber dann doch substantivisch als „Land der Wilde“ übersetzte. Aus der „Heilsburg“ sei die „Wildenburg“ geworden und die Identifikationsversuche mit real existieren Burgen hätten begonnen. Abgesehen davon, daß die Übersetzung falsch sei, gäbe es in Deutschland über fünfzig Burgen und Burgruinen mit Namen wie Wildberg, Wildburg, Wildenberg, Wildenburg, Wildenfels, so daß eine Identifikation mit der Burg Wildenberg im Odenwald, die wahrscheinlich zur Zeit Wolframs noch garnicht erbaut war, fraglich sei.[437]

Wolfram beschrieb die Umgebung der Gralsburg als wild und unbewohnt. Ebersold schrieb: *„Mag ‚wild‘ auch ein dehnbarer Begriff sein, jedem halbwegs objektiven Beobachter dürfte es unendlich schwerfallen, hier* [auf der Burg Wildenberg] *Spuren von Wildheit auszumachen. Die Nähe von Kloster und Ort Amorbach sowie einiger schon in der Karolingerzeit nachweisbarer Dörfer* [...] *gestatten kaum, von Menschenleere zu sprechen.*“[438] Auch die Hinweise Schreibers und Güterbocks auf den großen Kamin im Palas der Wildenburg hielt Ebersold für problematisch. Zweimal würde Wolfram ausdrücklich von drei Feuerstellen sprechen und diese befänden sich nicht an der Wand, sondern in der Mitte des Raumes.[439]

Ebersold vertrat die Meinung, daß Wolfram sich bei seiner Beschreibung der Gralsburg nicht von einem real existierenden Ort, sondern von den mittelalterlichen Vorstellungen vom Paradies und den Schwierigkeiten dorthin zu gelangen, leiten ließ.[440] Und das abschließendes Urteil über Schreiber lautete: *„Obwohl niemand die Wildenberg-Gralsburg-Frage so zur Lebensarbeit geworden ist wie Albert Schreiber, mutet sein Bild von der Gralsburg im Odenwald nicht nur deshalb wie eine Groteske an, weil hier zwei unvergleichbare Dinge miteinander verglichen werden, sondern weil schon der methodische Ausgangspunkt völlig verfehlt war. Zwar ist die Aufstellung einer Hypothese legitim, aber für Schreiber stand von Anbeginn an fest, daß die Amorbacher Wildenburg Munsalvaesch war.* [...] *Hypothese auf Hypothese türmend, dient ihm die untere als Beweis für die nächste. Soviel aber steht zumindest fest. Die Odenwälder Wildenburg diente Wolfram nicht als Vorbild der Gralsburg, noch war sie gar die Gralsburg selbst.*“[441]

---

[437] Ebersold, 20f
[438] Zitat Ebersold, 69
[439] Ebersold, 70
[440] Ebersold 105
[441] Zitat Ebersold, 107

Wolframs-Eschenbach

„Stadt im Frankenlande,
Wolframs-Eschenbach,
Namen, vielgenannte,
rufst du in mir wach:
Bester deiner Söhne,
dürstend nach dem Gral,
sang das ewig schöne
Lied vom Parzival. [...]"

So heißt es in der ersten Strophe der Wolframs-Eschenbacher Münsterhymne. [442] – Über das verträumte Städtchen Wolframs-Eschenbach, in dem der Parzival-Dichter zwischen 1170 und 1180 geboren wurde, schrieb Holge Noltze in der FAZ: *„Zufällig kommt hier niemand vorbei."*[443] Den Besuch sollte man im Münster, in dem Wolfram begraben worden sein soll, beginnen. Der romanische Vorgängerbau der gotischen Hallenkirche wurde im 11. Jahrhundert geweiht. Der heutige Chor entstand um das Jahr 1250 im Stil der Übergangszeit von der Romanik zur Gotik und das gotische Langhaus wurde um das Jahr 1300 errichtet. Ende des 12. Jahrhunderts gehörte Eschenbach zum Besitz der Grafen von Wertheim. Graf Boppo von Wertheim, der Lehnsherr Wolframs, schenkte schließlich zu Beginn des 13. Jahrhunderts die Pfarrei Eschenbach dem Deutschen Orden. Unter Führung der Ordensritter entwickelte sich der kleine Ort zu einer blühenden Stadt; der Niedergang Eschenbachs wurde durch den Dreißigjährigen Krieg eingeleitet. Seit dem Jahre 1917 nennt sich das Städtchen im Gedenken an seinen bedeutendsten Sohn „Wolframs-Eschenbach".[444]

Das Grab Wolframs sucht man vergeblich; an den Verfasser des Parzival erinnert heute eine Gedenktafel aus dem Jahre 1922 im rechten Seitenschiff der Kirche, ein aus dem Jahre 1861 stammendes Denkmal auf dem Marktplatz und das sehr modern konzipierte Wolfram-Museum. Der Rundgang durch die Museumsräume endet an einem Grab mit gläserner Deckplatte: Das Grab ist leer. – Die Wolframs-Eschenbacher aber sind überzeugt, daß der große Dichter im Münster begraben wurde. Im Kirchenführer heißt es: *„Wolfram von Eschenbach, der größte Epiker und Minnesänger des Mittelalters, liegt in der Pfarrkirche begraben. Dies wird 1462 von Püterich von Reichertshausen in seinem Ehrenbrief bezeug. 1608 beschrieb der Nürnberger Patrizier Johann Wilhelm Kreß das Grab samt Wappen.*

[442] Zitiert nach Geidner, 2
[443] Zitat Noltze
[444] Vgl. Geidner, 3f

Das Grab dürfte wahrscheinlich bei den Kirchenumbauten bzw. -renovierungen 1666 bzw. 1719 verlorengegangen sein."[445]

Wolfram von Eschenbach-Denkmal

Wegbeschreibung: Wolframs-Eschenbach erreicht man z.B. von der A 6 Autobahnkreuz Nürnberg-Ost–Heilbronn, die man an der Abfahrt „Ansbach" verläßt. Auf der B 13 fährt man Richtung Gunzenhausen und biegt hinter Leidendorf links nach Wolframs-Eschenbach ab.

Burg Waldeck im Hunsrück

Tief in den Wäldern des Hunsrück liegt die wiederaufgebautete Burg Waldeck. Hier hat der 1920/21 gegründete Nerother Bund seinen Sitz. Der Nerother Bund ist ein Ableger der Wandervogels, der Ursprungsgruppe der deutschen Jugendbewegung, einer „antibürgerlichen Bewegung bürgerlicher Jugend". Im Hof der Burg Waldeck findet sich eine aus groben Steinen gemauerte Rundbank mit Vogeltränke, in die die Worte „*hüet iuch: dâ gênt unkunde wege*" eingemeißelt wurden. Es handelt sich um ein Zitat aus Wolframs Parzival (V. Buch, V 226): Als Parzival am See den Fischerkönig trifft und nach einer Herberge

[445] Zitat Geidner, 17f

fragt, beschreibt dieser ihm den Weg zur Gralsburg. Er warnt aber auch: „Hütet euch: Es geh´n da falsche Wege!“

Die Rundbank auf Burg Waldeck im Hunsrück

Das besondere an der Waldecker Bank ist, daß alle Steine vom Montségur, dem heiligen Berg der Katharer, stammen. Seit dem Jahre 1964 bringen junge Nerother auf „großer Fahrt“ die Felsbrocken nur zu Fuß und per Anhalter von den Pyrenäen in den Hunsrück. Im Januar 1995 waren es 881 registrierte Steine; der schwerste wog 46 Kilogramm.[446] Hans-Jürgen Lange deutete die Waldecker Bank als eine Allegorie auf das Leben und Werk Otto Rahns, *„denn das Schicksal der Katharer, deren Steine die Nerother tragen, haben Rahn zeit seines Lebens fasziniert und beschäftigt. Er unternahm lange Reisen auf den Spuren der sogenannten Ketzer und mühsam hat er ‚Stein um Stein' die Funde seiner Recherchen zusammengetragen. Er war ein Mensch, der seine Arbeit nicht am heimatlichen Schreibtisch machen wollte und der eigene Erfahrungen vor Ort genauso schätzte wie die notwendigen Arbeiten in den Bibliotheken.“*[447]

[446] Vgl. Nerother Wandervogel und Lange, Rahn, 11
[447] Zitat Lange, Rahn, 11

Wegbeschreibung: Burg Waldeck erreicht man z.B. von der A 60 Bingen–Koblenz, die man an der Abfahrt „Emmelshausen“ verläßt. Von der Autobahnabfahrt fährt man Richtung Emmelshausen, biegt aber vor dem Ort auf die B 327 Richtung Kastellaun ab. In Gödenroth verläßt man die Bundesstraße, fährt über Beltheim nach Dommershausen und folgt den Wegweisern zur Burg. – Vor einem Besuch empfiehlt es sich, beim Nerother Bund anzurufen, da der Burghof nicht frei zugänglich ist.

Die Drüggelter Kapelle: Heidentempel oder Katharerkirche?

Am Möhnestausee, neun Kilometer südlich von Soest, liegt versteckt zwischen den Drüggelter Höfen eine rätselhafte Kapelle. Gekrönt wird der zwölfeckige, weiß getünchte Bau von einem Schieferdach und einem später aufgesetzten Zwiebeltürmchen. Auch die im Osten gelegene Apsis wurde wohl erst später angebaut. Gedeutetet wurde das Kirchlein als Taufkapelle, Schloß- bzw. Hauskapelle, Nachbildung der Jerusalemer Grabeskirche, Kreuzfahrerkapelle und Wallfahrtskirche. Auch zum römischen Grabmal und zum römischen Tempel wurde der Bau erklärt. Im Volksmund wurde die Drüggelter Kapelle aber schon immer als „Heidentempel" bezeichnet.[448] Auch der Geschichtsschreiber Hermann Stangefol deutete im Jahre 1656 die Drüggelter Kapelle als Heidenkirche. In seinem Werk „Annales circuli westfalici hoc est opus chronologicum et historicum" heißt es: „*Oben erwähntes Kloster Paradiese verschonten die Feinde bemerkenswerterweise bei der Belagerung von Soest im Jahre 1447 völlig. Höfe in Drüggelte am Fluß Möhne kamen gleichzeitig aus Spenden von Frommen an dieses neue Kloster. In dem sehr alten Tempel, der auch jetzt noch steht, befand sich einst ein dreiköpfiges Bild der Göttin Trigla, an welchem die Heiden in höchsten Nöten Bittgottesdienste abzuhalten pflegten. Und es ist glaubwürdig, daß das Dorf von diesem Bild seinen Namen erhalten habe. Diese Statue ging im Jahre 1583, im Truchsessischen Krieg, allerdings zugrunde.*"[449]

Auffällig im Inneren der Kapelle ist zuerst die für den kleinen Raum ungewöhnlich große Zahl von Säulen: Bei einem Durchmesser von nur 10½ Metern wird das Dach von einem äußeren Ring von zwölf Säulen und einem inneren Ring von zwei Säulen und zwei gemauerten Pfeilern getragen. Werner Müller schrieb im Jahre 1937 in der Ahnenerbe-Zeitschrift „Germanien". „*Die Betrachtung des Innenraum hinterläßt den Eindruck vollendeter Zweckwidrigkeit. Die Fülle der Stützen steht in keinem Verhältnis zur Last und zerreißt die ohnehin mäßige Bodenfläche in eine Unzahl Einzelstücke. Nirgends kann das Auge frei schweifen; stets wird es von Säulen und Pfeilern abgefangen. Sogar die Apsisöffnung wird blockiert. Der Blick des amtierenden Priesters geht nicht wie in Langschiffkirchen ungehindert in die Tiefe des Raumes zur Gemeinde, sondern stößt auf ein Durcheinander grauer Steinwalzen. Man begreift den Sinn der baulichen Anlage nicht, die der Form des christlichen Gottesdienstes so wenig Rechnung trägt.*"[450]

---

[448] Eine Auflistung der bis zum Jahr 1994 erschienen Veröffentlichungen über die Drüggelter Kapelle findet sich bei Kestermann, 85f und 90–94

[449] Übersetzung aus dem Lateinischen nach Kestermann, 88

[450] Zitat Müller, Teil 1, 105

Säulen, Säulen, Säulen, ...

Ein Heidentempel?

Allgemein wurde und wird der Bau der Drüggelter Kapelle ins 12. oder an den Beginn des 13. Jahrhunderts datiert.[451] Müller jedoch versuchte, den Zwölfeckbau in heidnisch-germanische Zeit zurückzuverlegen. Er sei nicht in romanischer Zeit, sondern lange vorher als heidnische Kultstätte errichtet worden. Erst in späterer Zeit sei mit dem Anbau der Apsis das Gebäude als christliche Kirche genutzt worden. Die krugförmigen Basen der Säulen seien nicht romanisch, sondern entsprächen den Formgesetzen germanischer Töpferkunst. Und der einfache, bäuerliche Stil der Verzierungen der Säulenkapitäle beruhe auf dem Versuch, nordische Holz- und Kerbschnitzkunst in Stein umzusetzen. Müllers stärkstes Argument jedoch war die Ortung: „*Stellt man sich unter das zweite Fenster rechts von der Tür, so weicht der Säulenwirrwar plötzlich einer klaren Ordnung. Wie bei einem Vexierbild fügen sich die Glieder zu einer sinnvollen Einheit zusammen: ein meterbreiter Gang öffnet sich plötzlich von einer Wand zur anderen und die Stützen treten rechts und links beiseite. Überrascht steht man vor diesem Schauspiel. Des Rätsels Lösung bietet die Kompaßmes-*

[451] Z.B. in Kath. Pfarramt St. Pankratius

sung: das zweite Fenster rechts der Tür ist nach Südosten gerichtet, auf den Sonnenaufgang zur Winterwende; entsprechend die gegenüberliegende Öffnung nach Nordwesten, d. h. nach Sonnenuntergang zur Sommerwende. Am [...] *21. Julmond fallen die Strahlen des über den Arnsberger Wald heraufkommenden Lichts quer durch das Innere auf die gegenseitige Wand.* [...] *Im Nordosten und Südwesten vervollständigen zwei weitere Fenster die Ortungslinie zum Rechtkreuz. Nur ist der Säulengang etwas schmäler* [...] *die geschilderte Ortung rückt den Bau eindeutig in eine Zeit, die germanisches Gut lebendig formte. Klar spiegelt sich hier das nordische Weltbild mit seiner Betonung der Sonnenwendepunkte. Die Kapelle gehört in die große Sippe germanischer Kalenderdenkmäler, die von den Steinsetzungen des Neolithikums an bis zum Untergange des Heidentums alle Jahrhunderte des ungebrochenen Nordens begleiteten.*"[452]

In der Vier- und Zwölfzahl der beiden Säulenringe sah Müller Symbole für die Jahreszeiten und die Monate. In den Verzierungen der Säulenkapitäle glaubte er nordische Jahreslaufzeichen zu erkennen. Da aber nicht alle Säulen Verzierungen tragen, schloß Müller, daß in christlicher Zeit ein Teil der alten heidnischen Zeichen entfernt worden ist.[453]

Eine Zurückdatierung des Baus in heidnische Zeit scheitert allerdings daran, daß man seinerzeit noch keinen Mörtel kannte. Auch Müller war sich dieses Problems bewußt und versuchte mit wirren Argumentationsketten zu beweisen, daß schon die Germanen um die Technik des Mörtelbaus wußten. Aber wie schon im Kapitel über die Ringwallanlagen ausgeführt, kannten weder die Kelten noch die Germanen diese Technik. Ihre Gebäude errichteten sie aus Holz und die Mauern ihrer Burgen in Trockenmauertechnik. Erst mit den Merowingern bzw. den Karolingern gelangte die Mörtelbauweise in die ostrheinischen Gebiete.

Eine Nachbildung der Jerusalemer Grabeskirche?

Auch Wolfgang Billig, dessen maschinengeschriebenes Manuskript „Die Drüggelter Kapelle – Ein Kleinod westfälischer Baukunst" ich in der Hessischen Landesbibliothek Darmstadt fand, wies im Jahre 1960 die These vom Heidentempel zurück. „[...] *von einem eigentlichen Heidentempel kann aber wohl kaum die Rede sein – wohl aber kann sich an die heutige Kapelle die Erinnerung an eine heidnische Kultstätte knüpfen, da ja christliche Tempel vorzüglich an solchen Orten errichtet wurden, die den Heiden besonders heilig waren.* [...] *Im Volke wurde diese Ansicht gewiß gestützt und lebendig gehalten durch Sucht nach dem Absonderlichen und Geheimnisvollen, knüpft sich doch die sagenhafte Erinnerung an heidnische Kultstätten an so manchen Ort des weiten einst so dicht bewaldeten westfälischen Ge-*

[452] Zitat Müller, Teil 1, 109f
[453] Müller, Teil 2, 137f

bieteS.“[454] Bei dem von Stangefol erwähnten Götzenbild habe es sich um den Säulenkopf der dritten Säule links des Eingangs (Säule 9 bei Jacobi-Büsing) gehandelt. *„Vergleicht man diesen Säulenkopf mit dem der anderen gleichstarken Innensäulen oder auch mit den übrigen Kapitälen, so ergibt sich ein auffallendes Mißverhältnis. Der Umfang des Kapitäls steht dem der anderen Säule*[n] *bedeutend nach, erscheint fast nur als Anschwellung des Schaftes und weniger als Abschluß, wie bei den anderen Säulen. So könnten diese Fratzen tatsächlich 1583 von puritanischen Eiferern arg mitgenommen sein, so daß das vermeintliche Götzenbild unterging, aber später wieder nachgemeißelt wurde.“*[455]

Die Drüggelter Kapelle

Billig deutete – wie bereits Wilhelm Giefers im Jahre 1854 – die Drüggelter Kapelle als eine Heiliggrabkirche, eine Nachbildung der Jerusalemer Grabeskirche. Die ersten urkundlichen Erwähnungen des Kirchleins stammen aus dem Beginn des 13. Jahrhunderts: In einer Urkunde vom 14. Mai 1213 bestätigte Graf Gottfried II. von Arnsberg einen bereits abgeschlossenen Kaufakt „apud Druglete“ und im Jahre 1227 wurde ein weiterer Vertrag desselben Grafen „iuxta capellam Druglete“ geschlossen. Während die erste Urkunde nur den Namen Drüggelte erwähnte, sprach die zweite Urkunde ausdrücklich von der Drüggelter

[454] Zitat Billig, 2f
[455] Zitat Billig, 2

Kapelle.[456] Denkbar wäre somit, daß die Kapelle in der Zeit zwischen beiden Urkunden erbaut wurde. Den Erbauer der Kapelle sah Billig in jenem Grafen Gottfried II., der im Jahre 1219 von einem Kreuzzug nach Palästina zurückgekehrt war. *„Er ließ das Kirchlein gewissermaßen als ‚Heiliggrabkapelle' bauen, ist es doch der alten Rundkirche des heiligen Grabes zu Jerusalem nachgebildet. Zu ihr* [...] *wallfahrteten dann die Gläubigen, denen es nicht vergönnt war, an den Kreuzfahrten teilzunehmen.“*[457]

Bei seiner Vermessung der Kapelle stellte Billig fest, daß die beiden dicken Pfeiler des inneren Stützenkranzes weiter nach innen gerückt sind, wodurch der innere Raum oval wird und der zweite Umgang eine auf den ersten Blick nicht auffallende ungleiche Breite erhält. Dieser ovale Bereich sei eher für die Aufnahme einer länglichen Nachbildung des Grabes Jesu als für einen runden Taufstein geeignet gewesen. Bei der Grabnachbildung habe es sich um die eisenbeschlagene Eichentruhe, die noch heute in der Kapelle steht, handeln können. *„Sie ist aus einem einzigen Baumstamm gearbeitet und kann als Baumsarg angesprochen werden. Da sie genau in das Mitteloval der inneren Stützen paßt, wäre es denkbar, daß sie hier als Sinnbild des heiligen Grabes früher ihren Platz hatte. Diese Annahme würde auch die von der vollen Rundung abweichende Form dieses Stützenrahmens erklären.“*[458]

Dieter Kestermann wies in seinem Büchlein „Die Kapelle auf den Drüggelter Höfen – Vom heidnischen Tempel zur christlichen Kapelle, das älteste Gebäude Westfalens“, das im Jahre 1994 in 3. Auflage erschien, die Theorie von der Heiliggrabkapelle zurück. Ab 336 n. Chr. habe es in Jerusalem nacheinander vier Grabeskirchen gegeben. Eine gewisse Ähnlichkeit habe die Drüggelter Kapelle allenfalls mit der zweiten Grabeskirche, die von etwa 636 bis 1009 bestand. Mit der um das Jahr 1140 errichteten vierten Grabeskirche, die heute noch besteht, fehle jede Ähnlichkeit. Wenn die Drüggelter Kapelle also im 12. oder zu Beginn des 13. Jahrhunderts erbaut worden sein soll, sei zu fragen, wie und warum sich der Erbauer Pläne der bereits im Jahre 1009 zerstörten zweiten Grabeskirche beschafft haben soll, um sie wenig ähnlich nachzubauen, anstatt die damals neu errichtete vierte Grabeskirche im kleinen exakt nachzubauen.[459] Und die Eichentruhe, die Billig als Baumsarg deutete, kann nach Kestermanns Messungen nicht im Raum zwischen den inneren Säulen gestanden haben; sie sei um einige Zentimeter zu lang und würde auf den Säulenbasen aufliegen.[460]

Nach Kestermann wurde der Zwölfeckbau vor dem Einfall Karls des Großen ins Sachsenland als heidnischer Privattempel errichtet. Seine Argumentation stützte sich vor allem auf die Beschreibung eines Gästehauses in einer alten norwegischen Chronik, das eine überra-

[456] Vgl. Müller, Teil I, 105 und Billig, 4
[457] Zitat Billig, 4
[458] Zitat Billig, 12
[459] Kestermann, 31f
[460] Kestermann, 47

schende Ähnlichkeit mit der Drüggelter Kapelle hatte. Es handelte sich um einen hölzernen Rund- bzw. Vieleckbau mit einem Durchmesser von etwa 24 Metern, dessen Spitzdach von einem doppelten Säulenring getragen wurde. Nach umfangreichen Textinterpretationen kam Kestermann zu dem Ergebnis, daß es sich bei dem Gästehaus um einen alten heidnischen Tempel gehandelt habe. Daß der Heidentempel nicht – wie sonst üblich – zu einer christlichen Kirche umgewandelt wurde, hätten die konzentrischen Säulenringe verhindert. Die konzentrischen Säulenringe stellten ein uraltes heidnisches Symbol dar und fänden sich z.B. schon in Stonehenge.[461]

Das von Stangefol erwähnte Götzenbild vermutete Kestermann in einem der ummauerten Pfeiler: *„Ein heidnisches Götterbild konnte in einer Kirche nur stehen, wenn es ein wichtiges statisch tragendes Bauteil wie eine Stützsäule war. So tragen an vielen Kirchen heidnische Gestalten Gebälk oder Gewölbe. Die Christen betrachteten es wohl als Unterwerfung unter Christus, wenn Heidengötter christliches Gebälk tragen mußten, und duldeten daher deren Anwesenheit. Heute wird das nicht als passend angesehen. Oder das Bild war zunächst verputzt und später fiel der Putz ab. Wir vermuten daher, daß dieses Götterbild oder die zerstörten Reste in einem der beiden Rundpfeiler um 1580 eingemauert wurden. In dem anderen Rundpfeiler vermuten wir eine Säule wie die Westsäule. Wenn Stangefol richtig berichtet hat, so war durch Beschädigung der tragenden Bildsäule eine neue Gewölbestütze notwendig geworden, die am einfachsten durch Ummauern der beschädigten Säule geschaffen werden konnte. Aus Gründen der Raumsymmetrie wurde dann die andere Säule ebenfalls ummauert.“*[462]

Eine Katharerkirche?

Eine wirklich überzeugende Deutung der Drüggelter Kapelle existiert bislang nicht. Die für mich wahrscheinlichste Theorie wurde im Jahr 1964 von Gisela Jacobi-Büsing veröffentlicht: *„Einen einzigen Anhaltspunkt für die kultische Bestimmung des Baues bieten die bereits erwähnten mündlichen Überlieferungen. Und zwar die Tatsache, daß im Volksmund die Bezeichnung ‚Heidentempel' für die Drüggelter Kapelle von Generation zu Generation weitergegeben wurde. Nimmt man an, daß die Kapelle zwar ein ‚Heidentempel', aber ein solcher aus ‚christlicher Zeit' ist, so dürfte man nach meiner Ansicht dem Rätsel schon auf der Spur sein. Mit dem Begriff ‚Heidentempel' soll möglicherweise lediglich ausgesagt werden, daß die Kapelle von Menschen gebaut worden ist, die nicht der offiziellen Kirche zugehörten. Vielleicht sind auch die Begriffe ‚Heide' und ‚Ketzer' im Volksmund miteinander vermengt worden. Im 11. und 12. Jahrhundert tauchten nämlich in Deutschland viele Sekten*

---

[461] Kestermann, 18–33
[462] Zitat Kestermann, 35

auf. Unter anderem gab es mehrere Sekten, die unter dem Oberbegriff ‚Katharer' zusammengefaßt wurden."[463]

Katharer [siehe die beiden vorherigen Kapitel] gab es nicht nur in Südfrankreich, sondern auch in weiten Teilen des übrigen Europas. Eine der Ketzerhochburgen war Köln: Hier gab es eine Katharerschule und sogar einen Bischof. Nach Jacobi-Büsing errichteten die Ketzer zu Beginn des 13. Jahrhunderts im dichten Waldgebiet, das die Grenze der Besitzungen Arnsberg und Soest bildete, einen kleinen Kirchenbau. „*Bei dem ständigen Wechsel der Erzbischöfe in Köln und den ständigen kriegerischen Verwicklungen der Grafen von Arnsberg ist es gut denkbar, daß sich in dieser Zeit, völlig unbemerkt von der Öffentlichkeit, der Bau des Drüggelter Kapellchens vollzogen hat. Da die Sekte der Katharer hauptsächlich aus Handwerkern und Bauern bestand, war sie sehr wohl in der Lage, mit ihren sparsamen Mitteln und eigener Hände Arbeit mitten in einem Walde, sehr still gelegen, fernab von Soest und Arnsberg, eine kleine Kapelle zu errichten, in der sie die ihrer Glaubensrichtung entsprechenden Kulthandlungen abhalten konnte.*"[464]

Unklar ist das Verhältnis des Arnsberger Grafen Gottfrieds zu den Katharern: Auf der einen Seite nahm er an einem Kreuzzug der römischen Kirche nach Palästina teil, auf der anderen Seite duldete er eine Ketzerkapelle an der Grenze seiner Besitzungen. Die bereits erwähnten Urkunden bezeugen, daß Gottfried sich zumindest zweimal in Drüggelte aufgehalten hat. Ablehnend stand der Graf den Katharern sicher nicht gegenüber, aber anders als die okzitanischen Adeligen [siehe das Kapitel „Otto Rahn und die Katharer"] scheint der Arnsberger Graf aus Sorge um seine Besitzungen davon abgehalten worden zu sein, sich aktiv auf die Seite der Ketzer zu stellen.

Wie in Südfrankreich wurden die Katharer auch in Deutschland schließlich durch die Allianz weltlicher und geistlicher Macht ausgerottet. Die Drüggelter Kapelle fiel im Jahre 1338 an das Kloster Paradies im Kreise Soest, „*ein Nonnenkloster, das vom Soester Dominikanerkloster (Albertus Magnus) aus gegründet worden war. Die Dominikaner widmeten sich vor allem der Bekehrung der Ketzer und spielten als ‚Spürhunde des Herrn' (Domini canes) eine bedeutende Rolle bei der Inquisition. Es ist tatsächlich merkwürdig, daß das unscheinbare Drüggelter Kirchlein nun ausgerechnet von Dominikanerinnen übernommen wird, obwohl manches andere Kloster näher bei der Drüggelter Kapelle gelegen hat [...] Sollte diese Übernahme ein Fingerzeig dafür sein, daß es in Kirchenkreisen ‚still bekannt' war, daß dieses Kirchlein den Katharern gehört?*"[465] – So Jacobi-Büsing.

---

[463] Zitat Jacobi-Büsing, 10
[464] Zitat Jacobi-Büsing, 17
[465] Zitat Jacobi-Büsing, 18

Gebaut hätten die Katharer die Drüggelter Kapelle für den Ritus des Consolamentums, der Geisttaufe, des einzigen Sakraments, das sie kannten. Im äußeren Ring hätten dabei die Gläubigen und im mittleren Ring die Perfekten, die Katharerpriester gestanden. Und der Novize habe zwischen den beiden dicken Säulen des inneren Rings gewartet und nach Osten geblickt. Die beiden ummauerten Säulen hätten gemäß dem katharischen Dualismus die Reiche des Lichts und der Finsternis symbolisiert. Beim Consolamentum habe sich der Novize zwischen diesen beiden Reichen zu entscheiden gehabt. Mit dem Rücken habe er zu Säule 14 (westliche Säule des inneren Rings) gestanden, auf der sich acht Gesichtsdarstellungen, die zum Teil mit Bändern verbunden sind, befinden. Jacobi-Büsing deutete diese als Symbol für die Familie und die Blutsbande, die der Perfekte wie alles andere, was ihn an diese Welt bindet, hinter sich lassen müsse.[466] Vor sich sah der Novize Säule 13 (östliche Säule des inneren Rings), um die sich eine dicke Schnur schlingt: „*Hier symbolisiert sie gewissermaßen eine Nabelschnur, durch die der Mensch gespeist wird mit göttlichem Geist und göttlicher Lebenskraft. Wir sehen, daß diese dicke, gewundene Schnur nur drei Flächen des Kapitäls der Säule 13 umschließt. Auf der östlichen Seite endet sie in je einer trichter- oder ohrförmigen Öffnung, die bereit ist, etwas aufzunehmen, und sie nimmt etwas auf. Sie empfängt nämlich die Strahlen der Sonne, die auf der ihr zugewandten Kapitälfläche (Westseite) der Säule 3* [östliche Säule des äußeren Rings] *symbolisch abgebildet ist und sich hoch vor ihr erhebt. Als die immateriellste Erscheinung der gesamten Schöpfung eignet sich das Licht besonders, Symbol der Geistigkeit Gottes zu sein.*“[467] Die Tierdarstellung (Esel?) unterhalb der Trichter auf Säule 13 deutete Jacobi-Büsing als Opfertier, das die Sünden des Novizen symbolisch aufnehme, damit er rein und sündenfrei das Consolamentum empfangen könne. Beachtung verdienen noch die Monde auf der Nord- und der Südseite der Säule 3 und die drei Sterne auf der Westseite, die die Trinität symbolisierten.[468]

Auf der nördlichen Seite des Kapitäls der Säule 13 findet sich ein Webmuster, möglicherweise ein Hinweis darauf, daß die Katharer auch Weber genannt wurden. Über die Verbindung von Katharern und Webern schrieb auch Otto Rahn [siehe das Kapitel „Otto Rahn und die Katharer“] in seinem zweiten Buch: „*Die heilige Hildegard von Bingen war einmal nach Köln gekommen, um vor dem gesamten Klerus der Stadt eine Rede zu halten. Sie sprach aber nicht über die süße Gottesminne, der sie so manches Gedicht geweiht, auch nicht von dem Himmel, dem sie sich entgegenkasteite, sondern sie hielt einen Aufklärungsvortrag über die Schlupfwinkel der Ketzer und gab den andächtig lauschenden Pfaffen zu wissen, daß man, um dieses Teufelgesindels habhaft werden zu können, die Kellerwerkstätten der Weber durchsuchen müsse. Aus Friesland* [...] *war die Webkunst an den Rhein gekommen. Darum kann es nicht Zufall gewesen sein, daß in Friesland die Stedinger so grausam ausgerottet worden sind, während gleichzeitig auf die Kölner und Albigenser Ketzer Jagd ge-*

---

[466] Jacobi-Büsing, 24–27
[467] Zitat Jacobi-Büsing, 29–31
[468] Jacobi-Büsing, 32–35

macht wurde. Es kann auch nicht Zufall gewesen sein, daß die provenzalischen Katharer oft Tisserands genannt wurden. Das bedeutet Weber!“[469]

Das dreiköpfige „Götzenbild“

Erwähnt sei noch Jacobi-Büsings Deutung der drei Köpfe auf Säule 9 (westliche Säule des äußeren Rings), die wohl Stangefols „Götzenbild“ war: „*Sie sind anders als die Gesichter der Säule 14. Sie ragen wie selbständige Glieder aus dem Kapitäl heraus. Sie blicken starr in eine unbestimmte Ferne. Sie haben überhaupt keine Stirn. Die Stirn scheint völlig verschmolzen zu sein mit der Deckplatte dieses Kapitäls, verschmolzen mit einer ‚höheren Sphäre'. Sie symbolisieren meines Erachtens Glieder der priesterlichen Hierarchie des Katharismus* [...]“[470]

Man kann gegen die Deutung Jacobi-Büsings einwenden, daß sich alle genannten Symbole auch in römisch-katholischen Kirchen finden. Auffällig ist jedoch, daß sich in der Drüggelter Kapelle kein einziges eindeutig kirchliches Emblem, wie etwa ein Kreuz, ein Fisch oder Alpha und Omega, findet.

[469] Zitat Rahn, Luzifer, 208
[470] Zitat Jacobi-Büsing, 48

Wegbeschreibung: Man verläßt die A 44 Kassel–Dortmund an der Abfahrt „Soest“ und fährt auf der B 229 Richtung Arnsberg. Vor Möhnesee-Delecke folgt man links den Wegweisern zur Drüggelter Kapelle.

Literaturverzeichnis

- Althoff, Dirk; Languedoc-Roussillon – Südrankreich, Köln 1996
- Anhäuser, Uwe; Die stummen Götter beginnen zu reden – Bei den Menhiren im südfranzösischen Aveyron, In: FAZ, 09.05.96
- Anhäuser, Uwe; Ketzerei und Liebeshändel – Unterwegs im Land der Katharer, In: FAZ, 18.04.96
- Antonow, Alexander; Burgen im Main-Viereck, Frankfurt am Main 1987
- Baatz, D.; Limeskastell Saalburg – Ein Führer durch das römische Kastell und seine Geschichte, Neu-Anspach 14. Aufl. 1998
- Baedekers Allianz Reiseführer; DDR – Deutsche Demokratische Republik, 5. Aufl. Stuttgart 1990
- Beckmann, Bernhard; Zeugnisse provinzialrömischer Geschichte im Museum der Stadt Miltenberg, In: Stadt Miltenberg (Hrsg.); Museum der Stadt Miltenberg – Beiträge zur Wiedereröffnung am 26. April 1996, Miltenberg 1996, 63–74
- Behm-Blancke, Günter; Höhlen, Heiligtümer, Kannibalen – Archäologische Forschungen im Kyffhäuser, Leipzig 1958
- Billig, Wolfgang; Die Drüggelter Kapelle – Ein Kleinod westfälischer Baukunst, maschinengeschriebens Manuskript Braunschweig 1960
- Blatz, Merete; Der letzte Schlupfwinkel für die „guten Christen“– Unterwegs auf dem Sentier Cathare in Südfrankreich, In: FAZ, 07.05.97
- Borst, Arno; Die Katharer, Freiburg i. B. 1991 (Originalausgabe Stuttgart 1953)
- Braunfels, Wolfgang; Karl der Große – mit Selbstzeugnissen und Bilddokumenten, Hamburg 1972
- Gaius Julius Caesar; Der Gallische Krieg – De Bello Gallico – Lateinisch-deutsch – Herausgegeben und übersetzt von Otto Schönberger, Düsseldorf/Zürich 1998
- d´Andoque, Nicolas/Mècle, André; Die ehemalige Zisterzienserabtei Fontfroide, Moisenay 1996
- de la Viera, Antoine; Die Burgen im Lande der Katharer, Vic-en-Bigorre, Frankreich 1996
- Dehn, Wolfgang; Der Ring von Otzenhausen, eine Trevererfestung aus der Zeit Cäsars, In: Germanien – Monatshefte für Germanenkunde zur Erkenntnis deutschen Wesens, Heft 10/11, Okt./ Nov. 1939, 445–448
- Der Englische Garten zu Eulbach, o. A., o.J. (Touristenführer)
- Der Gollenstein bei Blieskastel (Saar), In: Germanien – Monatshefte für Germanenkunde zur Erkenntnis deutschen Wesens, Heft 9, September 1933, 264–267
- Die Bibel – Einheitsübersetzung – Altes und Neues Testament, Stuttgart 1980
- Die größten Steindenkmäler Deutschlands – „Visbeker Bräutigam“ + „Opfertisch“ bei Engelmannsbäke in der Ahlhorner Heide, o.O. o.J. (Touristenführer)
- Die Reichsannalen mit Zusätzen aus den sog. Einhardsannalen, In: Rau, Reinhold; Quellen zur karolingischen Reichsgeschichte – Erster Teil, Darmstadt 1955, 9–155
- Dobiat, Claus; men hir – langer Stein – Der Menhir in Langenstein, Stadt Kirchhain, Kreis Marburg-Biedenkopf, Wiesbaden 1987 (Archäologische Denkmäler in Hessen 65)
- Ebersold, Günther; Wildenberg und Munsalvaesche – Auf den Spuren eines Symbols, Frankfurt am Main 1988
- Einhard; Vita Karoli Magni – Das Leben Karls des Großen – Lateinisch/Deutsch – übersetzt von Evelyn Scherabon Firchow, Stuttgart 1996

- Ellis, Peter Berresford; Die Druiden – von der Weisheit der Kelten, München 2. Aufl. 1996 (Originalausgabe: The Druids, London 1994)
- Endrich, Peter; Vor- und Frühgeschichte des bayerischen Untermaingebietes, Aschaffenburg 1961
- Engels, Heinz-Josef; Das spätkeltische Oppidum auf dem Donnersberg – Ergebnisse der Forschungen seit 1974, In: Mitteilungen des historischen Vereins der Pfalz, 83. Band, Speyer 1985, 5–32
- Ev.-luth. Kirchengemeinde Enger (Hrsg.); Stiftskirche zu Enger, Enger o.J. (Touristenführer)
- Fest, Joachim C.; Hitler – Eine Biographie – Zweiter Band: Der Führer, Frankfurt/M. 1976 (Originalausgabe Berlin 1973)
- Fleckenstein, Josef /Monselewski, Werner/Neuhoff, Volker; Widukind und Karl der Große, Nienburg/Weser 1992
- Flindt, Stefan und Leiber, Christian; Kulthöhlen und Menschenopfer im Harz, Ith und Kyffhäuser, Holzminden 1998 (Archäologische Schriften des Landkreises Osterrode am Harz, Bd. 2)
- Fremdenverkehrsverein Miltenberg e.V. (Hrsg.); Römerweg – Rundwanderweg, Miltenberg 1999 (Touristenführer)
- Gadal, Antonin; Auf dem Weg zum heiligen Gral, Haarlem, Niederlande 1991
- Gadal, Antonin; Das Erbe der Katharer – Das Druidentum, Haarlem, Niederlande 1993
- Geidner, Oskar/Maget, Josef; Liebfrauen Münster Wolframs-Eschenbach, 5. Aufl. München 1992 (Touristenführer)
- Gödel, Otto; Menhire – Zeugen des Kults, Grenz- und Rechtsbrauchtums in der Pfalz, Rheinhessen und dem Saargebiet, Speyer 1987
- Graichen, Gisela; Das Kultplatzbuch – Ein Führer zu den alten Opferplätzen, Heiligtümern und Kultstätten in Deutschland, Augsburg 1998
- Grieben Reiseführer – Die schönsten Ferienstraßen in Deutschland, Stuttgart – München – Bern 1987
- Gümbel, Ernst; Der Donnersberg – Ein Führer durch Natur und Geschichte, 2. Aufl. Kirchheimbolanden 1996 (Touristenführer)
- Güterbock, Gotthilde; Noch einmal: Wolfram von Eschenbach, Wertheim und Wildenberg, In: Der Odenwald – Zeitschrift des Breuberg-Bundes 1953 (Neudruck 1979), 12–15
- Güterbock, Gotthilde; Wolfram von Eschenbach, Wertheim und Wildenberg, In: Der Odenwald – Zeitschrift des Breuberg-Bundes 1953 (Neudruck 1979), 3–11
- Heinemann, Günter; Heidelberg, München 1983
- Herder Lexikon – Germanische und keltische Mythologie, Freiburg i. Br. 2.Aufl. 1986
- Hermann, F.; Jurahöhlen der Oberpfalz, Regensburg 1976
- Herrmann, Fritz-Rudolf und Müller, Matthias; Die Milseburg in der Rhön – Führungsblatt zu dem keltischen Oppidum bei Hofbieber-Danzwiesen, Kreis Fulda, Wiesbaden 1985 (Archäologische Denkmäler in Hessen 50)
- Herrmann, Fritz-Rudolf; Der Burgberg bei Bieber – Führungsblatt zu der Ring- und Abschnittsbefestigung bei Biebergemünd-Bieber, Main-Kinzig-Kreis, Wiesbaden 1993 (Archäologische Denkmäler in Hessen 108)
- Herrmann, Fritz-Rudolf; Der Hainkeller bei Lützel – Führungsblatt zu dem vorgeschichtlichen Ringwall bei Linsengericht-Großenhausen, Main-Kinzig-Kreis, Wiesbaden 1993 (Archäologische Denkmäler in Hessen 106)

- Herrmann, Fritz-Rudolf; Die Alteburg bei Kassel – Führungsblatt zu dem vorgeschichtlichen Ringwall bei Linsengericht-Großenhausen, Main-Kinzig-Kreis, Wiesbaden 1993 (Archäologische Denkmäler in Hessen 106)
- Herrmann, Fritz-Rudolf; Die Alteburg bei Wirtheim – Führungsblatt zu dem vor- und frühgeschichtlichen Ringwall bei Biebergemünd-Kassel, Main-Kinzig-Kreis, Wiesbaden 1993 (Archäologische Denkmäler in Hessen 109)
- Homer, Odyssee – Nach der Übertragung von Johann Heinrich Voss, München 1959
- Hotz, Walter; Wildenberg – Entstehung und Gestalt einer staufischen Burg, Amborbach 1972 (Touristenführer)
- Jacobi-Büsing, Gisela; Die Drüggelter Kapelle – Versuch einer Deutung ihrer kultischen Bestimmung, Soest 1964
- „Kadmon"; Katharsis – Auf den Spuren von Otto Rahn, Wien 1991 (Broschüre im Eigendruck, Bezug: Aorta, c/o G. Petak, Postfach 778, A-1011 Wien)
- „Kadmon"; Mithras, Wien 1994 (Broschüre im Eigendruck, Bezug: Aorta, c/o G. Petak, Postfach 778, A-1011 Wien)
- Kaldewei, Gerhard; Das Widukind-Museum in Enger, 1987 Bielefeld
- Kater, Michael Hans; Das Ahnenerbe der SS – Ein Beitrag zur Kulturpolitik des Dritten Reiches, Stuttgart 1974
- Kath. Pfarramt St. Pankratius Möhnesee-Körbecke (Hrsg.); Die Drüggelter Kapelle – Kurzführer, Möhnsee-Körbecke o.J. (Touristenführer)
- Keller, Hiltgart L.; Reclams Lexikon der Heiligen und der biblischen Gestalten – Legende und Darstellung in der bildenden Kunst, 5. Aufl. Stuttgart 1984
- Kestermann, Dieter; Die Kapelle auf den Drüggelter Höfen – Vom heidnischen Tempel zur christlichen Kapelle, das älteste Gebäude Westfalens, 3. Aufl. Horn 1994
- Kimmig, Wolfgang; Götter – Druiden – Heiligtümer – Zeugnisse keltischer Religionsübung, In: Jahrbuch der Wittheit zu Bremen, Band XX, 1976, 43–72
- Kirchner, Horst; Die Menhire in Mitteleuropa und der Menhirgedanke, In: Akademie der Wissenschaften und der Literatur – Abhandlungen der Geistes- und Sozialwissenschaftlichen Klasse, Mainz 1955, Nr. 6, 609–816
- Kolbe, Wilhelm; Der lange Stein und das Wuotansbild an der Kirche zu Langenstein, In: Heidnische Altertümer in Oberhessen, Marburg 1881, 27–51
- Kranz, Gisbert; Sie lebten das Christentum – 28 Biographien, 3. Aufl. Regensburg 1978
- Krencker, D.; Das Mithrasheiligtum in Schwarzerden, In: Germania – Korrespondenzblatt der Römisch-Germanischen Kommission des Deutschen Archäologischen Instituts 9, 1925, 27–32
- Kühn, Dietrich; Sagen und Legenden vom Harz und vom Kyffhäuser, Weimar und Jena 1996
- Kunis, Hans; Wildenberg – Die Gralsburg im Odenwald, Leipzig 1937
- Kunkel, Otto; Die Jungfernhöhle bei Tiefenellern – Eine neolithische Kultstätte auf dem Fränkischen Jura bei Bamberg, München 1955
- Landesdenkmalamt Baden-Württemberg (Hrsg.); Atlas der archäologischen Geländedenkmäler in Baden-Württemberg – Band 1 – Die keltischen Viereckschanzen, Stuttgart 1990
- Lange, Hans-Jürgen (Hrsg.); Otto Rahn – Leben und Werk – Kreuzzug gegen den Gral – Luzifers Hofgesind, Engerda 1995
- Lauke, Bernd; Die Jakobskirche zu Langenstein und der Lange Stein – Ein kleiner Wegweiser von Pfr. Bernd Laukel, Langenstein o.J. (Kirchenführer)

- Lectorium Rosicrucianum (Hrsg.); Sabarthez – Beschreibung historischer Plätze, 2. Aufl. Haarlem/Niederlande 1991
- Lenau, Nikolaus; Sämtliche Werke und Briefe – In zwei Bänden – Erster Band: Gedichte und Versepen, Frankfurt am Main 1971
- Lohse, Eduard; Umwelt des Neuen Testaments, Göttingen 6. Aufl. 1983
- Luczyn, David; Deutschland – Ein Führer zu Orten des Lichts und der Kraft, München 1991
- Macher, Brigitte; Durchs Land der Katharer, In: Die Zeit, 14.06.96
- Magistrat der Stadt Kirchhain (Hrsg.); Kirchhain – Stadt an Ohm und Wohra in Wort und Bild, Gießen 1977
- Marzolff, Peter; Heiligenberg St. Michael, München 1986 (Touristenführer)
- Matthes, Walter; Corvey und die Externsteine – Schicksal eines vorchristlichen Heiligtums in karolingischer Zeit, Stuttgart 1982
- Melchers, Erna und Hans; Das große Buch der Heiligen – Geschichte und Legende im Jahreslauf, 8. Aufl. München 1985
- Michelin-Reiseführer; Pyrenäen – Roussillon – Gorges du Tarn, Clermont-Ferrand 1998
- Müller, Werner; Die Kapelle von Drüggelte bei Soest, in: Germanien – Monatshefte für Germanenkunde zur Erkenntnis deutschen Wesens, Teil 1: April 1937, 103–110, Teil 2: Mai 1937, 137–142
- Mund, Rudolf J.; Der Rasputin Himmerls – Die Wiligut-Saga, Stuttgart o.J.
- Mundhenk, Johannes; Forschungen zur Geschichte der Externsteinen in vier Bänden – Band I: Architektonisch-archäologische Bestandsaufnahme, Lemgo 1980
- Mundhenk, Johannes; Forschungen zur Geschichte der Externsteinen in vier Bänden – Band II: Untersuchungen zur jüngeren Geschichte der Externsteine, Lemgo 1980
- Mundhenk, Johannes; Forschungen zur Geschichte der Externsteinen in vier Bänden – Band III: Quellen zur mittelalterlichen Geschichte der Externsteine, Lemgo 1981
- Mundhenk, Johannes; Forschungen zur Geschichte der Externsteinen in vier Bänden – Band IV: Die Geschichte der Externsteine in Schwerpunkten – eingeordnet in einen historischen Gesamtabriß, Lemgo 1983
- Naumann, Helmut; Brûnoldes Stúl, In: Mitteilungen des historischen Vereins der Pfalz – 63. Band – Speyer 1965, 34–94
- Nerother Wandervogel (Hrsg.); Burg Waldeck im Hunsrück, o.J. (Informationsblatt)
- Niedersächsisches Landesverwaltungsamt – Institut für Denkmalpflege (Hrsg.); Visbeker „Braut und Bräutigam“, Hannover 1993 (Touristenführer)
- Niedhorn, Ulrich; Untersuchungen am Kreuzabnahme-Relief an den Externsteinen – Datierung mittels Kompositionsanalyse – Lösung ikonographischer Probleme, Frankfurt am Main 1990
- Nigg, Walter; Das Buch der Ketzer, Zürich 1986 (Originalausgabe Zürich 1949)
- Noltze, Holge; Wolfram hinterließ keine Spur – Gleichwohl gibt es in Wolframs-Eschenbach ein Museum zu Ehren des Parzivaldichters, In: FAZ: 15.10.94
- Obermeier, Siegfried; Mein Kaiser – Mein Herr – Ein Roman aus der Zeit Karls des Großen, Reinbek bei Hamburg 1994 (Originalausgabe München 1986)
- Plaßmann, Joseph Otto; Herzog Widukind zum Gedächtnis, In: Germanien – Monatshefte für Germanenkunde zur Erkenntnis deutschen Wesens, Heft 7, Juli 1939, 320–324
- Radbertus; Egloga ..., Hrsg. von C. Strecker, In: Monumenta Germaniae historica – Poetae Latini aevi Caroli III., Hannover 1978, 45–51

- Rahn, Otto; Kreuzzug gegen den Gral – Die Tragödie des Katharismus, 1933 (Erweiterte Neuauflage von Karl Rittersbacher Stuttgart1964)
- Rahn, Otto; Luzifers Hofgesind – Eine Reise zu den guten Geistern Europas, Leipzig 1937, In: Lange, Hans-Jürgen (Hrsg.); Otto Rahn – Leben und Werk – Kreuzzug gegen den Gral – Luzifers Hofgesind, Engerda 1995
- Rau, Reinhold (Hrsg.); Quellen zur karolingischen Reichsgeschichte, 3 Bände, Darmstadt 1955–1960
- Röder, Josef; Der Kriemhildenstuhl, In: Mitteilungen des historischen Vereins der Pfalz – 67. Band – Speyer 1969, 110–132
- Röder, Josef; Pfahl und Menhir – Eine vergleichende vorgeschichtliche, volks- und völkerkundliche Studie, Neuwied 1949
- Röder, Josef; Toutonenstein und Heunesäulen bei Miltenberg – Ein Beitrag zur alten Steinindustrie am Untermain – Mit Beiträgen von Georg Knetsch, Herbert Nesselhauf und Christian Pescheck, Kallmünz/Opf. 1960
- Roquebert, Michael; Die Burgen der Katharer, Portet-sur-Garonne, o.J.
- Rüdiger, Jan; Nicht aufs Knie gefallen – Im Land der „Troubadoure“: Singende Ritter kämpfen ohne Glaubenszwang, In: FAZ, 21.12.94
- Schindler, Reinhard; Die Mithrashöhle von Saarbrücken, Saarbrücken 1964 (Führungsblatt 2 – Staatliches Konservatorenamt Saarbrücken)
- Schindler, Reinhard; Gallorömische Götter, Kulte und Heiligtümer im Saarland, In: 12. Bericht der Staatlichen Denkmalpflege im Saarland – Beiträge zur Archäologie und Kunstgeschichte, Saarbrücken o.J., 79–106
- Schleif, Hans; Die Ausgrabung am „Kriemhildenstuhl“ bei Bad Dürkheim – Zweiter Vorbericht, In: Germanien – Monatshefte zur Erkenntnis deutschen Wesens, 1939, Heft 7, 340–346
- Schleif, Hans; Die SS-Ausgrabung am „Kriemhildenstuhl“ bei Bad Dürkheim – 1. Vorbericht, In: Germanien – Monatshefte zur Erkenntnis deutschen Wesens, 1938, Heft 8, 289–296
- Schmidt, Michael; Die alten Steine – Reisen zur Megalithkultur in Mitteleuropa, Rostock 1998
- Schmidt, Michael; Vor- und frühgeschichtliche Burgen im Odenwald – Spessart – Wetterau – Römische Kastelle in Hessen im Frühmittelalter, Privatdruck auf Fotokopierbasis 1995
- Schreiber, Albert; Neue Bausteine zu einer Lebensgeschichte Wolframs von Eschenbach, Frankfurt am Main 1922 (Reprographischer Nachdruck Hildesheim 1975)
- Schuchhardt, Carl; Alteuropa – Die Entwicklung seiner Kulturen und Völker, 5. Aufl. Berlin 1944
- Schuchhardt, Carl; Vorgeschichte von Deutschland, 5. Aufl. München und Berlin 1943
- Schwarz, Klaus; Atlas der spätkeltischen Viereckschanzen Bayerns – Pläne und Karten, München 1959
- Schwarz, Klaus; Die Geschichte eines keltischen Temenos im nördlichen Alpenvorland, In: Ausgrabungen in Deutschland – Teil 1 – Vorgeschichte – Römerzeit, Mainz 1975, 324–358
- Schwarz, Klaus; Zum Stand der Ausgrabungen in der spätkeltischen Viereckschanze von Holzhausen, In: Jahresbericht der Bayerischen Bodendenkmalpflege 1962, 22–77
- Schweinfurth, Georg; Im Herzen von Afrika – 1868–1871 – Herausgegeben von Herbert Gussenbauer, Stuttgart 1984
- Seitz, Ferdinand; Die Irminsul im Felsenrelief der Externsteine – Kritische Untersuchung eines Symbols in frühchristlichem Bildwerk, Pähl (Oberbayern) 1962

- Sprater, Friedrich; Brunholdisstuhl – Kriemhildenstuhl, In: Mannheimer Geschichtsblätter, 1935, Heft 1–3, 218–223
- Sprockhoff, Ernst; Atlas der Megalithgräber Deutschlands – Teil 3: Niedersachsen – Westfalen, Bonn 1975
- Stadelmaier, Rupert; Die alte Stadt auf dem Berge – Führer durch Obermarsberg, 3. Aufl. neu bearbeitet von Wamers, Wolfgang 1988 Marsberg
- Stoll, Adolf; Der Brunholdisstuhl am Ringwall über Bad Dürkheim – Zum Verständnis der bisherigen Ausgrabungen, In: Mannheimer Geschichtsblätter, 1935, Heft 36, 7–58
- Teudt, Wilhelm; Germanische Heiligtümer – Beiträge zur Aufdeckung der Vorgeschichte, ausgehend von den Externsteinen, den Lippequellen und der Teutoburg, 4. Auflage Jena 1936
- Teudt, Wilhelm; Heidenmauer und Bronholdisstuhl als germanisches Heiligtum, In: Germanien – Monatshefte für Vorgeschichte zur Erkenntnis deutschen Wesens, Heft 6 Juni 1934, 161–167
- Thurnwald; Kannibalismus, In: Ebert, Max (Hrsg.); Reallexikon der Vorgeschichte, Sechster Band, Berlin 1926
- Touristeninformation Trittenheim; Trittenheim – Wanderspaß von Moselschleife zu Moselschleife – Wanderroute 2 „Goldtröpfchen", Trittenheim o.J. (Touristenführer)
- Verbandsgemeindeverwaltung Irrel (Hrsg.); Denkmäler auf dem Ferschweiler Plateau, o.O. o.J. (Touristenführer)
- von Cles-Reden, Sibylle; Die Spur der Zyklopen – Werden und Weg einer ersten Weltreligion, Köln 1960
- von Eschenbach, Wolfram; Parzival – Studienausgabe, Berlin 1965
- von Eschenbach, Wolfram; Parzival – übertragen von Wilhelm Hertz, 2. Aufl. Essen und Stuttgart 1985 (Originalausgabe Stuttgart 1912)
- von Kobbe, Peter; Geschichte und Landesbeschreibung der Herzogtümer Bremen und Verden, 2 Bände, Göttingen 1824 (Nachdruck/Reprint Hannover-Döhren 1974)
- von Moers-Messmer, Wolfgang; Der Heiligenberg bei Heidelberg – Ein Führer durch seine Geschichte und seine Ruinen, 3. Aufl. Heidelberg 1987
- Wiegert, Mathias; Der Hunnenring von Otzenhausen – Die Geschichte seiner Erfroschung, Otzenhausen 1997
- Wieland, Günther; Die spätkeltischen Viereckschanzen in Süddeutschland – Kultanlagen oder Rechteckhöfe?, In: Haffner, Alfred (Hrsg.); Heiligtümer und Opferkulte der Kelten, Stuttgart 1995 (Sonderheft der Zeitschrift „Archäologie in Deutschland"), 85–99
- Wirth, Herman; Die Ura Linda Chronik – Übersetzt und mit einer einführenden geschichtlichen Untersuchung herausgegeben von Herman Wirth, Leipzig 1933
- Wirth, Herman; Was heißt deutsch? – Ein urgeistesgeschichtlicher Rückblick zur Selbstbesinnung und Selbstbestimmung, 2. Auflage Jena 1934
- Zentner, Kurt; Illustrierte Geschichte des Dritten Reiches, 2 Bände, Köln o.J.

Verzeichnis der Reiseziele

Deutschland

Baden-Württemberg

Bayern

Hessen

Österreich

Südfrankreich

Bemerkungen zu den Wegbeschreibungen

Alle in den Abschnitten „Wegbeschreibung“ genannten Stätten wurden von mir persönlich aufgesucht. Die Wegbeschreibungen habe ich nach bestem Wissen und Gewissen in den Jahren 1997–99 erstellt. Eine Garantie für die Richtigkeit kann allerdings nicht übernommen werden; für Korrekturhinweis wäre ich dem Leser dankbar (Adresse siehe Seite 2). Im allgemeinen sollten die Beschreibungen ausreichen, die Stätten zu finden. Eine detaillierte

Wanderkarte ist immer hilfreich; ist eine solche notwendig bzw. empfehlenswert, findet sich ein Hinweis. Einen einfachen Kompaß sollte man auf jede Exkursion mitnehmen. – Ob man auf den beschriebenen Feldwegen mit dem Wagen fährt, muß man vor Ort selbst entscheiden. Schwierige Pfade und Höhlen sollte man grundsätzlich nur mit mindestens zwei Personen begehen. Jegliche Haftung des Autors, z.B. für KFZ- oder Personenschäden, ist ausgeschlossen.